Guido Adler

Der Stil in der Musik

Prinzipien und Arten des musikalischen Stils

Literaricon

Guido Adler

Der Stil in der Musik

Prinzipien und Arten des musikalischen Stils

ISBN/EAN: 9783965065918

Auflage: 1

Erscheinungsjahr: 2023

Erscheinungsort: Treuchtlingen, Deutschland

www.literaricon.com

Printed in Germany

Cover: Philipp Galle, Encomium Musices title page, Abb. gemeinfrei

DER
STIL IN DER MUSIK

VON

DR. GUIDO ADLER
O. Ö. PROFESSOR DER MUSIKWISSENSCHAFT AN DER WIENER UNIVERSITÄT.

I. BUCH

PRINZIPIEN UND ARTEN DES
MUSIKALISCHEN STILS.

LEIPZIG
DRUCK UND VERLAG VON BREITKOPF & HÄRTEL
1911

Vorwort.

In der »Einleitung« werden die Absichten, die den Verfasser leiteten, klargelegt. Es sei daher gestattet, darauf zu verweisen. Das Werk zerfällt in drei Teile: 1. Prinzipien, 2. Arten, 3. Perioden des musikalischen Stiles. Die beiden ersten sind im vorliegenden ersten Band vereinigt. Der zweite Band wird die historischen Stilperioden bringen. Zum erstenmal erscheint ein Werk über »den Stil in der Musik«. Es mußten demnach grundlegende Untersuchungen angestellt werden, die nur dann etwas weiter ausgeführt wurden, wenn kontroverse Fragen behandelt wurden. Auch da suchte ich mich möglichst knapp zu fassen. Schon dieser Band hätte dem Inhalt nach auf mehrere Bände ausgedehnt werden können. Es ist zu erwarten, daß sich eine ganze Reihe von Untersuchungen und Forschungen daran schließen wird. Dies wäre mit ein Zweck der Veröffentlichung.

Wien, 12. Oktober 1911.

Guido Adler.

Inhaltsverzeichnis.

Einleitung.

Mit den vorliegenden Erörterungen sollen Beiträge gegeben werden zur Untersuchung über die Prinzipien der Stilbehandlung, die Arten musikalischen Stiles und in weiterer Folge über die geschichtlichen Etappen der stilistischen Entwicklung der Tonkunst. Bisher war dieses Forschungsgebiet arg vernachlässigt, fast ganz beiseite gelassen. Es herrschen da chaotische Zustände, ein Wirrwarr der Auffassungen, die sich dort und da in den verschiedensten Werken der musikalischen Literatur zerstreut finden. Eine einheitliche Behandlung ist bisher noch nicht versucht worden. Und doch besteht darin das Um und Auf kunstwissenschaftlicher Betrachtung und Behandlung, die Stilbestimmung ist die Achse kunstwissenschaftlicher Erkenntnis. Die Stilfragen sind das Sublimat aller theoretischen und historischen Untersuchungen und Feststellungen. Es ist also begreiflich, daß unsere im Sinne moderner wissenschaftlicher Forschung junge Disziplin zu den Stilproblemen bisher nur zaghaft Stellung genommen hat, sie nur rein im Vorbeigehen, im Vorbeihuschen behandelte und ihre Lösung kaum versuchte. Welche Widersprüche sind allenthalben zu finden, wie wenig klar und präzis sind die Fassungen, wie willkürlich die Herausnahme und Aufstellung der Kriterien behufs Erfassung dieser Probleme! Wir kennen noch nicht den Bruchteil der stilbildenden Momente, der leitenden Prinzipien, nicht die Ursachen und Zusammenhänge der Stilwandlungen, der Vervollkommnung, der Hochblüte und des Niederganges der einzelnen

Stilepochen und Schulen. Wir stehen am Anfang dieser Untersuchungen.

Meine Absicht geht dahin, zur Klärung der Begriffe und Anschauungen, zur Klarstellung der Stilfragen beizutragen, zu ihrer weiteren Verfolgung anzuleiten, das Fundament der Stilgeschichte abzugrenzen, das Auf und Ab der Stilbewegungen zu beleuchten und zu ergründen. Es soll nicht eine detaillierte Stilgeschichte gegeben werden, denn hierzu ist die Zeit noch nicht gekommen, sondern die Hauptzüge stilkritischer Behandlung sollen festgestellt werden. Es ist nur möglich, das Allgemeine der Stilunterschiede zu betrachten und festzustellen, eine Art »Rahmengesetz« (wie der Jurist sagt) zu schaffen, innerhalb dessen die zukünftige Forschung sich zu bewegen hätte und die Ausführung der Thesen zu verfolgen wäre. Dazu sind wir wohl jetzt in die Lage gesetzt, da uns die Gesamtausgaben der großen Meister fast vollständig vorliegen und die »Denkmäler der Tonkunst« instinktiv oder bewußt auf die Veröffentlichung von Werken gerichtet werden, die für die Stilbehandlung und den Werdegang der Stilarten von Bedeutung sind.

Für die historische Stilbetrachtung bilden auch die Werke zweiter und dritter Ordnung ein kaum zu entbehrendes entwicklungsgeschichtliches Bindeglied, eine Vermittlung der Arten und Formen. Nicht nur die Heroen sind die Stilschaffenden, nicht sie sind die »Väter« einer Stilgattung, wie sich diese irrtümliche Behauptung von Handbuch zu Handbuch fortschleppt, sondern in der Geschichte der Musik sind es gerade oft die »kleinen« Meister, deren Namen in den Grundrissen der Musikgeschichte nicht fett gedruckt oder gar nicht verzeichnet sind, die die Bausteine für ein Stilgebäude zusammentragen, während die großen Personen der Geschichte ihnen den Abschluß, die Krönung geben. Ob dies in der Geschichte der bildenden Künste sich auch so verhält, möchte ich im Gegensatz zu den Aufstellungen der zeitgenössischen Wissenschaft der bildenden Künste nur mutmaßen. Es wird heute allenthalben ein fast heuchlerischer Heroenkult betrieben, der der Bequemlichkeit, den blinden Trieben der großen Masse auf musikalischem Gebiet Entstehung und Verbreitung dankt. Groß-, Klein- und Mittelmeister kommen dann zu ihrem Rechte, wenn in solchen Stilfragen die allgemein verbindenden Züge betrachtet werden. Solche generelle Um- und Rückschau kann und darf also nicht Namen zusammenpfropfen, sondern nur den Zusammenhalt, das Zusammenführen stilistischer Qualitäten zum Hauptzweck, zum Hauptinhalt ihrer Untersuchungen machen. Wenn sich solche Bildungen dann in einer oder mehreren Persönlichkeiten gleichsam als ihren Hauptrepräsentanten zuspitzen, so tritt fast regelmäßig schon bei diesem oder jenem dieser Gruppe oder fast immer in den Werken des genialsten oder vorgeschrittensten dieser Gemeinschaft eine Umbildung zu einer anderen Stilrichtung ein, worüber wir uns noch Rechenschaft legen wollen. In dem Knäuel künstlerischer Erscheinungen gilt es den roten Faden der Geschichte aufzudecken und da ist es nötig, alle Untersuchungen auf möglichst einfache Grundlagen zurückzuführen, auf denen sich dann leichter kombinierte Gebäude errichten lassen, wie sie den vielverschlungenen Wandelgängen der Kunstgeschichte entsprechen.

Der Prüfstein für alle noch so schwierigen, komplizierten Untersuchungen ist die Möglichkeit der Ableitung klarer Endresultate, die sich in wenigen Worten zusammenfassen lassen. Dies ist nichts weniger als gleichbedeutend mit der Aufstellung von Schlagworten, mit denen gerade auf unserem Gebiete allzu oft operiert wird, wie dies etwa mit der Kennzeichnung der Barocke und der Renaissance in der bildenden Kunst geschehen ist. Diesem Vorgang sollten die Untersuchungen über musikalische Stilistik möglichst ausweichen. Soviel zur Kennzeichnung der Absichten, deren Ausführung großen Schwierigkeiten begegnet. Dieser ist sich der Verfasser wohl bewußt. Eine Reihe Fragen wird offen bleiben, auf die hinzuweisen gerade eine der Aufgaben dieser Untersuchungen sein soll. Indem sich unsere Forschungen vorzüglich den Stilprinzipien, Stilarten und Stilperioden der Musik zuwenden, können sie zugleich auch als eine Einführung in Wesen und Geschichte der Tonkunst und in musikhistorische Betrachtungsweise angesehen werden.

Stilprinzipien.

I.

Wie jedes Kunstwerk als eine Funktion der geistigen und Gemütskräfte eines Künstlers und seiner Zeit angesehen werden kann, als eine »Funktion der Werte«, wie Gottfried Semper sagt, der Werte, die im Werke enthalten sind, in ihm zur Erscheinung gelangen, so kann die Art und Weise, wie sich der Künstler mitteilt, wie der Künstler seine Stimmungen und Gedanken faßt, als sein Stil, als der Stil des betreffenden Erzeugnisses bezeichnet werden. Begriff.

Der Griffel (»*stilus*«), mit dem der Künstler seine Gedanken zum Ausdruck bringt, bekommt da eine metaphorische, symbolische Bedeutung, in der teutschen Sprache des 14. Jahrhunderts mit dem Worte »Ticht« bezeichnet, die »tichterische« Fassung, die Schreibweise, das eigentümliche Gepräge der dichterischen, der künstlerischen Mitteilung, die, wie in Dichtkunst, so in Tonkunst, Architektur und den übrigen Künsten in die Erscheinung tritt. Der Definitionen könnte man eine große Zahl aufstellen und jede wäre unzulänglich, wie dies fast immer mit den Begriffserklärungen der Fall ist. So muß man sich mit Umschreibungen begnügen. Der Stil ist das Zentrum künstlerischer Behandlung und Erfassung, er erweist sich, wie Goethe sagt, als eine Erkenntnisquelle von viel tieferer Lebenswahrheit, als die bloß sinnliche Beobachtung und Nachbildung. Er ist der Maßstab, nach dem alles im Kunstwerk bemessen und beurteilt wird. So bezeichnet man die Kunst der Darstellung schlechtweg als

»Stilistik« und nennt ein Werk »stilhaft«, wenn es in einem ausgeprägten Stile gehalten und gesetzt ist. Im Gegensatz hierzu nennen wir ein Werk »stillos« oder »stilwidrig«, wenn die Haltung des Ganzen oder einzelner Teile nicht solchen Anforderungen, Annahmen oder Erwartungen entspricht.

Objektiv und subjektiv.

Wie der Künstler als Glied der ihn umgebenden Gesellschaft in und aus seiner Zeit schafft, so hängen Idee, Kraft, Stoff, Auswahl und Verwendung der Mittel nicht allein von dem Produzierenden, seiner Eigenanlage, seiner Energie ab, sondern auch von den Erfordernissen und Möglichkeiten seiner Zeitgenossenschaft und ihrem inneren Zusammenhange mit dem Vorangegangenen. Selbst der kühnste Neuerer steht in organischer Abhängigkeit von der Grundstimmung seiner Zeitgenossenschaft, wenn anders seine Kunst einen Stilcharakter und einen Charakterstil erreichen soll, der an sich von Wert ist und für den Fortgang der Kunst Bedeutung gewinnen will. Auch das »Kunstwerk der Zukunft«, wie Richard Wagner sein musikalisches Drama bezeichnete, war für die Zeitgenossen geschaffen, als ein Glied, das sich in die Kette der musikdramatischen Erscheinungen organisch einfügte und sich auch allgemein Anerkennung verschaffte, als Wagner lebte und schuf. Experimente fallen ab, wenn sie sich außerhalb des organischen Versuchsfeldes stellen; sie bilden dann höchstens einen Materialbeitrag für einen neu auszubildenden Stil.

Man kann alle im organischen Entwicklungsgang gelegenen, bedingenden Faktoren des Kunstschaffens als die objektiven Erfordernisse des Kunststiles bezeichnen, denen die aus der individuellen Anlage des Künstlers stammenden stilschaffenden Momente als subjektive gegenüberstehen. Beide sind im Kunstwerke selbst untrennbar verbunden. Die These, daß der Stil seine Begründung in der Objektivität des künstlerischen Bildens habe (Eduard Hanslick), ist dahin zu verstehen, daß das höchstpersönliche Schaffen des Künstlers, aus dem einzig das Werk hervorgeht, eben auf dem Boden des allgemeinen Kunstwollens erstanden ist, wie es den Stimmungen und Regungen seiner Zeit entspricht, aus ihnen sich zu einer Höhe erhebt, die von vielen Kunstempfangenden und Kunstgenießenden erst erklommen werden muß — aber immer nur von dem Standpunkt erreicht werden kann, auf dem sie stehen.

Die allgemeine Anschauung der Zeit und die besondere Richtung in der Darstellungsweise des einzelnen Künstlers müssen sich begegnen, müssen aus einer Bewegung hervorgehen und da verschlägt es nicht, wenn die erstere erst allmählich herangebildet werden muß oder wenn die Wirksamkeit einer neuen oder einer vollausgebildeten Kunstrichtung sich erst allmählich zur Geltung bringen kann oder in ihren Nachwirkungen und in ihrer Einwirkungskraft gar erst in einer nachfolgenden Zeitepoche stärker wäre, als zur Zeit, da sie entstand und geboten wurde. Solch ein Beispiel bietet uns das Schicksal der Kunst von J. S. Bach.

Die vom Aesthetiker Theodor Lipps ausgehende wissenschaftliche Betrachtungsweise, der zufolge der Stil als Endergebnis des Abstraktionsbedürfnisses dem Naturalismus als Resultante des Einfühlungsdranges gegenübergestellt wird, hat für die Stilfragen der Musik eine untergeordnete Bedeutung, um so mehr da rein spekulative Erörterungen von uns möglichst in den Hintergrund gedrängt werden. Schon die weitere Folge der genannten Aufstellung, daß die Kunst nicht mit naturalistischen, sondern mit ornamental-abstrakten Gebilden beginne, läßt sich auf die Musik nicht ohne weiteres übertragen, wenngleich es feststeht, daß die Schwelle wirklicher Kunstübung nur betreten werden kann, wenn die formale Ausgestaltung des Produktes als ein Wesensfaktor beobachtet und erfüllt ist. Ob dies aber in der Tonkunst vom Ornament ausgehen kann, erscheint sehr fraglich. Diese

Fragen könnten erst bei einem höheren Stande der musikalischen Ethnographie sachgemäß erörtert werden. Für unsere Stilbetrachtungen sind sie von sekundärer Bedeutung. Festgestellt kann werden, daß der Stil gleicherweise von der Grundstimmung abhängt, in der sich Zeit und Künstler begegnen, und von dem Stande der Technik, den der Künstler übernimmt. Aber keines derselben schafft für sich allein den Stil, wie dies dort und da behauptet wird. Keines von beidҫn macht für sich den Stil aus, wie oft angenommen wird.

Charakter. H. Taine (Philosophie der Kunst, S. 314) sieht den Stil geradezu als Äußerung des Charakters an. In verwandter Art, aber in einer anderen Absicht sprach G. L. de Buffon in seiner Akademierede vom Stil, den er als den Ausfluß des Höchstpersönlichen als das eigenste des Schriftstellers bzw. Künstlers bezeichnet. Weder Fülle der Kenntnisse, noch ausgezeichnete Tatsachen, noch auch neue Entdeckungen, sagt Buffon, sicherten die Unsterblichkeit; »*ces choses sont hors de l'homme; le style est de l'homme même. Le style ne peut donc ni s'enlever, ni se transporter, ni s'altérer: s'il est élevé, noble, sublime, l'auteur sera également admiré dans tous les temps.*« »Diese Dinge stehen außerhalb des Menschen, der Stil ist ein Teil seines Wesens. Der Stil kann daher weder entwendet, noch übertragen, noch geändert werden; ist er erhaben, edel, hoch, so wird der Schriftsteller zu allen Zeiten gleich bewundert werden.« Man könnte den Stil als ein künstlerisches Spiegelbild des — wie der Franzose sagt — »*état d'âme*«, der »*température d'âme*« ansehen, des Seelenzustandes des Künstlers und seiner Zeit. In der Tat werden manche Stilarten nur mit Charakterbezeichnungen versehen: so der kräftige, energische, wahrhaftige, sensitive, elegische, vornehme Stil, hierher gehörte auch der pathetische, satirische, ironische, humoristische Stil. Solche und unzählige andere Bezeichnungen treffen diejenigen Eigenschaften, welche im Charakter, der Charakteranlage des Schaffenden gelegen sind oder gerade in einzelnen seiner Werke in besonders scharfer Weise zum Vorschein kommen.

Entgegen den Allgemeinbezeichnungen des *stile nuovo, moderno,* der *ars nova,* der *musiche nuove* wurden einzelne Stilarten bei ihrem Entstehen geradezu mit solchen Charakterbezeichnungen versehen, wie z. B. das *Barocco* mit »*bizarro*« »*stravagante*« als Titelvignette, während der Gattungsname des »*Barocco*« erst in der Mitte des 18. Jahrhunderts von den Franzosen eingeführt wurde, zwei Jahrhunderte nach der Installierung des Barockstiles in Italien. Auch in der Musik taucht solche Charakterbezeichnung für Stilnamen auf: so stellt Monteverdi drei Stilarten in seinen Kompositionen fest, lediglich nach der in ihnen hervortretenden Gemütsverfassung und gruppiert sie nach ihren Wesensunterschieden: *stile concitato, temperato, molle.*

Auch die Bezeichnung »Biedermeierstil« wurzelt in dem Charaktergrundzuge der Zeit und kann auf die Musik übertragen werden, wie dies Heinrich Rietsch mit Hinweis auf die in schlicht-biederer Art mit gleich-bemessener Vier- und Achttaktigkeit sich beschränkenden Lieder des 18. Jahrhunderts getan hat, die jedoch, wie wir sehen werden, im allgemeinen schon früher hervortritt. So taugte dieser Name wohl besser für Tonprodukte der »Biedermeierzeit« des 19. Jahrhunderts, so z. B. auf Werke des Wieners J. N. Hummel als eines Hauptrepräsentanten dieser Richtung. Hierbei kämen allerdings andere stilbildende Momente mit in Betracht. Auch von anderen Musikhistorikern wurde instinktiv zu solchen Charakterbezeichnungen gegriffen, so z. B. von P. Martini für Komponisten des 18. Jahrhunderts, die im »*stile elevato*« oder »*maestoso*« schreiben; oder von Hugo Riemann für den in der ersten Hälfte des 18. Jahrhunderts in Wien wirkenden G. Porsile, für dessen Kunst er den »einfach ausdrucksvollen Stil« reklamiert, für seine

Kunst und für die einiger ihn umgebender Künstler. Damit findet man wohl nicht das Auslangen, da in den verschiedensten Stilepochen solche Gruppen hervortreten, denen dieser Grundcharakter zukommt. Auch die Bezeichnung »großer« Stil wurzelt im Charakter des Künstlers. Allein hier greift die Bezeichnung schon in ein anderes Gebiet über: in das der technischen Ausführung, für die eine große Zahl von Stilnamen eingeführt wurde.

Technik. Eduard Hanslick will den Stil in der Tonkunst von Seite der musikalischen Bestimmtheiten schlechtweg als die vollendete Technik auffassen, wie sie im Ausdruck des schöpferischen Gedankens als Gewöhnung erscheint. Indem die künstlerische Haltung des Ganzen in der technischen Ausführung übereinstimmend bewahrt wird, entstehe der Stil. In der Tat findet man für den Begriff des Stils oft schlankweg den des »Satzes« unterschoben. Man spricht vom schlichten, überladenen, reinen, fehlerhaften Satz, vom polyphonen, homophonen Satz — also eine vollkommene Gleichstellung von »Satz« und »Stil«. Hier liegt der Gedanke zugrunde, daß in der technischen Ausführung das Wesen des Stiles liege. Sie ist aber nur eine Folge des notwendigen Anschlusses des werdenden Künstlers an die technischen Bedingungen und Voraussetzungen seiner Zeit, seiner Vorgänger und Genossen. So hoch auch ein Künstler steigen möge, so sehr er sich über das Niveau seiner mitschaffenden Umgebung erheben möge, auch in den höchsten Erhebungen hängt er aufs innigste mit den Grundbedingungen zusammen, die er vorfindet, von denen er ausgeht. Wenn Wölfflin einerseits mit vollem Recht sagt, daß die Technik niemals einen Stil schaffe und andererseits zugesteht, daß »das Hauptsächlichste des Stiles die Prinzipien der Komposition sind,« so liegt in diesem — wie H. St. Chamberlain sagen würde — »plastischen Widerspruche« stillschweigend die Erkenntnis, daß die Technik stilbildend ist und ich möchte noch weiter gehen und sagen: die Technik ist mitzeugend. Sieht man dies nicht bei den größten Genies in der Geschichte unserer Kunst? Die technische Arbeit rotiert weiter, sie fügt sich den Forderungen formaler Ausführung, sie wird förmlich zur Mechanik der Ausgestaltung. Zu ihrer Zeit mögen solche Werke die höchste Beglückung hervorgerufen haben, denn jeder Stil wird aus den Bedürfnissen der Zeit geschaffen. In der Folge verliert sich mannigfach die Wirkungskraft eines Stiles als Ganzes oder einzelner Züge desselben.

Schönheit und Stilgefühl.

Wir wollen hier nicht mit dem Worte »schön« operieren, denn ein Kunstwerk mag seiner Zeit vollendet schön erscheinen und von den kommenden Generationen mögen sich dann nur wenige dieser Anschauung anschließen. Der Stil einer Epoche, einer Schule, eines Künstlers oder eines Werkes kann unabhängig von der begleitenden Vorstellung der Schönheit betrachtet und untersucht werden und gerade dem Historiker obliegt es, sich außerhalb der Schönheitsauffassung seiner Zeit zu stellen und die Stile unabhängig davon in ihrem Wesen zu erfassen, zu erforschen und zu erkennen. Er muß sich in den Charakter der Zeit und der Schaffenden einleben, er muß die kulturhistorische Begründung mit der psychologischen Beobachtungsweise verbinden. Er muß das Lebensgefühl der betreffenden Stilzeit erfühlen und darin begegnet er sich mit jedem Kunstaufnehmenden, Kunstgenießenden. Die stilistische Ausführung eines Kunstwerkes kann subjektiv empfunden werden, wenn das Stilgefühl ausgebildet, die psychische Disposition für die »Annahmen« (nach der Lehre von Alexius Meinong) vorhanden ist.

Wissenschaftliche Erfassung.

Sie kann aber auch wissenschaftlich erkannt und erfaßt werden. Hierzu kommen nach den bisherigen Ausführungen folgende Momente in Betracht: der Weg der Erkenntnis ist entweder induktiv oder deduktiv, hier wird er doppelt beschritten. Den Stil erkennen wir aus der einheitlichen Erfassung eines Kunstwerkes, ferner aus der Vergleichung mit

Erzeugnissen seiner Zeit, der umgebenden Schulen und Richtungen in Gegenwart und Vorgängerschaft. Notwendig ist die Erforschung des Ausdruckscharakters im Zusammenhalt mit der Persönlichkeit des Künstlers und der Gemütsstimmung seiner Zeit, ferner der Bestimmung, für die das Werk geschaffen (die auch freie Selbstbestimmung sein kann) und endlich der spezifisch künstlerischen Qualitäten der äußeren Erscheinung, die natürlich mit den inneren Eigenschaften auf das innigste zusammenhängen. Diese äußeren Qualitäten beziehen sich in der Musik vorzüglich auf Tonalität und Rhythmus und auf deren Wechselbeziehungen in Melodik, Ornamentik, Harmonik und Polyphonie, ferner auf die koloristische Einbekleidung. Für die Verbindung der Tonkunst mit anderen Künsten kommen noch besondere Momente in Betracht. Dies alles umfaßt die Gesamtauffassung des Stiles eines Werkes, einer Gattung, einer zeitlichen oder örtlichen Gruppe von Werken (einer Schule), ferner der künstlerischen Arbeit eines Meisters (in verschiedenen Etappen). Der Stil durchdringt das Ganze, wie die Teile, bedingt und offenbart die einheitliche Erscheinung in Form und Ausdruck.

II.

Der Stil einer Epoche, einer Schule, eines Künstlers, eines Werkes entsteht nicht zufällig, als bloße Zufallsäußerung des darin zutage tretenden Kunstwollens, sondern basiert auf Gesetzen des Werdens, des Auf- und Abstieges organischer Entwicklung. Die Tonkunst ist ein Organismus, eine Pluralität von Einzelorganismen, die in ihren Wechselbeziehungen, in ihrer Abhängigkeit voneinander ein Ganzes bilden. Da greifen Gesetz und Zufall, wie dies Franz Exner bezüglich der Naturerscheinungen aufgestellt hat, in gleicher Weise auch in der Kunst ineinander. Die Entwicklung der Musik vollzieht sich nach inneren Notwendigkeiten, bei denen die äußeren Zufälligkeiten eine kaum übersehbare und manchmal tiefgreifende Einwirkung haben. Der Aufgang einer Stilrichtung und sein Niedergang lassen sich beschleunigen oder verzögern, wie das Stadium der Hochblüte verbreitern oder abkürzen, allein an dem organischen Fortgang läßt sich nichts ändern, aus der inneren Not entstehen die Genies, wie Kunst überhaupt: der richtige Mann im geeigneten Augenblick am passenden Ort, wobei auch die wirtschaftlichen Verhältnisse mitspielen. Selbst das häßlichste und verbreitetste der menschlichen Laster, der Neid, vermag wohl die Existenz, die Entstehung oder Ausbreitung dieses oder jenes Kunstwerkes zu unterbinden, zu hemmen, allein den Werdegang der Kunstrichtung vermag auch die so verbreitete Schel- und Verkleinerungssucht nicht aufzuhalten. Und wie viele Zufälligkeiten spielen sonst noch eine Rolle im mensch- Tonkunst als Organismus.

lichen, im künstlerischen Leben! Wir werden die historischen Stilarten unserer Musik in allgemeinen Zügen zu verfolgen haben, wollen vorerst die Grundlagen und gemeinsamen Bedingungen, gewisse gemeinschaftliche Prinzipien der verschiedenen Stilklassen untersuchen, um Grundmaßstäbe zu gewinnen, die jedoch nicht dazu dienen sollen, ein Normalschönheitswerk zu gewinnen, oder einen Stil gegenüber dem andern herabzusetzen. Wir haben nicht Schönheitslehren aufzustellen.

Tonkunst und Volksmusik.

Ein Kunststil tritt nicht hervor, wie Pallas Athene aus dem Kopfe des Zeus, sondern entwickelt sich in ruhig stetigem Aufgang. Vielleicht liegt diesem Mythus ein Symbol zugrunde, das auch für die Genesis der Kunst von Bedeutung ist. So plötzlich wird auch die Göttin nicht entstanden, sondern mählich »ausgekopft« worden sein. Die Abscheidung eines ersten Kunststiles von der jenseits der Schwelle des Kunsttempels stehenden »Volksmusik« läßt sich überhaupt nicht völlig vornehmen. Wird doch sogar die Ansicht vertreten, daß die letztere in gewissen Stadien eine Ablagerung der Kunstmusik sei, eine Art Ausschwitzung am Kunstkörper. Unwiderleglich ist die Tatsache, daß eine schier unübersehbare (heute sicherlich noch nicht fixierte) Menge von Völkern, Stämmen und Geschlechtern Musikäußerungen, ein- und mehrstimmige, mit oder ohne Sprache, mit Instrumenten oder ohne solche aufzuweisen hat, von einer Fülle und Eigenart, die jenseits des Stromes unserer abendländischen Musikkultur stehend, mit ihr nicht gemessen werden können und sollen. Welche von ihnen zu den niederen, welche zu den mittleren und ob welche zu höheren Organismen zu rechnen sind, ist heute noch nicht festgestellt. Wir können dies füglich beiseite lassen, müssen uns aber eingestehen, welche mannigfache Fülle von Kunstmaterial oder (vorsichtiger gesprochen) von Material zum Ausbau von Kunst und Kunststilen da vorhanden ist, von Möglichkeiten stilistischer Behandlung, und wie begrenzt unsere Verwendungsarten sind. Allein gerade in der Beschränkung zeigt sich Meisterschaft, kann sich Vollendung erweisen. Uns näher liegt die Frage, wie weit die Abgrenzung von Kunst- und Volksmusik in den Stilperioden unserer Musik vorgenommen werden kann und wie weit die Abgrenzung zurückzuverfolgen ist. Da müssen wir uns das traurige Geständnis machen, daß wir aus dem ersten Jahrtausend unserer Zeitrechnung, aus der Epoche der allmählich heranreifenden Vorherrschaft des Kirchengesanges kein Stück wirklicher Volksmusik haben, von weltlicher Musik überhaupt nur Rück- und Umbildungen geistlicher Tonkunst, im übrigen nur auf Rückschlüsse und Folgerungen angewiesen sind, die wir aus wenigen Nachrichten, aus Beschreibungen, aus spärlich erhaltenen Instrumenten und ihren Abbildungen der unmittelbar folgenden Zeit ziehen. Die Berichte stammen zudem von Verfassern, die ein wohlverstandenes Interesse daran hatten, die Erwähnung nicht im hellen Lichte erscheinen zu lassen. Allein gerade diese Erfahrung wird für die richtige Würdigung des Einflusses der Volksmusik auf die zweite große Stilperiode von Wichtigkeit sein. Aus der Negative der älteren Epoche werden wir das Positive für die zweite gewinnen.

Wenn für die bildende Kunst die Behauptung aufgestellt wurde (vgl. S. 7), daß sie nicht mit naturalistischen Gebilden begonnen habe, sondern mit ornamental-abstrakten, daß der Ornamentalstil der originäre sei, so können wir dies nicht ohne weiteres auf die Musik übertragen. Vielleicht verhält es sich so, aber es läßt sich bisher nicht nachweisen. In manchen orientalischen Weisen tritt das Ornament auffallend hervor und der Einfluß orientalischer Kunststile auf abendländische erstreckt sich vorzüglich auf ornamentale Bildungen, worüber uns die sich auf diesem Gebiete erst regende Forschung nähere Aufschlüsse bringen wird. Schon jetzt liegt ein Vergleichsmaterial vor, das noch nicht in der hier angegebenen Weise methodisch benutzt ist. Ein Anfang wird gemacht in den »Forschungen zur Entwicklungsgeschichte der ornamentalen Melopöie« von Dr. Robert Lach, einer weit ausgreifenden Arbeit, die der Drucklegung harrt. Wir sind noch nicht zu einer reinen Scheidung der Ornamentik und Melismatik vorgedrungen, eine Scheidung, die vorgenommen werden muß, um die in einzelnen Kunststilen (so z. B. im Choral) hervortretende Vereinigung und Verschmelzung zu einem fast untrennbaren Ganzen richtig zu erkennen. In der Musik kann meines Erachtens das Ornament allein keinen Stil schaffen, aus dem Ornament für sich kann kein Tonwerk hervorgehen. Wohl könnte die Theorie von den »tönend bewegten Formen« als eine wissenschaftliche Stütze für die Möglichkeit eines solchen, sagen wir, abstrakten Ornamentstiles herangezogen werden. Allein selbst der Hauptvertreter dieser Aufstellung (nicht ihr erster Aufsteller), Eduard Hanslick, hat zur Ergänzung und Aufhellung dieser These in der Folge ausdrücklich hervorgehoben, daß diese Formen immer von innerer Beseelung erfüllt sein müssen, wenn sie wirkliche Kunstwerke sein sollen. Sollte es eine Zeit, eine Periode gegeben haben, in der das Tonornament an sich genügt hätte, die in kaleidoskopischer Verbindung von Tönen Genüge gefunden hätte? Unmöglich ist es nicht, allein für unsere Anschauung entstünde daraus höchstens ein Tonspiel, nicht ein Kunstwerk.

Gesetzmäßigkeit. Wie in der bildenden Kunst die lineare, die räumliche Messung nach ästhetischen Konstruktionsprinzipien bezüglich Regelmäßigkeit, Anordnung zu einem Mittelpunkt, zu Symmetrie, Proportionalität der Verhältnisse usw. geordnet, eingerichtet sein muß, so werden in der Musik die gleichen Bedingungen für die zeitliche Bemessung gestellt, dort geometrische, lineare, hier rhythmische, numerische Regel- oder Gesetzmäßigkeit. Wir kennen kein Musikwerk, in dem diese nicht mit einer inneren Beseelung verbunden wäre, außer wir würden die Signalmotive und -zeichen, etwa bei Jagd, Krieg, Tournier usw. in das Bereich von Musikstücken ziehen, während sie nur den Ausgangspunkt von solchen bilden (als Motive). Solchen Primärbildungen liegen manchmal bestimmte außermusikalische Tendenzen zugrunde, die sich über den Unterzweck der Signalgebung schon erheben und wie bei den Buschmännern (Phonogrammarchiv der Wiener Akademie der Wissenschaften, noch nicht publiziert) zur Erzählung mit programmatischer Tendenz erheben: sie teilen sich so aus der Ferne das Ergebnis ihrer Jagdbeute mit. Man könnte da beobachten, wie ein Teil der Tonkunst, ausgehend vom primitiven Stadium, in solchen Ansätzen von Tonstücken liegt, wobei dieser Ausdruck »Tonstücke« absichtlich angewendet wird, wenngleich bei uns damit schon ein wirkliches Musikwerk, groß oder klein, verstanden wird. Aus den primären Bildungen, die entweder ganz primitiv oder schon durch mannigfache Wiederholungen und Einschiebungen relativ mehr ausgebildet sind, erheben sich in mählichem Entwicklungsprozeß ohne plötzliche Rückungen, wirkliche Kunstgebilde, deren gemeinsame Eigenschaften die Normen eines Stiles aufweisen.

Bei der Betrachtung der Stilentwicklung der bildenden Kunst konnte man die Qualitäten der primitiven Erzeugnisse vom Standpunkt der Rationalität der räumlichen Verhältnisse zusammenfassen und so entstand unter Zugrundelegung geometrischer Formen der Begriff des »geometrischen Stiles«, der von Historikern der bildenden Kunst als ein positiv bestehender konstatiert und für einzelne Gruppen künstlerischer Produkte vindiziert wurde. Riegl spricht von einer Geometrisierung bei den Sarazenen und andere sehen diesen Stil als »Gemeingut der arisch-indogermanischen Völker« an. Dieser Konstruktionsstil hat für die Praxis nur insoweit Bedeutung, als in jedem historischen Stil Elemente dieses theoretisch konstruierten Stiles in größerer oder geringerer

Verwendung stecken. Für die Architektur, die strengste Proportionalkunst (wie ich sie nennen möchte), die Konstruktionskunst κατ' ἐξοχην, sieht Adolf Göller (»Die Entstehung der architektonischen Stilformen«) die hierher gehörigen Formen als »eine Fortsetzung der Geometrie oder Stereometrie an, die in der Konstruktion selber steckt«; sie seien im allgemeinen keine Merkmale eines historischen Baustiles, sondern fänden sich überall, wo Backsteinbau und Holzbau überhaupt auftreten. Daher erwecken sie seiner Ansicht nach das Stilgefühl nur in geringem Grade und erscheinen minder vornehm als die Formen der historischen Baustile; doch seien sie zu Bauwerken zweiten und dritten Rangs oft sehr willkommen und wohl fähig, solchen Gebäuden den Charakter zu verleihen, der ihnen ihrer Bestimmung nach zukommt. Ich glaube, daß diese Anschauungen in freier Weise auf die Stilbildung, die Stilprinzipien in der Tonkunst übertragen werden könnten: wie in der Architektur das geometrische Prinzip der Ausgangspunkt einer Stilbildung sein kann und ideell oder fiktiv als ihr Endziel angesehen werden kann, ohne doch in Wirklichkeit dahin zu gelangen, wenn anders das Produkt sich zu einem wirklichen Kunstwerk erheben soll, so kann in der Musik die arithmetisch-rhythmische Absicht auf Konstruktion eines Tonstückes als bestimmend für seinen Ausbau gerichtet sein. Wir hätten auch hier einen absoluten Konstruktionsstil, einen arithmetischen Stil, der auf genaue Teilung und präzise Zusammenstellung der Teile gerichtet sein könnte. Dem Rhythmus untrennbar assoziiert sind die Töne, woraus sich die melodische Proportionalität ergibt und diese, in der Einstimmigkeit im Nacheinander bestehend, wird in der Polyphonie zum Mit-, Unter- und Übereinander. In der Tat haben wir in der Geschichte der Tonkunst selbst in den Zeiten der höchsten Vollendung der Mehrstimmigkeit solche im reinen Konstruktionsstil gehaltene Tonstücke. Das eklatanteste Beispiel hierfür sind Fugen derjenigen Tonsetzer, die an die Meister der altklassischen Schule sich anschließend, solche Gebilde geschaffen haben, die auf dem Wege »geometrischer« oder (in für die Musik adäquater Bezeichnung) »arithmetischer« Konstruktion entstanden sind. Dies ist nicht der einzige historische Beleg, fast zu allen Zeiten gab es solche abstrakte Bildner, am selbstherrlichsten hervortretend in der Erfindung der »Künste der Niederländer« im 15. Jahrhundert, die aber durchaus nicht identisch sind mit der Kunst der Niederländer, deren Vollendung in Verbindung, unscheidbarer Vereinigung von Inhalt und Form, von Ausdruck und Zeichnung an sich fast unüberschreitbar ist.

Die äußere Gesetzmäßigkeit, die Kombination in technischen Künsteleien, macht eben kein Kunstwerk aus. Wenn Riegl die Behauptung aufstellt, daß »der nach obersten Gesetzen von Symmetrie und Rhythmus streng aufgebaute geometrische Stil vom Standpunkt der Gesetzmäßigkeit der vollkommenste ist«, so ist dies wohl auch nach seiner Meinung dahin zu verstehen, daß dieser theoretisch mögliche Standpunkt für die kunstwissenschaftliche Erörterung nicht ausschließlich maßgebend, für die praktische Betrachtung und Aufnahme von Kunstwerken abzulehnen ist.

In jedem Kunststile steckt je nach seiner Eigenart ein größerer oder geringerer Teil dieses abstrakten Konstruktionsprinzipes. In Wirklichkeit muß jedes Kunstwerk mehr oder weniger stilisiert sein. Es gibt ein Zuviel, ein Zuwenig der Stilisierung. Jedes Tonprodukt enthält einen Rohstoff, der verarbeitet ist. Unter Rohstoff verstehe ich nicht etwa nur das motivische Material, sei es, daß es der Volksmusik entnommen oder der Phantasie des Schaffenden entsprungen, aus ihr hervorgegangen sei. Schon dieser Grundstoff wird in die stilistische Behandlung einbezogen. Wir werden uns noch mit Motiv und Thema in ihrer stilistischen Verwendung zu beschäftigen haben. Vorläufig seien nur die Grundzüge Stilisierung.

des Stilisierens festgestellt. Die Art der Verwendung und Verarbeitung dieses motivischen Materiales ist in den einzelnen Stilepochen eine mannigfach wechselnde. Ein und dasselbe Motiv wurde in den verschiedensten Stilarten verwendet, bis es endlich verbraucht abfiel oder aus seiner Asche ein neuer Phönix hervorging. Wilhelm Tappert hat ganz richtig von »wandernden Melodien« gesprochen, nur seine Ausführung dieses Gedankens entspricht nicht der Idee. Grund dieses Mangels ist eben das völlige Übersehen der verschiedenartigen stilistischen Einbegleitung in den Werken der Künstler und Kunstschulen, die solches Thema aufnahmen. Von da wird die zukünftige Forschung auszugehen haben. Wir können ihr hier nur einen Geleitbrief geben.

Jedes Element, jeder Teil der Verarbeitung des motivischen Materiales unterliegt der Stilisierung. Nicht darin allein liegt das Stilisieren, daß ein Gedanke im Menuett auf acht Takte als Vordersatz mit Halbschluß oder sonst einem Schluß gebracht wird, sei es daß der Gedanke ausgedehnt oder (was beim Schüler wohl der seltenere Fall ist) abgeschnitten werden muß, worauf ein gleicher oder in der Flucht historischer Erscheinungen mählich wachsender längerer Nachsatz folgt. Das Stilisieren liegt sowohl in der Verteilung, Gegenüberstellung, wie in der Auf- und Abwärtsbewegung, im Tonfall und Tonaufstieg, in der melodischen Haltung, der harmonischen Begleitung, der motivischen Verkettung in wagrechter und senkrechter Linie, in sukzessiver Folge und simultaner Vereinigung. Und wie wenige bringen es zu einer richtigen Behandlung solch eines einfachen Stückchens in stilistischer Beziehung, wie klagen Haydn und Mozart über die Mängel in der Ausführung solcher Gedanken und die Unzulänglichkeit der Erfindung und Anpassung! Von der ursprünglichen Verwendung abgelöst, hat solch ein Sätzchen die mannigfachsten Wandlungen in stilistischer Behandlung erfahren. Es sind nicht nur rein musikalische

Momente, sondern auch andere, die aus der Verbindung der Tonkunst mit anderen Künsten, so mit der Dichtkunst, der Sprache, ferner aus ihrer Bestimmung für den Ort, für den Zweck, dem sie dienstbar ist, hervorgehen. Gerade das sprachlich dichterische Moment hat Heinrich Rietsch in seiner Schrift »Die deutsche Liedweise« hervorgehoben, mehr vom ästhetischen als vom historisch-genetischen Standpunkt. »Von den beiden getrennten Grunderscheinungen, der sprachlichen und der reinmusikalischen, wird im Gesang die eine durch die andere stilisiert.« Wir werden uns bei der Gegenüberstellung der Vokal- und Instrumentalmusik, bei der Erörterung ihrer stilistischen Grundunterschiede, ihrer wechselseitigen Beeinflussung auch mit dieser Frage zu beschäftigen haben. Schon jetzt sei im allgemeinen hervorgehoben, daß zu verschiedenen Zeiten das Verhältnis von Sprache und Weise ein mannigfaltig wechselndes ist, daß es Zeiten und Stilarten gibt, in denen bei den Vokalwerken das Sprachliche von dem Reinmusikalischen fast ganz absorbiert wird, dann wieder andere Epochen, in denen das umgekehrte Verhältnis eintritt, und ferner solche, in denen Kompromisse in der mannigfaltigsten, abwechslungsreichsten Weise eingegangen werden. Die Geschichte der Vokalmusik zeigt das Kreuz und Quer dieser Korrelation. »Im allgemeinen Sinne«, sagt Theodor Lipps, »ist die Stilisierung jede Entfernung von der einfachen Wiedergabe des in der Natur Vorgefundenen zu einem künstlerischen Zweck.« »Sie ist ein Herauslösen.« In der Tonkunst ist sie nicht ein Umschaffen, sondern ein Herausholen, ein im originären Zeugungsakt gelegenes Neuschaffen, um Sinn, Geist, Gemütsart, kurz den Charakter des Neugeschöpfes möglichst vollkommen zu treffen und wiederzugeben.

Es wurde gerade aus der Zeit der »Einkehr oder Wiederkehr zur Natur« beispielsweise ein Akt des Stilisierens (beim Menuett) gewählt, aus einer Zeit, in der die möglichst natürliche Haltung bei freier Bewegung Hauptcharakteristika sind, aus der Stilperiode der Wiener klassischen Schule. Es gibt Perioden, in denen die Stilisierung sich hart fühlbar macht, zum Zwang ausartet, mehr äußerlich ist, weit hinausgreift über die Lebensbedürfnisse rein künstlerischer Behandlung. In den Frühzeiten der Mehrstimmigkeit, in den antikisierenden Gesängen der Humanistenschule, in der Koloristenschule des ausgehenden 16. Jahrhunderts und, ich wage es zu sagen, in der Arie der altklassischen Schule zur Zeit von Händel, Bach, Fux, Telemann — um nur einige solche Stilarten zu nennen — tritt eine Stilisierung zutage, die drückend schwere Ansprüche erhebt, die ganze Form und alle ihre Teile vom ersten Ansatz bis zur Schlußkadenz durchdringt, jedes Glied in eine bestimmte Stellung rückt, in der es zu verbleiben hat, die Haltung versteift. Es ist geradezu ein Wunder der Kunst, daß sich in der letztangeführten Stilgruppe trotz der stilisierenden Fesselung elementare Wirkungsfähigkeit durchzusetzen vermag — ein Argument für die Kraft der schaffenden Genien.

Wenn einerseits das Stilisieren ein Einordnen in die üblichen, sich festigenden Gestaltqualitäten einer Periode, einer Richtung ist, so bietet es eben andererseits die Möglichkeit, in diese verallgemeinernden, technischen Vorgänge die spezifischen Eigenzüge des Künstlers in einer zu seiner Zeit gemeinverständlichen Weise zur Geltung zu bringen. Sobald der Zwang solch stilisierender Behandlung für die Künstler unerträglich wird, befreien sie sich davon und suchen Wege und Mittel, um eine ihrer Eigenart und dem notwendigen Fortgang morphologischer Entwicklung entsprechende Behandlungsart einzuführen. Die Einordnung darf nicht in Unterordnung ausarten. Und wo sich diese einstellt, gerät ein Stil in die Manier, er erstarrt, er wird sterilisiert. Treten nicht neue Keimtriebe hervor, die stilbildend oder stilumbildend zu wirken imstande sind, so versteinert sich ein Stil, er wird äußerlich, konventionell. Solch eine petrifizierte

Stilbehandlung kann sich durch Jahrhunderte erhalten, und daneben können in Um- und Neubildung andere Stilarten entstehen. Beispiele hiervon bieten die Choralisten vom 12. bis zum 16. Jahrhundert, ja bis auf unsere Zeit, ein Seitenstück der stereotypierten byzantinischen Malerei, ferner die Traditionalisten des 17. Jahrhunderts im Anschluß an die A cappellisten der vorangegangenen Zeit, die bis auf unsere Tage ihre Fortsetzung gefunden haben, eigentlich nach einer Unterbrechung im 18. Jahrhundert wieder im 19. Jahrhundert ansetzten. Die Beweggründe entstammten nicht immer nur dem Antriebe nach Erhaltung der klassischen Meisterwerke des Quattro- und Cinque-Cento und ihrer Fortführung, sondern gingen gelegentlich aus der Spekulation hervor; die Kunst wird da zur Industrie, Kunstprodukte entarten zur Fabriksware. In ihnen wird das Stilisieren zur Unnatur, und selbst die Transfusion frischen Blutes vermag nicht neues Leben hervorzubringen.

Innerhalb der stilistischen Gleichstrebung einer Zeit kann eine unübersehbare, fast unendliche Zahl von Bildungen vollzogen werden, die in Wirklichkeit mit der aufsteigenden Kultur wächst. Die Musikgeschichte zeigt eine in jeder Kunstepoche sich steigernde Zahl von Bildungen, die sich in Typen zusammenschließen und mit der stetig zunehmenden Vervollkommnung zu einem Höhepunkt führen. Die Individualität vermag sich dann immer freier zur Geltung zu bringen. Es entsteht ein *sensus communis*, ein Gemeinempfinden, oft auch im Kampfe mit Gegnern und festigt sich mit dem Drange nach Alleinherrschaft und Ausschließlichkeit, der nicht selten weit hinausgeht über die innere Berechtigung. Die Empfindung für den neuen Stil (für die »*differentia styli in arte musica*«, von der H. Schütz in der Vorrede seiner »Geistlichen Chormusik« 1648 spricht) bildet sich immer mehr aus und gewinnt eine Befähigung für die feinsten Unterscheidungen in ihrem Kreise, wogegen die Diffe- Stilbildung.

renzierungsgabe für Werke und Kunstwerte der vorangegangenen Kunstepoche sich immer mehr und mehr abstumpft. Je näher die Werke unserer Zeit stehen, desto mehr steigert sich die Empfindlichkeit der Unterscheidungsgabe, wobei dann auch noch persönliche Beziehungen betreffs Prädilektion, Zu- und Abneigung ins Gewicht fallen, die persönliche Affektion über der sachlichen Zugehörigkeit zum Gemeingeist und Gemeingefühl einer Zeit liegt. Die leidenschaftlichsten Fehden brachen aus; mit Verwundern lesen wir in den Blättern der Geschichte über die heftigen Kämpfe, die über Stilgruppen, Künstler und ihre Schulen, über verschiedene Angehörige einer und derselben Gruppe geführt wurden. Die feinsten Stilunterschiede machen sich bemerkbar, denen die späteren Generationen fast unempfindlich gegenüberstehen, je weiter sie sich von den betreffenden Kunstperioden entfernen. Es bedarf der langwierigsten Einfühlung in diese fernen Zeiten, um diese Unterschiede zu erfassen, während wir in den uns unmittelbar umgebenden Kunstarten die feinste Unterscheidungsgabe haben, eben durch das Miterleben ihrer Entstehung, durch die tägliche Übung. In dieser Beziehung, in der richtigen Erfassung der Stileigentümlichkeiten und Stilunterschiede vergangener Zeiten ist der Musikhistoriker, der Musiker und Musikfreund in einem auffälligen Nachteil gegenüber dem Forscher und Freunde anderer Künste. Die Verlebendigung historischer Musikwerke ist mit viel größeren Schwierigkeiten und Umständlichkeiten verbunden, die zum Glück mit der Betrachtung und Aufnahme der Werke der anderen Künste nicht, wenigstens nicht in diesem Maße, verbunden sind. Das Lesen eines Tonwerkes ist nicht dem Betrachten eines Bildwerkes gleichzustellen. Das geübteste Ohr, auch das historisch geschulte, kann es da nicht mit dem kunstgeübten Auge oder dem Leser alter Dichtungen aufnehmen. Erhält doch selbst der das Werk schaffende Tonkünstler erst durch die Aufführung den ersten lebendigen Eindruck von seiner Schöpfung!

Es bedarf förmlich eines Umbildungsprozesses, um sich für das Tonwerk aus vergangenen Zeiten einzustimmen. Es ist eine offene Frage, ob wir es überhaupt ganz imstande sind, wenigstens in dem Sinne, daß ein Musikstück völlig im Sinne und Geiste der Entstehungszeit erfaßt werden könne. Schon die Ausführung begegnet manchmal unüberwindlichen Schwierigkeiten. Zum Einleben in den Choral, in unseren ältesten Kunststil bedurfte ich fast zweijähriger Isolierung, bis sich mir Geist und Sinn dieser Schöpfungen erschlossen. Ich glaube nicht, daß ein Novize des Benediktinerordens, der aus der Kunst seiner Zeit, aus dem Gefühlskreis seiner Volksmusik in das Kloster tretend, hier täglich den Choral übt, und ganz isoliert ist von der übrigen Welt, in kürzerer Zeit in den Stil des Chorals eindringen könne. Darob sind auch die argen Entstellungen zu erklären, denen der Choral in der praktischen Ausübung der zusammengewürfelten Kirchenchöre unserer Zeit ausgesetzt ist. Gar nicht zu sprechen von dem Mißverständnis, dem der Choral bei solchen begegnet, die nie im lebendigen Kontakt mit ihm gewesen sind, die ihn am Schreib- und Studiertisch lasen und daneben die verschlungenen Erklärungen und theoretischen Erörterungen in sich aufnahmen und zu verarbeiten suchten, die über den Choral handeln. Ein Rattenschwanz von historisierenden Verstellungen trat so in einer Literatur zutage, deren Verfasser eben die Grundzüge des Choral-Stiles nicht erfaßten und sein Grundwesen in kühnsten Aufstellungen verdrehten und verdarben. Es genügt nicht, daß wir die Beschreibungen lesen, daß wir einen Wust von Wissen aufhäufen, wir müssen den Stil einer Kunst erleben, erfühlen. Diese Einsicht hält mich ab, hier von den Stilverschiedenheiten innerhalb der Tonkunst der Griechen zu sprechen, von der wir sehr viel wissen, die wir aber nicht kennen. Was nutzt eine noch so genaue Beschreibung von der Physiognomie eines Menschen, den wir nie gesehen haben! Kennen wir ihn dann, würden wir ihn erkennen? Ein markantes äußeres Kennzeichen könnte dies durch Zufall zuwege bringen. Und so ist es mit der geistigen Physiognomie, mit der seelischen Gemütsart eines Stiles in der Kunst. Solche Betrachtungen scheinen außerhalb einer wissenschaftlichen Behandlung gelegen, aber gerade für den vorliegenden Stoff wirken sie vergleichsweise aufklärend, tragen zu seiner richtigen Abgrenzung bei. Ein Kunststil muß in seinem Werdegange, in seiner Bildung und Umbildung, aus dem Erleben der Einzelkunstwerke erfaßt werden. Was alles greift von innen und außen bei der Bildung eines Stiles ein! Das Willkürliche muß abgestoßen, das organisch Aufbauende verarbeitet werden. Jeder Stil ist ein Kompromiß, wie das Material, aus dem er gewonnen wird, aus verschiedenen Stellen gesammelt wird und erst ausgewählt werden muß. Bei dieser Auswahl spielen Zufälligkeiten aller Art mit. Die sich geltend machenden Einflüsse kommen von den verschiedensten, auch voneinander entgegengesetzten Seiten. So einfach der erste Kunststil unserer abendländischen Musik auch erscheinen möge, er ist aus der Vereinigung von verschiedensten Faktoren, die in den Dienst des liturgischen Gebetes gestellt wurden, hervorgegangen. Wir werden die Komposita der einzelnen Stilgruppen kennen lernen und haben zur Einführung dieser Untersuchungen nur die allgemeinen Gesichtspunkte hervorzuheben. Gewisse Gesetze der Formbildung, gewisse Normen in der Ausführung des ästhetischen Charakters sind allen Stilen gemein. Gerade das Unterscheidende bildet den besonderen Anreiz für die Entstehung neuer Arten.

Stilwandel und Stilübergang.

Wandel und Wechsel sind im Leben, in Natur und Kunst unvermeidlich, geradezu notwendig bei aller Unwandelbarkeit der Grundgesetze. Diese Grundgesetze erschließen sich bei der

Betrachtung und Feststellung der einzelnen Stilarten in ihrem Zusammenhang. Ein solcher besteht in scheinbar einander entgegenstehenden Stilepochen, die Fäden werden fortgesponnen, erhalten andere Färbung, andere Stärke, werden zu Geflechten verschiedenster Art verwendet. Der einstimmige Choral wird zur Grundlage der ersten kirchlichen Mehrstimmigkeit; aus der für geistliche und weltliche Zwecke verwendeten Polyphonie ersteht scheinbar im hellsten Gegensatze die vorerst einfach harmonisch begleitete Melodie (die »*nuove musiche*«), deren Begleitung sich allmählich wieder aller Mittel der Mehrstimmigkeit bemächtigt; an die klassische Instrumentalmusik schließt sich in unmittelbarem Fortgang gewisser in ihr zutage getretener Ausdrucksmittel die romantische Musik an und so kann dies für alle Stilarten, die zeitlich aufeinanderfolgen, im Detail nachgewiesen werden. Es vollzieht sich eine Ausgleichung, eine Vermittlung in den Stilarten, die nicht selten wie feindliche Heerlager einander entgegentreten und für die harte Tageskämpfe ausgefochten wurden. Jeder große Stil — »groß« hier in der Bedeutung von tiefeingreifend, zeitlich und örtlich ausgedehnt — man könnte deutlicher sagen: jeder der Hauptstile, in mannigfachen Verästelungen und Abzweigungen hervortretend, hat seinen Aufstieg, seine Hochblüte und seinen Niedergang und jede dieser Etappen hat ihre Symptome, ihre Kriterien, deren Feststellung gerade die Erkenntnis der Eigenart dieser Stilepoche bedingen, fördern. Es entstehen mancherlei Stilschwankungen, die im Fortgang der Umbildungsprozesse, der Übergänge selbst bedingt sind und nicht selten längere Zeit währen (zwei bis drei Jahrzehnte), so besonders im 17. Jahrhundert, der Zeit des Eintrittes der dritten Hauptperiode unserer Musik. Subjektiv treten Stilschwankungen in allen Stilepochen hervor. Die Stilwandlung bereitet sich nicht etwa nur in der Zeit des Verfalles oder wie diese manchmal zu kennzeichnen ist, in der Zeit der Verwilderung vor, sondern fast ausnahmslos während der Hochblüte eines Stiles.

Jedes Wesen hat in sich den Keim des Vergehens und die größte Tat eines Menschen ist nicht selten die Ursache seines Sturzes. Manches Genie vollzieht in rascher Tat selbst einen Wechsel des Stiles, wie etwa in der bildenden Kunst Michel Angelo in der Änderung des Planes der Peterskirche in Rom den Übergang von Renaissance zur Barocke macht. Allein die Vorbedingungen waren vorhanden und der Charakter des Zentrums der katholischen Christenheit erheischte diese Wandlung für ihren in riesigen Dimensionen angelegten, massigen Repräsentativbau. Auch in der Geschichte der Musik begegnen uns solche Zwischenfälle: Während Palestrina die Grundzüge des a cappella-Gesanges bis zu seinem letzten Werke rein zu erhalten sucht (in Wirklichkeit treten auch bei ihm Anzeichen von Stiländerungen hervor), kündigt sich in einer Reihe von Werken eines seiner größten Zeitgenossen, des Orlando Lasso, dort und da in einzelnen Zügen, so in gleichsam rezitativer Führung der Oberstimme, in dialogischer Behandlung, chromatischen Wendungen die Wandlung zur Neukunst an, im Verein mit einer Reihe Gleichstrebender, besonders einzelner Venetianer Meister u. a. Wir wollen der Stellungnahme zur Übertragung des Begriffes »Barock« auf diese musikalische Stilrichtung momentan nicht vorgreifen. Im Thema und in der Durchführung des ersten Satzes der G-moll-Symphonie von Mozart, im zweiten Thema des ersten Satzes und im Larghetto seines Klarinettenquintettes wird, um einige der markantesten Fälle in der reinen Instrumentalmusik Mozarts mit Außerachtlassung der Stücke in seinen deutschen Singspielen zu nennen, der Übergang zur Romantik in thematischer Beziehung vollzogen. Der dauernde Umschwung, der allgemeine Stilwechsel tritt allerdings erst ein Vierteljahrhundert später ein. Stilübergang ist nicht identisch mit Stilwechsel und noch weniger mit Stilübertragung. Der Übergang vollzieht sich regulär allmählich, nur ausnahmsweise plötzlich; der Wechsel ist der dauernde Vollzug, die vollzogene Tatsache des Stilüberganges. Übergang und Wechsel treten fast ausnahmslos an verschiedenen Orten zu verschiedenen Zeiten hervor, innerhalb einer größeren oder kleineren Spanne Zeit. Die Wandlungen des Kunstempfindens vollziehen sich an einem Ort langsamer als an einem anderen. Sie sind manchmal innerhalb einer größeren Kulturgemeinschaft an einzelnen Orten überhaupt nicht bemerkbar.

So entstehen Sprünge in der Pflege der Kunst, die sich bei Neuverwendung eines älteren Kunststiles, im Streben nach Anschluß an eine ältere Kunstübung besonders fühlbar machen. Manchmal wird eben der Anschluß versäumt. Dies muß, sobald man in einem späteren Zeitpunkt folgen und mithalten will, dann nachgeholt werden. Nicht immer gelingt es. So hat England durch das starre Festhalten an der Kunst Händels das keimtreibende Leben neuer Stilrichtungen unterbunden. Händels Erscheinung wirkte auf die heimische Kunst niederdrückend. Er bemächtigte sich der englisch-autochthonen Kunst, setzte sich an die Stelle von Purcell, dem Meister, der seiner Anlage nach wohl das gleiche Genie hatte wie der von auswärts kommende deutsche Tonsetzer. Die Engländer begünstigten die italienische Oper, die dem original-schaffenden britischen Geiste nicht völlig entgegenkommende Aufgaben stellte. Ein fremdes Reis wurde aufgepfropft und die Blüten des eigenen Stammes verdorrten. In vergangenen Epochen gehörten die Engländer vielfach zu den Champions der stilschaffenden Geister. Es ist nicht richtig, daß die Engländer musikalisch nicht veranlagt seien, wie am Kontinent oft behauptet wird. Nur der Betrieb ist seit dem Verkümmern der autochthonen englischen Kunst ein unzweckmäßiger: entweder zur Deckung der Luxusbedürfnisse, hervorgerufen durch Wohlstand oder zur Befriedigung des Dilettantismus. Die Hauptursache ist aber der Abbruch des Ausbaues der heimischen Stilrichtung, das Aussetzen in organischer Ausarbeitung der neu aufkommenden Stilarten konform der Uranlage und entsprechend dem Stande des schon Erreichten. An Stelle des »Wanderns uralt hergebrachter Erbschaften auf den Zügen nationaler und geographischer Eigenart« (von dem Goller im allgemeinen spricht) trat in England Stillstand ein. Es wurden die Bestellungen im Ausland gemacht und der Eigenbetrieb verkam. Die schöpferische Kraft wurde eingeschnürt und konnte sich nur in gediegener *Cathedral-music* und sich verflachender Gesellschaftsmusik (Glees usw.) betätigen. Solche Betrachtungen lassen sich über die stilistische Bewegung, Hemmung der verschiedensten Nationen, Kulturzentren, Orte und Schulen anstellen und geben den Schlüssel für das Auf und Ab, den Höhenzug und Niedergang solcher Kunststätten.

Die Hauptstilwandlungen konzentrieren sich fast ausnahmslos auf einen bestimmten Distrikt, ein Land, eine Schule, innerhalb der sich das Neue kristallisiert. Von da aus greifen sie über und begegnen sich allenthalben mit Neigungen und Strebungen zu gleichem Ziele an anderen Orten oder fallen auf ein hierfür gänzlich unvorbereitetes Territorium. Eine unendliche Mannigfaltigkeit der Tatsachen beobachtet da der Historiker und es ist eine seiner schwersten Aufgaben, diese verwickelten Verhältnisse klar zu legen. die Gemeinsamkeit aufzudecken und die Verschiedenheit in der Ausführung einer und derselben Stilrichtung zu kennzeichnen.

Stilübertragung. Wie der Übergang, oder wohl noch richtiger gesagt, die Übergänge von einem Stil zum anderen nicht verwechselt werden sollten mit dem Wechsel der Stile, so ist dieser grundverschieden von der Übertragung eines Kunstwerkes, das in einem bestimmten Stil geschaffen und wirklich stilhaft ist, in einen anderen Stil. Ist das möglich? Es kommt vor und gar nicht selten. Über die Berechtigung oder Zulässigkeit wollen wir nicht rechten. Das ist eine ästhetische Frage. Die Übertragung wird gewöhnlich als eine Umkomponierung, oder »Einrichtung« oder auch als eine Transkription angesehen oder direkt bezeichnet. Umkomponiert werden manchmal Stücke, wenn sie der Tonsetzer in anderer Bearbeitung für geeigneter, seinen Absichten entsprechender hält. Oder der Komponist akkommodiert sich den Ansprüchen seines Publikums, wie etwa Beethoven in der Umarbeitung der Klaviersonate op. 14 Nr. 1 als Streichquartett, oder seines Oktetts op. 103 in das Quintett op. 4, oder seines Septetts op. 20 in ein Klavier-Trio op. 38 usw., da manche Verleger aus derlei Umsetzungen ein lukratives Geschäft machten.

Solche Übertragungen bleiben mit Ausnahme des ersten Beispieles immerhin noch innerhalb einer Stilgattung. Ebenso ist dies der Fall bei der Verwendung einer Motette als kompositorische Grundlage einer ganzen Messe, wie es besonders im 15. und 16. Jahrhundert in Massen vollzogen wurde. Anders stellt sich die Sache, wenn ein Klavierstück für Orchester übertragen wird, wie dies etwa H. Berlioz mit der »Aufforderung zum Tanze« von Weber vorgenommen hat. Darin liegt schon eine Überschreitung der den einzelnen Gattungen der Instrumentalmusik mit Rücksicht der in ihrer Beschränktheit oder in ihrer Eigenart notwendigen Grenze.

Allein eine völlige Stilübertragung findet auch da nicht statt, denn die musikalischen Grundzüge, die hauptsächlichsten Stilprinzipien bleiben gewahrt. Das Gewand wird gewechselt, der Körper bleibt derselbe. Freilich kann ein breiter Faltenwurf die Gestalt verdecken, der Stoff der Bekleidung. selbst die Linien verändern. Noch mehr alterierend wirkt die Umarbeitung, wenn eine Vokalkomposition in eine Instrumentalkomposition umgewandelt wird oder umgekehrt (sofern das letztere überhaupt möglich ist). Die glatte Herübernahme von einstimmigen Weisen für Instrumente liegt natürlich in unzähligen Fällen vor. In einzelnen Stilperioden wurde sogar ein und dasselbe Stück mit mehreren Stimmen, die mit Text vorgetragen werden sollten, gleicherweise als für »Instrumente dienlich« bezeichnet. Großmeister haben einzelne Instrumentalsätze eigener oder fremder Faktur in Vokalwerke umgewandelt, entweder einfach herübergenommen, mit Text versehen, oder mehr oder weniger eingerichtet. Solche Beispiele wiederholen sich ins Unabsehbare. Je nach der Geartung der Stimmführung einer Stilperiode werden solche Fälle mehr oder weniger einschneidende Änderungen zur Folge haben, die aber nicht identisch mit einer wirklichen Stilübertragung sein müssen. Darunter verstehe ich eine völlige Alterierung der stilistischen Grundeigenschaften. Nicht die Haut wird etwa gefärbt oder die Taille wird gepreßt, nicht Schmuck wird bloß angehängt, sondern das Knochengerüste selbst wird transformiert: was im menschlichen Leben nicht möglich ist, wird von der bildenden Hand des Künstlers vorgenommen, eine neue Seele eingehaucht. Manchmal (gar oft!) gelingt es nicht und es bleibt der umgestellte, um nicht zu sagen, entstellte Körper leblos. Der Übertragungsprozeß versagte. Eine wirkliche Stilübertragung liegt z. B. vor in der Verwendung der choralen Melodie der Marienantiphone »*Salve regina misericordiae*« zu den taktisch mit Hochbetonung gemessenen Marienleichen »Wilkom lobeswerde«, »Bis grüß, maget reine« durch Heinrich von Laufenberg im 15. Jahrhundert.

Heinrich Laufenberg »Marienleich«.

B.

Übertragung von Paul Runge.

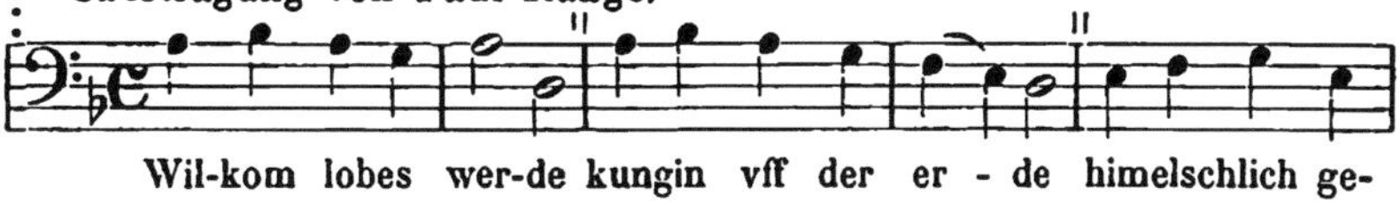

Heinrich Laufenberg, zweite Paraphrase.

C.

Übertragung von Paul Runge.

B.

C.

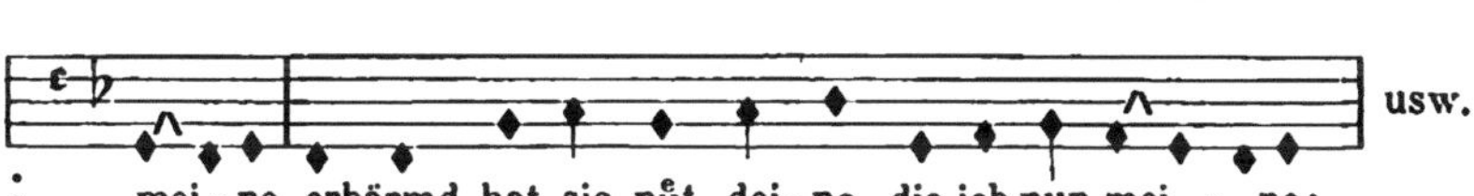

Da stehen sich zwei Stilwelten gegenüber. Zwei grundlegende Stilprinzipien der abendländischen Musik werden miteinander vertauscht und der melodische Stoff von Grund aus umgestaltet, nicht den Tönen nach, deren Änderungen gegenüber denen der rhythmischen Verhältnisse ganz in den Hintergrund treten. Man kann durch die Umänderung von zwei Tönen den ästhetischen Ausdruckscharakter einer Weise förmlich umbiegen, man kann durch willkürliche Umstellung von Phrasen oder Melodiegliedern die Physiognomie alterieren, man kann durch unrichtigen Vortrag einer Weise den Grundcharakter eines Stückes ändern, bis ins Lächerliche verflachen oder umgekehrt künstlich steigern, der Kenner wird auch unter der Tarnkappe die wahren Züge erspähen, den wahren Charakter erraten, allein eine solche Vertauschung der stilistischen Grundeigenschaft, wie die genannte »Übertragung« in ein anderes Stilgebiet modifiziert völlig das Wesen — eben in stilistischer Beziehung. Dabei braucht der Ausdruckscharakter — hier in beiden verschiedenen Stilstücken in der Marienanbetung gelegen — keinen Schaden zu leiden. Der melodische Tonstoff und der dichterische Inhalt begegnen einander in beiden und erwecken jene Andacht, die in ihrem Ausdrucksgehalt und Ausdruckszweck gelegen ist. Und doch stehen sich hier zwei Stillager gegenüber, wie wir sie dann genauer kennen lernen wollen. In dem vorliegenden Falle ist es eigentlich gleichgiltig, daß der Dichter auch eine Marienverehrung in Worte brachte und die lateinische Choralweise in die gemessene deutsche Weise übertrug. Es hätte auch eine »Kontrafaktur« vorgenommen werden, eine Weise mit geistlichem Text hätte mit einem weltlichen Text versehen werden können — diese Umstellung an sich ist für die Stilfrage bedeutungslos. Unzählige weltliche Weisen wurden zu geistlichen verwendet, d. h. es wurden statt »weltlicher« Texte »geistliche« unterlegt. Wie dem Walther von Stolzing beides »heilig« erscheint, wenn es sich um Liebe (sei es weltliche oder göttliche, irdische oder himmlische) handelt, so ist dies auch für die prinzipielle Stilfrage gleichbedeutend.

Die Variationen eines Themas bilden den gegebenen

Grundstoff mehr oder weniger um, manchmal bis zu seiner gänzlichen Verdeckung und Umwandlung. Es vollzieht sich in Variationen der großen Meister des 19. Jahrhunderts, auch schon in einzelnen der vorangegangenen Zeiten und Schulen eine Metamorphose, die geradezu das Thema unkenntlich macht. Es wird von einzelnen Theoretikern die Ansicht vertreten, daß die Variierung alles ändern könne, wenn nur das rhythmische Grundschema gewahrt bleibe, wenn nur die Zäsuren des Themas beobachtet wurden. Auch darüber setzten sich einzelne moderne Komponisten hinweg, entnahmen dem Thema gerade nur motivisches Material und verarbeiteten es, ohne sich um die Gliederung des Themas zu kümmern. Darin hatten diese von ihnen nicht gekannte Vorgänger im 15. Jahrhundert. Und doch kann man selbst bei den weitestgehenden Variationenbehandlungen beileibe nicht von einer Stilübertragung sprechen, im Gegenteil, innerhalb der Grundveste der Stileinheit werden solche Umbildungen vorgenommen. Andererseits kann mit der Struktur einer Phrase eine so einschneidende Änderung vorgenommen werden, daß eine völlige Stiländerung, eine Übertragung aus einem Stile in den anderen vorliegt. Von Meistern der verschiedensten Zeiten werden Stücke, Sätze oder Phrasen aus vorausgegangenen Stilperioden herübergenommen und in den betreffenden neuen Stil übertragen. Auch innerhalb einer und derselben Zeit werden solche Übertragungen vorgenommen. Es ist im einzelnen Falle zu entscheiden, ob eine solche wirklich vorliegt oder nur eine Einrichtung, eine Umschreibung.

Wenn Gerstenkorn zu einer Klavierfantasie von C. F. E. Bach einen Text setzt, wie dies mit vielen Sätzen aus den Klaviersonaten von Beethoven, besonders den langsamen vorgenommen wurde, so ist damit natürlich keine Stilübertragung im eigentlichen Sinne vollzogen, sondern nur eine Einrichtung. Wenn aber aus dem Satz einer Klaviersonate von Beethoven ein vierstimmiger Vokalsatz (z. B. das Adagio der Sonate op. 27 Nr. 1 als »Kyrie«) gemacht wird, so liegt da eine wirkliche Übertragung aus dem Instrumentalstil in den Vokalstil vor, da jeder derselben seine eigenen Prinzipien hat. Nun sind diese nicht in allen Zeiten voll ausgebildet gewesen. Daher konnten dereinst mehrstimmige Stücke wahlweise für Singstimmen mit Text oder für Instrumente gesetzt werden. Für vier Vokalstimmen bestimmte Choräle konnten noch zu Bachs Zeit von den Turmbläsern gespielt werden. Zwei der drei »*Equale*« für vier Posaunen von Beethoven konnten in der Folge mit Recht und ohne Stilübertragung als Begräbnislieder mit Text verwendet werden. Ein von den gegenüber den Grenzen des Vokalstiles unabhängig gesetzter Satz für vier Streichinstrumente kann aber nicht ohne einschneidende Änderungen für vier Vokalstimmen übertragen werden. Josef Haydn hat die für die Charfreitagsandacht zur künstlerischen Verklärung der »sieben Worte Christi« bestimmten Streichquartettsätze (ursprünglich für Streichorchester) nach dem Vorgang des Passauer Kapellmeisters Joseph Friebert in ein wirkliches Oratorium umgesetzt. Da liegt insofern eine wirkliche Stilübertragung vor, als neben der Uminstrumentierung (mit Zuhilfenahme von Klarinetten und Posaunen) die Solorezitative, die ursprünglich zur Einleitung der einzelnen »Sonaten« dienten, für einen Chor eingerichtet wurden. Eine völlige Stilübertragung ist festzustellen in der Art, wie etwa die chorale, priesterliche Intonation des »*Credo in unum Deum*« von vielen Komponisten in der vokalen Mensural- und instrumental begleiteten Figuralmusik verwendet, richtiger umgesetzt ist: die frei rezitierte Phrase wird samt und sonders in die Mensuration, bzw. in die taktische Behandlung hineingeführt und mehrstimmig umgearbeitet. Es seien die Beispiele dem 18. Jahrhundert entnommen:

zu lesen:

J. S. Bach.

Michael Haydn.

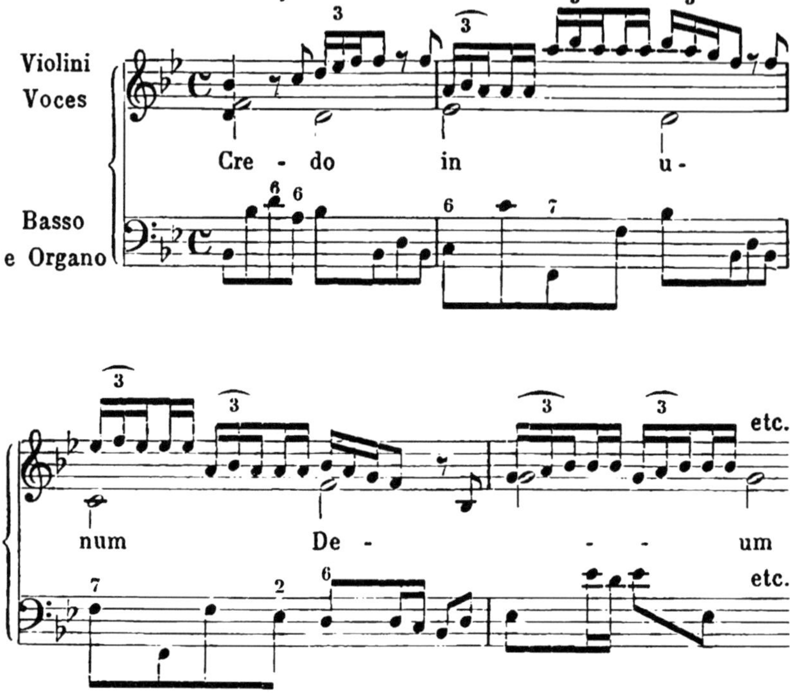

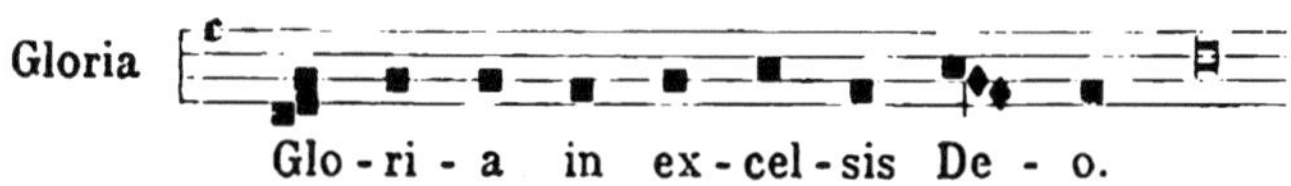

M. Haydn.

Anders liegt der Fall bei dem Reinmar von Zweter (erste Hälfte des 13. Jahrhunderts) zugeschriebenen deutschen Marienliede mit den lateinischen Eingangsworten »*Salve regina mater misericordiae!* Der grus zimt hohe küngin dir und keiner me!« Da ist mit Verwendung von Choralmotiven eine völlig neue Weise mit eigenen Existenzbedingungen geschaffen, mit zwei Stollen und Abgesang — eine Form, die zudem dem Choral gänzlich fremd ist und rein auf dem Boden weltlicher Musik entstanden, ausgebildet und angewendet ist. In dem früher angeführten Falle der Stilübertragung von Heinrich von Laufenberg liegt, abgesehen von der gänzlichen Umsetzung der Choralmelodie in die taktische Gliederung, insofern eine relativ nähere Beziehung zwischen Choral und seiner Verwendung vor, als der Leich eben eine durchkomponierte Form ist; doch ist dieser Umstand von nebensächlicher Bedeutung gegenüber der prinzipiellen Stilübertragung. Gibt es doch auch durchkomponierte weltliche Lieder. Ein Verkennen der Stilprinzipien und der historischen Grundtatsachen ist es, wenn behauptet wird, daß in der vermuteten taktischen Gliederung des deutschen Liedes von Reinmar von Zweter ein Argument sei für die taktische Gliederung des Chorales (H. Riemann, Gesch. d. M. I, 2, S. 263). Das heißt doch die Tatsachen auf den Kopf stellen und Schlüsse ziehen, die mit den vorangegangenen Grundthesen in keinem Zusammenhang stehen.

Eine in anderer Beziehung bemerkenswerte Stilerscheinung liegt in anderen Fällen vor, so in der »Übertragung«

des ersten Präludiums aus dem »wohltemperierten Klavier« von Bach in die »Méditation« von Gounod. Hier ist der Klavierpart gänzlich beibehalten, für Harfe bestimmt, mit gleichen Harmonien für Harmonium ausgestattet und darüber eine schmachtende Melodie für Geige gesetzt, die sich an die Spitzentöne der arpeggierten Akkorde anlehnend, selbstherrlich einherschreitet — ein Engel mit koketten Augen schwebt über den Arpeggienwolken. Das ist im Grunde genommen eine Transkription freier Art, die aber doch das Grundwesen der Vorlage alteriert. Hier kreuzen sich zwei Stilanschauungen, ohne zu einer Neubildung vorzudringen.

Stilkreuzung. Es gibt aber in der Geschichte der Musik wirkliche Stilkreuzungen, die in organischer Zeugung oder Züchtung Gebilde zutage fördern, die den Bastarden in der Natur entsprechen. Solch ein Bastard ist die Kunst des Meistergesanges, die Kunstübung der Meistersinger. Sie ist hervorgegangen aus der Kreuzung von Choral (darunter verstehe ich immer den »Gregorianischen« Choral, den *Cantus planus* des Mittelalters, während der evangelische Choral der Reformation immer als solcher speziell bezeichnet wird) und weltlicher Liedweise. Dieser Gesichtspunkt kann auf das Gewirr der Anschauungen über den Meistergesang klärend wirken und die Erkenntnis läutern. Im Meistergesang treten die Eigenschaften dieses oder jenes Teiles des Elternpaares hervor, die Körperteile zeigen eine Ähnlichkeit bald mit dem einen bald mit dem anderen, die Seele ist beiden gleich entsprossen. Es treten Umbildungen, Rückbildungen in einer oder der anderen Richtung auf. Auch in anderen Fällen treten solche Kreuzungen hervor. Sie sind von all den Stilarten zu scheiden, in denen sich Einflüsse von verschiedenen Seiten geltend machen, denn wie schon gesagt, alle Kunsterzeugnisse entstehen auf dem Wege der Ausgleichung der mannigfachsten Momente. Im Meistergesang liegt aber eine wirkliche Kreuzung vor, aus einem Bildungsprozesse hervorgegangen, der den kulturellen gesellschaftlichen Grundanschauungen, der ästhetischen Grundabsicht der Selektion völlig entspricht. Wir können auch auf dem Gebiete der Hausmusik solche Kreuzungen konstatieren und hier erweisen sie sich von besonderer Zähigkeit, wie gerade auch unter den Haustieren die Bastarde gedeihen. Die sogenannte Salonmusik ging aus diesem Prinzip der Kreuzung hervor. Sie tritt als Gattung erst in der Musik des 19. Jahrhunderts auf, hat aber ihre Vorläufer in vorausgegangenen Zeiten. Manche der für »Orgel und Klavier« bestimmten Instrumentalstücke des 17. Jahrhunderts sind auf diesem Wege der Kreuzung entstanden. Die für die künstlerische Hausandacht bestimmten Stücke der Renaissancezeit stehen mit einem Fuße in kirchlicher Musik in bezug auf strenge Haltung und Ausführung, mit dem anderen in der weltlichen in Hinsicht auf freie Behandlung und Freistimmigkeit. Nicht etwa nur aus dem Grunde, weil die Spieltechnik von Klavier und Orgel lange nicht definitiv getrennt war, sind solche für die Reproduktion auf beiden Instrumenten bestimmte Kompositionen in dieser Doppelhaltung geschrieben worden, sondern sie sind aus der notwendigen Kreuzung der stilbildenden Faktoren hervorgegangen. Und sie erhielten sich lange darnach, als die Scheidung der beiden Spieltechniken von Orgel und Klavier vollzogen war und erwiesen sich lebensfähig bis auf unsere Zeit, in der die in der zweiten Hälfte des 19. Jahrhunderts erreichte Klangfülle des Klaviers zur Revindizierung von Klangverwendungen aus dem Bereiche der Mittel der Orgelkunst zurückführt. Abgesehen davon sind in allen Kategorien der Hausmusik solche Stilbildungen zu konstatieren, die, sei es direkt Kreuzungen sind, sei es durch Amalgamierungen entstanden. Auch auf vokalem Gebiete können wir des weiteren solche Kreuzungen beobachten. So sind z. B. die »dramatischen« Gesänge der Berliner Liederschule des 18. Jahrhunderts, die Oden eines Johann Philipp Sack solche Bildungen,

Kreuzungen zwischen den in puritanischen Stilprinzipien gehaltenen Liedern der Schule und den Opernprodukten der Zeit.

Im Anschluß daran könnten wir uns schon jetzt die Frage vorlegen, ob wir das Oratorium als dramatische oder als spezifisch musikalische Kunstgattung anzusehen haben oder ob es nicht aus einer Kreuzung dieser einander entgegenstehenden Stilprinzipien entstanden ist und seine Hochblüte erreichte; dabei müßten wir von der stilbildenden Beeinflussung der dichterischen Sprache auf die melodische Behandlung absehen, die wie dort bei der Ode, so hier beim Oratorium, wie bei allen Kunstwerken, in denen Dicht- und Tonkunst vereint werden, sich von selbst ergibt. Hierüber kann uns nur die Geschichte der Musik Aufklärung geben. Im Oratorium sind musikalisch-dramatische und rein musikalische Stilprinzipien in verschiedensten Spielarten vereinigt, sie kreuzen sich in mannigfachster Weise und da die Oper gleichen Kreuzungen ausgesetzt ist, von denen sich das »musikalische Drama« in alter und neuer Zeit lossagen wollte und zeitweise loszusagen vermochte, so werden nach meiner Anschauung und Beobachtung die Gattungsbegriffe von Oper und Oratorium nicht selten unberechtigter Weise vertauscht. Zu dieser Verwechslung geben einzelne Richtungen in der Literatur des Oratoriums und seine zeitweise direkte Verwendung als dramatisches oder »halbdramatisches« Schaustück besondere Veranlassung. Wir wollen die Erörterung dieser Frage hinausschieben, da wir vorerst einiges andere klarzustellen haben. Wenn im Oratorium die Stilprinzipien von Drama und Musik in einer Mischung, richtiger Kreuzung verwendet und verbunden sind, so liegt hier doch nicht eine »Stilmischung« in dem Sinne vor, wie ich für meine ferneren Untersuchungen dieses Wort als Begriff gebrauchen will.

Stilmischung. Unter »Stilmischungen« verstehe ich die Aneinanderreihung und Verbindung (äußerlich oder innerlich) zweier oder mehrerer Stilarten innerhalb eines und desselben Werkes. So beruht die künstlerische Behandlung der katholischen Messe seit der Aufnahme der Mehrstimmigkeit in dem Wechsel verschiedener Stilarten zu einem Zwecke. Solange die Messe nur im Choralstil ausgeführt war, herrschte da nur ein Stil. Heute sind im Nacheinander vereinigt: Choral, Mensuralmusik, *a cappella* (mehrstimmige Vokal-Musik etwa im Stil des *Cinquecento*), ferner alle aus der konzertanten Musik des 17. Jahrhunderts hervorgegangenen Stilunterarten, sowohl vokal, als instrumental und endlich als Vor- und Zwischenspiele bloße Instrumentalmusik. Der Choral blieb obligat für die Intonationen des Priesters, die Lektionen von Epistel und Evangelium usw. und für die im *Fauxbourdon* gehaltenen Responsorien des Sängerchors. Für die Fastenzeit beschränkt sich die künstlerische Ausführung auf die *a cappella-Musik* für die Meßsätze und die beweglichen Einlagen *(de tempore)*. Zu anderen Zeiten ist freie Wahl gelassen, nur soweit beschränkt, daß die Hauptteile der Messe *(Kyrie, Gloria, Credo, Sanctus, Benedictus, Agnus)* in Einem Stile gehalten sein müssen. Nicht immer war dies der Fall. Es gab ältere Perioden, in denen auch diese Meßteile in verschiedenen Stilen vorgetragen werden konnten. Erst im 14. Jahrhundert trat da eine sich stetig festigende Stileinheit hervor. In Übereinstimmung mit der Stileinheit der ältesten Zeit in Beschränkung auf den Choral stehen heute nur noch die Meßfeiern der Benediktiner strenger Observanz und einiger anderer Klöster. Die Einschiebung von Instrumentalstücken für einzelne Hauptsätze der Messe oder gar für alle Meßsätze, wie dies im 18. Jahrhundert hervortrat, wird heute grundsätzlich vermieden. Die sogenannten »Choralmessen« von Tonsetzern des 19. Jahrhunderts sind vierstimmige Bearbeitungen des Chorals in moderner taktischer Gliederung oder nur mit Verwendung von Choralthemen oder Choralmotiven frei gesetzte Meßkompositionen für Singstimmen mit oder ohne Orgelbegleitung. Alle Stilwandlungen machte die Meßkomposition mit, ein Beweis für die Akkommodationsfähigkeit des Meßtextes und für die Assimilationsgabe und künstlerische Bewegungsfreiheit der katholischen Kirchenmusik. In dieser sind auch andere Stilmischungen gestattet: Hymnen werden strophenweise choraliter und figuraliter oder mensuraliter vorgetragen. Dieser Wechsel vollzieht sich mit der künstlerischen Absicht auf Abwechslung. So war es im 14. und 15. Jahrhundert üblich und wir besitzen Beispiele aus allen folgenden Zeiten.

Auch in der weltlichen Musik sind solche Stilmischungen üblich und beliebt. In der Instrumentalmusik ist die »französische Ouvertüre«, die zur Zeit Lullys eingeführt wurde, ein typisches Beispiel. Der Mittelteil oder Mittelsatz ist im gebundenen, fugierten Stil, während Vorder- und Hinterteil homophon mit breiter melodischer Ausladung gehalten sind. Fugierte Teile oder ausgearbeitete Fugensätze wurden in die Instrumentalzyklen oder Instrumentalsätze eingeführt oder verarbeitet, auch zur Zeit, da die Hochblüte des gebundenen Instrumentalstiles verblichen war. Beethoven hat mit Vorliebe und besonderer Absicht Fugensätze und Fugenteile in seinen letzten Werken verwendet. Sie stehen innerhalb eines Sonatensatzes entweder als eingegliederter selbständiger Teil oder sind mit der thematischen Durcharbeitung eng verwachsen. Da gibt es mannigfach ausgeführte Übergangsarten. Haydn und Mozart wie viele andere ihrer Zeitgenossen bevorzugen solche Behandlungsarten gerade in den letzten Sätzen ihrer zyklischen Werke, also in Sätzen, die ursprünglich dem Ausdruck freien Auslebens dienten, sie benutzen dies, um in die Lustigkeit und Heiterkeit stilistische Gebundenheit zu bringen, wie etwa Mozart in der C-Dur-Symphonie »mit der Schlußfuge«  und wie vor ihm Michael Haydn in Symphonien und Josef Haydn in Quartetten. Sie vereinigen einander gegenüberstehende Behandlungsarten und an Stelle der Aufeinanderfolge vollziehen sie Untermischung, Vereinheitlichung. Ein klassisches Beispiel hierfür ist die Ouvertüre zur Zauberflöte. Stilmischung nimmt Mozart in diesem Singspiel vor: in die Reihe der Lieder und konzertanten Stücke stellt er den in streng gebundenem Stil gehaltenen Gesang der Geharnischten. Auch das Maskenterzett im »Don Juan« ist so gehalten. Hieran ließen sich Betrachtungen über Stilverwendungen verschiedenster Art anknüpfen.

In der Oper der früheren Zeit finden wir auch Stilmischungen, jedoch anderer Art. Die Intermedien lustiger, heiterer, komischer Art, werden in die ernsten, tragischen, seriösen Opern eingelegt, als Zwischenspiele während der Zwischenakte der letzteren. Beide sind im Stil der Opernmusik gehalten, die für jede Unterperiode der dramatischen Musik eine eigene stilistische Ausgestaltung erfährt. Der stilistische Gegensatz zwischen ernstem und heiterem Spiel besteht in ihrem Charakter, der sich natürlich schon im Ausdruck der Themen und dann in der Ausführung offenbart und ferner in der Größe der Formen. Diesen äußeren Wechsel, diese Mischung, die uns heute empfindlich berühren würde, ließ man fallen und es vollzog sich die definitive Trennung der beiden Gattungen. In einem höheren Sinne trat dann wieder eine Vereinigung in den »*opere buffe*« von Mozart ein oder wie Da Ponte den »Don Juan« bezeichnete, *dramma giocoso*. Hier wurden, um mich eines trefflichen Wortes von Otto Jahn zu bedienen, Tragik und Komik an der gemeinsamen Wurzel erfaßt. Dies konnte sich auf dem Gebiete der Oper vollziehen und fand seine Fortsetzung in Werken der romantischen Oper des 19. Jahrhunderts, wenngleich sich in der Folge wieder beide Gattungen, das ernste und das heitere, schieden.

Man könnte sagen, daß es überhaupt keine stilistisch völlig

ungemischte Musik gebe, besonders wenn man nicht so sehr das Nacheinander der Teile als das Miteinander der Bestandteile der Werke in Betracht zieht. Dort ist es die äußere Aufeinanderfolge der Stilarten, hier die innere Mischung derselben. Da begegnet man besonders den Schwankungen verschiedenster Behandlungsart, die sich beim Übergang von einer Stilperiode in die andere bemerkbar machen, Fluktuationen in der Stilbehandlung eines Werkes, deren der Künstler insofern nicht Herr wird, als die verschiedensten, manchmal heterogenen Stilelemente hin- und hergezerrt werden — ohne innere Notwendigkeit, nur aus Verlegenheit oder Unbeholfenheit des Tonsetzers. Anstatt der wohlangelegten und — man könnte sagen — architektonisch berechtigten Stilmischung, die auch durch die zugrunde gelegten Worte geradezu geboten sein kann (wie etwa, wenn Beethoven das »Seid umschlungen, Millionen« mitten im mehrstimmig bewegten Satze unisono eintreten läßt), treten rein äußerlich angelegte Stilmengereien auf, ein Hin- und Herpendeln ohne innere Berechtigung, manchmal nur als äußerliches Belebungsmittel, als Reizmittel behufs Erzielung von Abwechslung. Wahre, echte Meisterschaft zeigt sich vorzüglich auch in der inneren Verarbeitung solcher verschiedenen Stilelemente. Sogar manches starke Talent ging an der Unmöglichkeit der Erfüllung dieser Forderung zugrunde oder kam ins Hintertreffen, wie z. B. C. P. E. Bach, der zwischen den um 1750 wechselnden Stilrichtungen wie zwischen zwei Mühlsteinen zerrieben wurde. Er wollte mischen, konnte nicht wechseln. Die Mischung dieser zwei Stile wurde von anderen, größeren Meistern vollzogen. Man darf also Stilmischung mit Stilwechsel nicht verwechseln. Daß sich gerade im verflossenen Jahrhundert auf allen Seiten, bei fast allen Meistern, großen und kleinen, mehr oder weniger gelungene Stilmischungen zeigen, ist deshalb so auffallend, weil wir den Stilunterschieden dieser Zeit noch näher stehen, als denjenigen früherer Zeiten. Die seit dem 19. Jahrhundert gemachten Versuche, weit in die Vergangenheit zurückgreifende Stile mit den herrschenden zeitgenössischen zu mischen, sind fast unübersehbar zahlreich und bis heute haben sie noch nicht zu einem Endresultate geführt und dürften auch nie dazu gelangen — weil jeder selbständige Künstler seine eigene Art der Aufnahme und Verarbeitung, der Mischung der Stile aufweist und weil jede Zeit ein Eigenrecht hat auf eine, ihren Anforderungen entsprechende Mischung mit Stilmomenten der Vergangenheit. Nur das Genie vermag da eine eigene Auffassung durchzusetzen; bei den meisten bleibt es ein Kunterbunt von Stilflecken in Farben und Formen oder Formteilen heterogener Art. Um dies zu erweisen und darzulegen, wären Bände erforderlich.

Ab und zu tauchen Bezeichnungen auf, die solch bewußtes Verfahren in Mischung und Untermischung von Stilen in einen Namen fassen, sei es generell als »*stile misto*« oder speziell als »*stile pieno legato moderno*«. Der erstere ist keine Generalbezeichnung für Stilmischung, sondern wird im 17. Jahrhundert verschiedentlich für die Mischung rezitativer und melodischer Stilprinzipien nicht in zeitlicher Folge, sondern in innerer Verbindung verwendet. Der Stil »*pieno legato*« mischt homophone und polyphone Elemente und will dies Verfahren speziell für das 18. Jahrhundert mit dieser Bezeichnung kennzeichnen. Es gibt eine unübersehbar reiche Fülle von Möglichkeiten bei der Mischung dieser Stilarten, eine Menge solcher Mittelstile. Hauptsache ist, daß bei der stilistischen Erfassung der Kunstwerke die unterscheidenden Merkmale der einzelnen Stilarten scharf beobachtet und festgesetzt werden. Nur so ist es möglich, die Eigenart eines Werkes zu erkennen und den Zusammenhang zu begreifen. Damit im Zusammenhange steht, daß auch die Stilgrenzen der einzelnen organisch zusammenhängenden Künste klar erkannt werden müssen. Auf diese Art kann man feststellen, ob ein Künstler die Grenzen seiner Kunst überschritten habe.

Dafür hatten schon die alten Griechen eine feine Empfindung und ihre Kunsttheoretiker beobachteten mit Schärfe solche Vorgänge. Plato und Aristoteles rügen die Untermischung der Stilgattungen und Stilformen. »Früher«, sagt Plato, »bestimmte die Gattung den Stil und Charakter eines Kunstwerkes; jetzt sind die verschiedenen Gattungen der Komposition untermischt«. Aristoteles findet, daß die von der Tradition gezogenen Grenzen zwischen verschiedenen Arten der Monodie umgestoßen seien; in aulodische Dithyramben seien sogar Arien mit Kitharabegleitung eingeschoben. Kitharen und Flöten, die früher nur getrennt für sich gebraucht worden sind, werden nunmehr vereinigt. Dieser Maßstab kann für unsere Kunst wohl nicht mehr angelegt werden, allein die Tatsache der Unterscheidbarkeit, der feinen Stilempfindung auf musikalischem Gebiete in der Antike ist an sich bemerkenswert. Der Gang der Ereignisse läßt sich durch Vorwürfe nicht aufhalten, allein es kommt eine Zeit, die sich daran erinnernd wieder stilreinigend wirken kann. Der Gang der Entwicklung, des Auf- und Abstieges der griechischen Musik hat eine gewisse Analogie mit unserer christlich-abendländischen Musik. Die materielle Grundlage scheint (mehr können wir nicht sagen als: »scheint«) sogar identisch gewesen zu sein. Desto wunderbarer, daß sich eine von der Antike so gänzlich verschiedene Kunst entwickeln konnte. Andere Völker mit ihrem Urbestande musikalischer Äußerungen traten ein. Wir wollen nunmehr das Material, soweit es an der Stilbildung beteiligt sein konnte, in Betracht ziehen.

III.

Auswahl und Verwendung des Tonmateriales.

In der Auswahl des Materiales und der Art seiner Verwendung liegt der Angelpunkt des Kunststiles. Wie der Wille des Menschen in mancher Beziehung determiniert, in anderer frei ist, so wird auch die Wahl des Tonstoffes nach Vorherbestimmung, nach der Sachlage und aus eigenem, persönlichem Bedürfnis getroffen. Der Tonstoff, klanglich und rhythmisch, ist der Urmusik eines Volkes, einer Völkerschichte, eines Territoriums entnommen und wird für künstlerische Zwecke präpariert. Das tonlich-rhythmische Rohmaterial ist unbegrenzt, das Material der Tonkunst beschränkt und fixiert. Das Tonmaterial wird für die Kunst verwendbar, wenn es meßbar ist. Die meßbaren Töne unterscheiden die Musik von der Sprache. Wohl gibt es musikalische Äußerungen, die in einzelnen Teilen, besonders in den Schlußwendungen von Formeln primitiver Art nicht meßbar sind, ein Geräusch, ein Summen und Brummen, — sie stehen vor der Schwelle der Tonkunst. Die Musik mußte sich, wie Helmholtz sagt, »das Material, in dem sie ihre Werke schafft, selbst künstlerisch auswählen und gestalten«. Der Prozeß der Auswahl und Gestaltung vollzieht sich im Austausch und unter wechselseitigem Einschub von natürlicher Anlage, persönlichen Neigungen und von Berechnung und Konvention — wie alles im Leben. Das so gewonnene Material ist nach tonaler wie rhythmischer Beziehung mannigfach verschieden. Hier können nur die für Stilbildung und Stilbehandlung wichtigen Momente hervorgehoben werden, um Kriterien gewinnen, um Stilerklärung vornehmen zu können.

Das Motiv und der tonliche Rohstoff.

Jedem Kunstwerk liegt ein Motiv oder Thema oder deren mehrere zugrunde. Es ist sein Ausgangspunkt, das treibende Moment jeder Stilbildung. In den Motiven sind die Keimzellen für die organische Ausgestaltung des Kunstwerkes enthalten. Sie bilden den Kern des ganzen Werkes. Aus ihm spinnt sich die Gedankenreihe in logischer Folge zu einem Ganzen, aus ihm heraus gestaltet sich die Idee, die das Werk erfüllt und den Formgehalt bestimmt. Aus der Art seiner Verwendung und Durcharbeitung, aus der Gegenüberstellung von Antithesen, aus der Einstellung der an das Motiv sich schließenden Ergänzungen erwächst der Eigencharakter des Werkes. So kann ein Motiv verschiedenzeugend wirken und seine stilistische Verwendung mannigfach abweichend sein. Die Phantasie des Künstlers wird in verschiedener Weise von einem und demselben Motiv angeregt, sie bemächtigt sich eines bereits vorliegenden Motives, um es in neuer Art zu verwenden. Aus der Herübernahme eines Motives oder eines Themas kann auf Unselbständigkeit des Herübernehmenden durchaus nicht geschlossen werden. Selbst in der Verarbeitung eines Satzes, eines Liedes, eines Stückes kann ein Künstler mit eigener Physiognomie Eigenartiges zutage bringen. Es gab eine Zeit, da es Brauch der Schule war, eine oder mehrere Stimmen eines polyphonen Stückes herüberzunehmen und mehrere oder nur eine Stimme dazu zu setzen. Darin liegt ein Teil der Tradition der Schule, der Stilgemeinschaft einer Epoche. Dabei konnte sich die Eigenarbeit noch immer entfalten. Die »Plagiate« von Händel sind auch von diesem Gesichtspunkt aus zu beurteilen. Das Gesamtgebäude des Chorales entstand auf diesem Wege. Freilich treten da die einzelnen schaffenden Sänger ganz in den Hintergrund und erst in der Verfallzeit machen sich die Eigenansprüche geltend. Je weiter wir in der Geschichte der Musik vorrücken, desto eifriger wird das individuelle Kunsteigentum gewahrt. Nichtsdestoweniger treten die gemeinsamen Züge in allen Stilperioden klipp und klar hervor. Motive kommen und verschwinden in der Zeiten Lauf, um wieder aufzutauchen. Motive überdauern mehrere Stilperioden, sind nicht an eine Stilperiode gebunden. Motive aus der Psalmodie, aus dem Magnificat sind in die verschiedensten Stile herübergenommen, in Minne- und Meistergesang, in das moderne musikalische Drama, abgesehen von ihrer Verwendung in allen kirchlichen Stilarten, wie etwa der psalmodische Ton in den »Bußpsalmen« von Orlando Lasso oder in dem nicht für die Kirche bestimmten »Deutschen Requiem« von Brahms und zahlreichen Oratorien aller Art.

Ein Motiv kann ein für sich bestehendes Glied sein, aus dem sich die Phrase entwickelt oder es ist nur ein Teilglied eines zwei oder mehrere Motive umfassenden Themas. Die Behauptung, daß »das Thema bei fortschreitender Erweiterung der Proportionen an Stelle des Motives getreten sei« (Riemann, Kompositionslehre I 454), hält gegenüber den historischen Tatsachen nicht stand. Schon im Choral gab es voll ausgebildete Themen in einer weiten Fassung und heute noch erwachsen, wie erwähnt, aus einem Motiv nicht nur einzelne Phrasen, sondern auch ausgedehnte melodische Strecken, einen ganzen Satz beherrschend, so z. B. im ersten Satz der fünften Symphonie von Beethoven: 

Dieses letztgenannte Motiv gehört zu den rein tonlich erfundenen, die jenen Motiven gegenüberstehen, die im Anschluß an das Wort entstanden sind. Die »motivzeugende Kraft der Worte« (Riemann, Handbuch der Musikgeschichte II 274) beginnt sich in der Geschichte der Musik nicht erst mit der zweiten oder dritten niederländischen Schule zu regen, sie gehört zu den urzeugenden Kräften ältesten Vokalstiles, im Choral die Vorherrschaft behaltend trotz der gelegentlichen Verwendung eines melodischen Typus für verschiedene Texte, die sich eben auf den ursprünglich auch auf vokalem Wege gewonnenen Melodietypus übertragen lassen. In allen Stilperioden wird das gleiche Motiv für verschiedene Worte verwendet und dieselben Worte werden mit verschiedenen Motiven versehen. Auch das Wagnerische Kunstwerk macht da keine Ausnahme, so sehr der Schriftsteller Wagner den engsten Anschluß des »Melos« an die Sprache als Axiom hinstellte.

Wo ein Motiv nicht vorhanden scheint, da liegt es nur versteckt, verborgen, sei es daß es nach der Auffassung einer späteren Zeit nicht markant genug ist, um erkannt zu werden, sei es daß es in der Bestimmung seiner Anlage nur eine Figur oder ein Läuflein ist, wie etwa in Etuden dem Übungszwecke dienend. Solch ein Stück läge, wenn es nicht in harmonischer Ausführung und rhythmischer Gegenüberstellung der Phrasen eine künstlerische Haltung annähme, eigentlich unter der Schwelle der Kunst, wie die beharrliche Wiederholung eines Ornamentchens oder einer Figur (eventuell mit kleinen Varianten) bei einzelnen primitiven oder außerhalb unserer musikalischen Kultur stehenden Stämmen:

oder

oder

Das Lesen von Buchstellen in festen Tönen (etwa vom Evangelium, der Epistel usw.), die »Lectionen« im Choral, auf einem Ton mit gewissen Wendungen am Schluß und manchmal auch am Anfang wären an sich nur ein Ansatz zu künstlerischer Behandlung, eine Eingangsstufe in den Kunsttempel, haben aber historisch und kunstorganisch eine andere Bedeutung, sei es daß sie nicht voll ausgebildete Formeln sind, sei es daß sie Rückbildungen, richtiger Vereinfachungen von Gestaltungen sind, die ursprünglich im Anschluß an den

Sprechton von kontinuierlichen Stimmbewegungen, von Vierteltönen und noch kleineren Intervallen Gebrauch gemacht haben. Es liegt ein wirkliches Motiv, ja sogar eine Dreiheit von Motiven zugrunde, die sich am Anfang, in der Mitte und am Schluß der Phrase aneinander schließen, aber nicht in allen Arten des »liturgischen Rezitativs« zur Verwendung kommen.

Ihre Geartung ist völlig verschieden von den frühest auftauchenden Motiven, respektive Themen in weltlichen Weisen unserer abendländischen Musikkultur, z. B.:

Also schon die Motive der einfachsten Gestaltungen weisen fundamentale Unterschiede auf, die sich innerhalb der Stilperioden auf die ganze Ausbildung geltend machen, teilweise im diametralen Gegensatz stehend, teilweise sich ausgleichend. Schon in den Motiven und Themen treten die stilistischen Grundeigenschaften der Kunstwerke hervor wie im Embryo der Organismen. Dies bezieht sich auf alle rhythmischen und tonalen Eigenschaften, soweit sie im Motiv oder Thema hervortreten oder bemerkbar sind. Das Motiv, das Thema des Chorals ist, wie wir sahen, aus dem Lesen hervorgegangen, es ist ataktisch. Darüber hören wir noch Genaueres. Das Thema (Motiv?) des *Kyrie tempore Paschali,* um ein beliebiges Beispiel vom Choral herauszugreifen, hat alle Wesenseigenschaften des Chorales:

Die Übertragung der Intonation des *Credo* in andere Stilarten haben wir kennen gelernt. Sie hat eine Änderung der Kapitalqualität im Rhythmus zur Folge. Bei anderen Übertragungen wird auch die Tonalität alteriert, etwa durch Erhöhung oder Herabsetzung eines Tones um einen Halbton, mit Rücksicht auf die Stimmführung und die harmonische Kohärenz. Das ändert die stilistische Physiognomie des Themas. Die Anforderungen an die Themen verschiedener Epochen und Stile wechseln. Die wechselnden Formen verschiedener Stilperioden stellen gewisse Voraussetzungen an die Eigenart der Themen, wenn anders das Gewächs organisch sein soll. Ein Fugenthema unterscheidet sich radikal vom Thema eines Sonatensatzes, eines Rondos. Beide sollen »bedeutsam, von bestimmtem Ausdruck, mit knappgefaßtem Inhalt sein, mit prägnanter eindringlicher Motivenbildung, mit bestimmtem Gefühlsausdruck, die Grundstimmung weckend . . .« — was Hugo Riemann speziell vom Fugenthema verlangt. Damit ist die stilistische Eigenart eines Fugenthemas nicht charakterisiert. Es muß vor allem in seinem melodischen Gange in sich Genüge finden, während das Sonatenthema auf harmonische Ergänzung angewiesen sein kann, um seinem Ausdruckscharakter zu entsprechen, ihn zu erreichen. Es gibt harmonisch erfundene Motive, bei denen die Harmonie ein Wesensbestandteil ist, so z. B. das Motiv der Todesverkündigung in der »Walküre«:

Die tonale Wendung des Fugenthemas soll regulär von Tonika zur Dominante oder einer der Dominanten gehen, die motivische Aneinanderreihung soll einen inneren Gegensatz enthalten, etwa auf- und absteigend, welch letztere Eigenschaft auch dem Sonatenthema entspricht. Ein richtiges Fugenthema unterscheidet sich auf den ersten Blick von einem Sonatenthema; das letztere kann sich eventuell auf ein Motiv beschränken, also auf ein Teilglied reduziert erscheinen, nie aber kann ein Fugenthema solch dezimierte Gestalt haben. Dieses muß so beschaffen sein, daß es bei aller Prägnanz auch einem Kontrapunkt Gelegenheit zur Entfaltung gibt, was beim Sonatenthema nicht nötig ist. Kurz, das Fugenthema muß zur Behandlung im polyphonen Satz tauglich sein, als Individuum in Reih und Glied stehen, während das Sonatenthema vollkommen selbstherrlich auftreten kann. Ein Thema einer Vokalfuge unterscheidet sich wieder regulär von einem solchen im Instrumentalsatz — muß sich nicht in allen Fällen unterscheiden. Die Instrumentalthemen wachsen im Verlauf der Zeiten in ihrer Höhen- und Tiefenausdehnung, sie werden in Gesamtumfang und Ausdehnung fast unbeschränkt — in der neuesten Zeit.

Der Höhenumfang des Instrumentalthemas im »Heldenleben« von Richard Strauß (großes *Es* bis zum zweigestrichenen *b*) ist eine in früheren Stilperioden unmögliche Erscheinung. Die zeitliche Ausdehnung der Hauptthemen in den ersten Sätzen der VI. und VII. Symphonie von Gustav Mahler mit 50, bzw. 70 Takten überschreitet auch das Normalmaß in der vorangegangenen Literatur. Diese und die noch weiter aufzustellenden stilistischen Kriterien sollten des näheren untersucht und festgestellt werden. Ins Detail kann ich nicht gehen. Mit dem Ausdruckscharakter der Themen oder wie Hermann Kretzschmar diese ganze Affektenlehre nannte, mit der Hermeneutik kann ich mich hier auch nicht beschäftigen. Einzelnes wird bei der Aufstellung der stilistischen Arten vom ästhetischen und vom historischen Standpunkt nachzutragen sein.

Weder die historische noch die ethnologische Forschung kann das Tonmaterial bisher in chronologischer oder in entwicklungsgeschichtlicher, morphologischer Folge ordnen. Alle Aufstellungen solcher Art schweben in der Luft, haben keinen festen Boden. Die melodisch möglichen Ausschnitte aus der Zusammenstellung von Intervallen innerhalb einer Oktave zeigen eine schier unübersehbare Menge von Motiven und primären Bildungen, für die das bisher als vollständigst geltende, akustisch fixierte 53stufige System kaum ausreicht. A. J. Ellis hat schon vor 30 Jahren innerhalb einer Oktave 45 Intervalle exotischer Leitern zusammengestellt, so z. B. sieben verschiedene Terzen, sechs verschiedene Sexten. Bis jetzt ist erst der kleinste Teil der rhythmischen Qualitäten, der Tondistanzen in den Musikübungen der verschiedenen Völker und Stämme erforscht. Für unsere abendländische Musikkultur kommt das siebenstufige Tonleitersystem innerhalb einer Oktave als grundlegend in Betracht. Es ist die Behauptung aufgestellt worden, daß die meisten der Tonleitern, die heute im Gebrauch sind, gar nicht auf das Gehör gegründet seien, sondern auf mechanisch-mathematischer Einteilung beruhen, ferner, daß die Skalen theoretisch erdacht, künstlich ausgeführt und der Praxis aufgedrängt worden seien. All diesen Behauptungen widerspricht die Erfahrung, die uns selbst für die historisch verfolgbaren Stilperioden einen Ausgleich, ein wechselndes Verhältnis von Naturanlage und Konvention zeigt. In bezug auf die Einbegleitung des musikethnographischen Materiales in die historischen Stiletappen stoßen wir heute auf fast unüberwindliche Schwierigkeiten, die teilweise aus der Lückenhaftigkeit des verarbeiteten Materials, teilweise aus der Unvollkommenheit der Methode in der Zusammenstellung und Behandlung des Materiales erwachsen. Wir sollten vom historischen Standpunkt aus das ethnographische Material ausschließen, können es aber nicht ganz außer acht lassen. Wir müssen aber auch alle in Geschichtswerken über Musik aufgenommenen und aufgestellten Behauptungen über die zeitliche Folge der Materialverwendung und ihre Einordnung in den Verlauf der Geschichte übergehen und können nur die Aufnahme der Nationalmusik der im europäischen Kunstleben eine Rolle spielenden Völker und Staatsgemeinden in Betracht ziehen.

So wenig wir etwas über das genetische Verhältnis von Vokal- und Instrumentalmusik wissen, so wenig wir feststellen können, welche die ältere ist — beide scheinen sich vielmehr gleichzeitig unter wechselseitigem Einfluß ausgebildet zu haben, wie wir dies auch in den historischen Stilperioden beobachten können — ebensowenig können wir Verläßliches über das chronologische Verhältnis der Skalenbildungen sagen. Diese sind überhaupt sowohl gegenüber der primitiven Musik, als auch gegenüber älteren Stilperioden unserer Kunstmusik von sekundärer Bedeutung, da sie eben sekundär entstanden sind. So ist die Behauptung, daß innerhalb einer Oktave die Fünftonreihe älter sei als die Siebentonreihe unhaltbar. Sie wird durch einen einzigen Fund widerlegt oder mindest in Frage gestellt, der vor einigen Jahren in einem ägyptischen Königsgrabe gemacht wurde: eine Flöte mit einer siebenstufigen Durtonleiter, die ungefähr 3000 Jahre alt sein soll. Die von Angul Hammerich beim Wiener Kongreß und von Stais beim Archäologenkongreß in Kairo im Frühjahr 1909 vorgewiesene Abbildung einer aus Elfenbeinstücken rekonstruierten Lyra (gefunden nördlich von Athen, aus der Mykenezeit, 1500 v. Chr.), zeigt zehn Löcher für die Besaitung und könnte auch als Beleg gegen das höhere Alter der Pentatonik angesehen werden. Die These, daß die archaischen Weisen der ersten und zweiten Stilepoche der griechischen Musik der halbtonlosen Pentatonik angehört hätten, ist daher fraglich. Ein unverrückbares Fundament der Tonbestimmungen sind die natürlich reinen Verhältnisse der Quint- und Terztöne. Aber nicht einmal die ersteren kann man in der

Praxis der altgriechischen Musik als Ausgangspunkt der Skalenbildung unwiderleglich nachweisen. Die Behauptung Riemanns, daß sie die Grundlage der älteren halbtonlosen (anhemitonischen) Pentatonik gebildet hätten (*d e g a h* d_1 e_1 entstanden aus *g d a e h*), entbehrt der historischen Begründung. Die Pentatonik kommt in abwechslungsreichen Zusammenstellungen vor: *c d e g a*, *c d f g a*, *e g a h d* (diese ohne Halbtöne) *e f a h c* (mit Halbtönen) bei Griechen, Japanern, *c d es g as*, *c* des *f g as*, *c* des *f ges h* (bei Japanern). In Java ist eine Fünftonreihe üblich, die wir unmöglich nach dem Gehör anzustimmen imstande wären: die Oktave in fünf gleiche Teile geteilt, also wenn die ganze Oktave 1200 Cents hat (für die zwölf Töne der gleichschwebenden Temperatur je 100 Cents), so kommen auf jedes Intervall dieser Fünftonreihe 240 Cents. In Anlehnung an unser System etwa ausgedrückt, wäre dies also: erste Stufe *C*, zweite Stufe zwischen *D* und *Es*, dritte Stufe zwischen *E* und *F*, vierte Stufe ¼ Ton höher als *G*, fünfte Stufe auf halbem Weg zwischen *A* und *B* und der letzte Schritt geht zur Oktave. Welches europäisch gebildete Ohr könnte die Tonbildung frei vornehmen! Die von Riemann aufgestellte Behauptung (Handbuch I 46), daß von der halbtonlosen Pentatonik über die Siebenstufigkeit zur diatonischen Pentatonik übergegangen worden sei, ist nicht historisch erweisbar. Dagegen spricht vielmehr die griechische Notenschrift, die in der tieferen Oktave auf eine diatonische Skala mit den ersten Buchstaben des Alphabets hinweist, während für die Mittellage Anfangsbuchstaben der Namen, der Saiten der Kithara untermischt mit der Notenschrift der Auleten verwendet wurden.

Überhaupt sind Fünftonreihen vielfach nur Ausschnitte aus mehr als fünfstufigen Skalen. Daß auch in der keltischen Musik Fünftonreihe bestanden habe und in der altchristlichen Musik einzelne Weisen mit fünf Tönen gebildet waren, gibt aus den besagten Gründen keine Stütze für das höhere

Alter der Pentatonik. Es sind eben Tonbildungen, die sich auf fünf Töne beschränken. In allen Zeiten bis auf den heutigen Tag sind solche Weisen in der Fünftonreihe nachweisbar, am meisten allerdings in primitiven und exotischen Musikstücken. In die altchristliche Musik wurden Elemente der hebräischen und der griechischen Musik herübergenommen (neben anderen heute noch nicht festgestellten). Die »Steiger« der jüdischen Tempelgesänge sind Oktavenreihen mit Siebenstufigkeit. Die Lektionstöne beim alttestamentarischen Bibelvortrag beschränkten sich allerdings, soweit mir bekannt, auf kleinere Ausschnitte, die etwa Formeln der Fünftonreihe entsprechen. Aus solchen Tonformeln, wie sie im jüdischen Tempelgesang und im altchristlichen Gottesdienst verwendet wurden, ist nicht auf ein neben der Siebenstufigkeit für sich bestehendes Fünfstufensystem zu schließen. So werden inmitten eines Landes mit musikalischer Hochkultur, die tief in das Mittelalter hineinreicht, Stücke mit Benutzung von Fünftonigkeit gespielt, die Ausschnitte der Siebentonigkeit sind: die schottische Sackpfeife verfügt über sieben Töne in der Oktav und manche der Weisen beschränken sich auf die Pentatonik. Diese schottische Skala ist dadurch bemerkenswert, daß sie förmlich außerhalb des gebräuchlichen Tonsystems liegt, indem sie »neutrale« Terzen und Sexten hat, die in der Mitte zwischen großer und kleiner Terz, bzw. Sext liegen. Das ist einer der Reste der mannigfaltig abweichenden Urformen der Tongänge, die heute in der europäischen Musikkultur auf das gleichschwebende Tonsystem nivelliert sind. Hier ist eine Ausgleichung vollzogen zwischen Naturtonreihen, reinen Terzen und reinen Quinten vermittelst der gleichen Bemessung, der Uniformierung der 12 Halbtöne, innerhalb einer Oktav. Solche Kompromisse finden sich schon bei den ältesten Kulturvölkern, wie bei den Chinesen. Bei uns erfolgte die offizielle Anerkennung dieser gleichschwebenden Temperatur nach mannigfaltigsten Versuchen mit ungleichschwebender Temperatur erst um das Jahr 1700. Für die Tasteninstrumente verhalf hierzu das »wohltemperierte Klavier« von Bach (1. Teil 1722 zusammengestellt, 2. Teil 1744). In der solistischen und Soloensemble-Praxis des Gesanges, auf Streich- und nicht fixierten Blasinstrumenten erhielt sich die Neigung zur reinen Stimmung, die sich den Ansprüchen der Harmonie und Polyphonie akkommodieren muß. So bestehen in Wirklichkeit auch innerhalb unserer in der Zwölftonreihe uniformierten Musikkultur mannigfach abweichende Tonschattierungen für die sieben Grundtöne der Skala. In der außerhalb unserer Musikkultur stehenden Musikübung begegnet man den verschiedensten Bildungen von Siebentonreihen, so in der indischen Musik, die heute von einzelnen als der Ausgangspunkt unserer Tonkunst angesehen wird, Folgen von: *c des eses f g ais h c* oder *c des es fis g as heses c*, wobei einzelne dieser Töne sich nicht vollkommen mit den Tönen decken, deren Bezeichnung den betreffenden Intervallen unserer Skalenbildung entliehen sind; wir müssen, um eine halbwegs richtige Tonvorstellung für diese exotischen Tonleitern zu gewinnen, Annäherungsbezeichnungen vornehmen, mit Zuhilfenahme von diakritischen Zeichen. Andere exotische Oktavenreihen aus sieben Tönen mit dem Grundton in der höheren Oktave als achtem Ton bestehend, also eigentliche siebenstufige Leitern sind Tonaushebungen aus einer Folge von Vierteltönen oder bestehen aus Dreivierteltönen, aus einer Zerlegung der Oktave in sieben gleiche Teile (Java) — in mannigfaltigster Zusammenstellung.

Seit dem Bestande der musikalischen Romantik werden Versuche gemacht, solche exotische Leitern, soweit sie unserem Tonsysteme anpaßbar sind, für einzelne Kunstwerke zu verwenden oder es werden in bewußter Absicht oder unbewußt Anlehnungen vorgenommen. So zeichnet G. Verdi für seine »*Pezzi sacri*« eine »*scala enigmatica*« vor:

Richard Strauß gebraucht in der »Salome« Tongänge anderer Art: *gis ais his cis e fis fisis gis* oder *c d e fis gis b c* (über einem Septakkord mit alterierter Quint) für den Herodes. Andere versuchen Neubildungen auf theoretischem Wege, im Gegensatz oder zur Ausgleichung unserer modernen Grundskalen von *Dur* und *Moll*. Die Jungfranzosen (so Claude Debussy) wenden in Anlehnung an exotische Skalen eine aus sechs Ganztönen bestehende Tonleiter an.

Solche Bildungen können sich nur durch einen *sensus communis*, durch gemeinsames Wollen von Generationen festigen. Sonst fallen sie als Experimente außerhalb der Entwicklungsfolge ab. Mehr Aussicht auf Erfolg haben die Verwendungen von Motiven, Themen und Stücken aus der Musik von Stämmen und Völkern, deren Weisen noch nicht von unserer Musikkultur resorbiert worden sind und sich dem herrschenden Tonsysteme akkommodieren lassen. Solch musikalisches Neuland wird nicht nur in außereuropäischen Ländern entdeckt, in denen sich der musikalische Kulturtrieb erst regt oder eine nationale Ausgestaltung anstrebt, wie etwa in Amerika, sondern auch in Europa können noch immer solche Neuaufnahmen vollzogen werden. Gerade das national vielgestaltige Österreich mit seiner uralten Musikkultur bietet solche Gelegenheit. Eine bunte Musterkarte von Volksmusik breitet sich da aus. So entwarf Kuba auf dem Wiener Kongreß ein Bild von der istrodalmatinischen Volksmusik, in der sich Elemente niedrigster Musikübung und einer, höheren Kulturansprüchen nachkommenden Musikpraxis mischen, nebeneinander lagern. Der in Dalmatien lebende Teil der Serbokroaten, die im siebenten Jahrhundert nach Christi auf dem Balkan eingewandert waren, haben eine Volksmusik, die ein Kunterbunt bietet mit Ansätzen ohne festes akustisches und rhythmisches Gefüge, auf weiche, glitschrige Tremolos und trillerartige Glissandos sich beschränkend, vergleichbar den Mollusken der Tierwelt, dann aufsteigend zu festen Intervallen von Halb- und Ganztönen. Da mischen sich altgriechische Tonarten mit orientalischen Elementen, dann wieder Gesänge in unseren modernen Tonleitern und exakten Rhythmen. Diese Weisen sind nicht festgelegt, sondern folgen den Neigungen und Wandlungen der Stimmung des einzelnen und seiner Umgebung. Auf der einen Seite wahren sie das Alte, auf der anderen Seite akkommodieren sie es den persönlichen, wechselnden Bedürfnissen. Das Wort »*pjevati*« vereint »Singen und Sagen« mit der Instrumentalbegleitung auf der Gusle — »ein freies Mitgehen mit der Melodie, ebenso die Vereinigung von zwei oder mehreren Sängern, deren Stimmenzahl jede für sich einen Typus bildet«. Man könnte in Österreich eine aufsteigende Linie musikalischer Kultur von den niedrigsten bis zu den höchsten Stufen nachweisen, ohne zu einer chronologischen Ordnung vorzudringen. Die Fixierung der historischen Stilperioden hat einen anderen Weg einzuschlagen. Sie beschäftigt sich mit der Folge der künstlerischen Erscheinungen im tonalen und rhythmischen Aufbau und der Eingliederung und Verarbeitung des nationalen Rohstoffes in den einzelnen Stiletappen der Entwicklung, des Fortganges.

Nationale Einflüsse. Neben diesem nationalen Rohstoff, der je nach seiner größeren oder geringeren Eignung in die künstlerische Einarbeitung gezogen wird, gehören auch die Charakteranlagen, die Gemütsarten der einzelnen Völker zu den einleitenden Vorbedingungen für die Ausarbeitung und die Eigenart der in den einzelnen Stilperioden hervortretenden Kunstschulen. Diese sind auch abhängig von den nationalökonomischen, wirtschaftlichen Verhältnissen eines Territoriums, eines Landes, einer Stadt, einer Maîtrise, einer Gilde. Das Eingreifen, Hervortreten, Emporkommen zu vollendeter Blüte vollzieht sich nach bestimmten Voraussetzungen. Nicht alle Völker, die heute im politischen Konzert Europas eine Rolle spielen oder zu spielen beginnen, greifen auch in das musikalische Konzert Europas ein. Ein jedes von ihnen hat seine Nationalmusik, allein ihr musikalisches Leben bleibt entweder vor der Schwelle der Kunst stehen oder ist erst im Begriffe, diese zu überschreiten. Der Schatz ihrer Nationalmusik wird zwar ab und zu verwendet, allein die ihnen entnommenen Motive und Themen werden von dem Kunstbetriebe der musikalischen Kulturländer absorbiert. Wenn von einer Seite Haydn als »kroatischer Komponist« bezeichnet wurde, ein Versuch, der von einem Kroaten unternommen und von einem Engländer literarisch verwertet wurde, so wäre, wenn selbst der Familienursprung Haydns kroatisch gewesen wäre — was absolut zurückgewiesen werden muß — die Revindikation Haydns als kroatischer Komponist ein wissenschaftlich unhaltbares Unterfangen, da seine Kunstausbildung und die Ausübung seiner Kunst ganz und gar in den Organismus der süddeutschen, speziell Wiener Schule als Glied einer geschlossenen Kette gehört. Daran würde auch nichts der Umstand ändern, wenn Haydn Motive oder Themen der kroatischen Volksmusik entnommen haben sollte. Ebensowenig könnten die Quartettsätze von *opus* 59 (Finale von Nr. 1 und *Trio* des dritten Satzes von Nr. 2), in denen Beethoven russische Themen verarbeitet, als der russischen Schule angehörig bezeichnet werden, auch nicht wenn Beethoven, wie uns Czerny erzählt, sein Anerbieten, »in jedes Quartett eine russische Volksmelodie einzuflechten« (was sich natürlich nur auf die Rasoumoffsky-Quartette bezieht), ausgeführt hätte.

Die Unterschiede in den nationalen Kunstschulen der abendländischen Kulturmusik sind überhaupt nicht so bedeutend, als daß diese als ganz selbständige und in jeder Beziehung unabhängige, vollkommen eigenartige angesehen werden könnten. Die musikalische Kultur, die Ausübung der Kunst hat diese organisch zusammenhängenden Schulen im Verlaufe der Jahrhunderte einander nahe gehalten, da sie zumeist die gleichen Vorbedingungen formalstilistischer Behandlung haben oder sich aneignen. Die künstlerische Stilisierung in Behandlung und Ausführung wirkt nivellierend. Diese Ausgleichung greift auch auf die Volksmusik selbst über. Während die Volksmusik verschiedener außereuropäischer Völker und Stämme noch heute ihre ganz eigentümlich konstruierten Tonsysteme, Skalen, Melodieformeln, Motive aufweist, wirkte der Einfluß der Kunstmusik auf die Volksmusik der europäischen Völker verbindend und vermittelnd. Zu den alten europäischen Kulturnationen im musikalischen Großbetriebe, den Deutschen, Engländern, Franzosen, Italienern, Spaniern, die vom 11. bis zum 18. Jahrhundert wechselweise oder gleichzeitig in eigenen Schulen hervortreten, kamen seit dem 19. Jahrhundert die nordischen Völker, die Slaven und die Ungarn. Der Historiker kann schon in früheren Epochen dort und da ihre Spuren verfolgen, soweit sie in das Kunstgebiet übergreifen oder ihre Weisen von den zuerst genannten Nationen herübergenommen worden sind. Schon in der ältesten Stilperiode der abendländischen Musik, beherrscht vom Choral, machen sich nationale, lokale Stilunterschiede geltend, die auf weitere Territorien greifen, auch auf den Orient, entsprechend dem Ursprung und der Verwendung dieses liturgischen Gesanges. Im Gregorianischen Gesang wurde dieses Moment nationaler oder lokaler Schulen kraft der unifizierenden Macht der katholischen Kirche zurückgedrängt. Wohl traten auch die Eigentümlichkeiten in einzelnen Gebieten und Diözesen hervor, behaupteten sich einige Zeit im Wesen, in äußerer Erscheinung, durch Schreibart (italienisch, longobardisch, Messina, Nonantola; irisch-angelsächsisch; französisch, aquitanisch, mozarabisch, Metzer; deutsch, gothisch, St. Galler) und noch bis auf den heutigen Tag hat die Mailänder Kirche ihre ambrosianische Eigenart in gewissen Zügen, besonders in Ornamentik erhalten. Den Kampf mit den Sonderbestrebungen der altslavischen Liturgie konnte die Kurie bis jetzt nicht siegreich beendigen.

In den verschiedenen Entwicklungsstadien der Mehrstimmigkeit treten die besonderen Anlagen der einzelnen, sich daran beteiligenden Nationen mitbestimmend hervor. Schon aus der Art, wie sich die einzelnen Länder, Gaue, Orte, Maîtrisen an der Ausarbeitung der Mehrstimmigkeit beteiligen, aus dem Zeitpunkt, in dem sie in das Arbeitsfeld eintreten oder mehr hervortreten, erkennt man den Urbetrieb der betreffenden Kreise. Nicht in künstlerischer Konstruktion allein besteht die Anteilnahme, sondern in Betätigung und Ausführung der originären und originellen Anlagen. Dieses Faktum ist besonders hervorzuheben, weil einige Historiker noch immer annehmen, daß die mehrstimmigen Kombinationen aus Berechnung und bloßem Experiment hervorgegangen seien. Es bilden sich geistige Zentren musikalischer Kultur, um die sich die einzelnen Tonsetzer gruppieren, in die sie sich eingliedern und denen die Genialsten den Stempel ihrer Eigenanlage aufdrücken. Es reiht sich Kraft an Kraft, Mann an Mann, eine Gruppe übernimmt die Übung von der andern, nimmt die Führung an sich, und die Kunst gedeiht in jenem Orte, der die geeignetsten Bedingungen bietet oder die begabtesten Tonsetzer heranzuziehen vermag. Es dauerte lange, bis sich bei der strengen Zucht künstlerischer Erziehung und scholastischer Ausbildung in der Mehrstimmigkeit die spezifisch nationalen Eigenarten frei regen konnten. Indessen spricht man schon mit Recht auch in den ältesten Stilperioden der Mehrstimmigkeit von französischen und englischen Schulen, denen sich die italienischen, niederländischen, deutschen und spanischen Schulen anschließen, im Verlaufe von fünf Jahrhunderten. Da machen sich im geschichtlichen Verlaufe die nationalen Gruppen in der weltlichen Musik mehr geltend. Vorerst in der Vokalmusik. Die nationalen Eigentümlichkeiten treten je nach dem Zeitpunkt, in dem eine solche Schule sich bildet, auch in Sprache und dichterischen Formen hervor. Von hier aus dringt das nationale Moment noch prononzierter in die künstlerisch stilisierte Instrumentalmusik ein und verschärft ihre Differenzierungen. Am schärfsten zeigen sich die nationalen Eigenarten in der Oper. Hierüber werden uns die historischen Stilperioden das Nähere sagen. Bis zum 17. Jahrhundert, der Zeit der Entfaltung der Oper, werden in der beschreibenden Literatur Schulen und Orte wohl hie und da gesondert aufgeführt, aber soweit meine Kenntnis reicht, weder mit der Absicht der Gegenüberstellung, noch mit der Beleuchtung stilistisch lokaler Eigentümlichkeiten. Die Motette, seit ihrem Entstehen (etwa 12. Jahrhundert) zum Zentralpunkt kirchlicher Mehrstimmigkeit sich erhebend (seit dem 13. Jahrhundert), nach ihrem Ursprung und der Zusammensetzung der dabei verwendeten Sprachen (lateinisch und französisch) eine Verquickung kirchlicher und weltlicher Musikausübung, wird alsbald in der, alle Völker der katholischen Welt verbindenden lateinischen Sprache komponiert, und gelegentlich in verschiedene Sprachen übertragen, kann aber trotzdem in ihren Stilwandlungen nicht in erster Linie vom nationalstilistischen Standpunkt aus betrachtet werden. Athanasius Kircher (1650 »*Musurgia*« VII 543) stellt den »*stilus*« in der Polyphonia der Deutschen als »*gravis*, *remissus*, *modestus*« (*plus aequo morositas*) in Gegensatz zu dem der Franzosen: »*mobilitas*«, »*complexio hilaris*, *vivax*« »*contineri nescia*«, eine ästhetische Gegenüberstellung der Schwerfälligkeit, Gemessenheit der Deutschen und der leichten Beweglichkeit der Franzosen, während er den Italienern die Neigung zu Verzierungen zuspricht. Damit sind nur einige ästhetische Grundzüge im allgemeinen angedeutet, wie dies vorher Franchinus Gafurius (Theorica musice, 1492, lib. V, cap. 8) bezüglich des Gesangsvortrages der Engländer (sie jubilieren), Franzosen (sie singen wirklich), Spanier (sie wehklagen), Deutschen (sie heulen), Italiener (besonders die Genuesen meckern) versucht hatte. Wir müssen tiefer steigen und weiter greifen. Wir dürfen uns nicht auf Stilbetrachtungen einer Gruppe beschränken, wie dies etwa Richard Wagner (IX 249) tut, der nationale Stileigentümlichkeiten ausschließlich von der Oper aus betrachtet. Das Tonmaterial ist, soweit wir bisher eine Umgrenzung vornehmen konnten, in seinen Haupteigenschaften mit Rücksicht auf stilistische Verwendung zu untersuchen.

Die Skalen geben eine Zusammenstellung der Töne, die **Tonalität.** für die Musikausübung dann von Belang sind, wenn die Beziehungen der aneinandergereihten Töne klargelegt sind. Im Motiv, im Thema, in der Melodie, in der Mehrstimmigkeit sind die Relationen der Töne stilbildende Momente. Tonart, Tongeschlecht, Tonalität geben die Namen, mit denen wir diese Begriffe für die verschiedenen Relationen bezeichnen. Ich möchte Tonalität weiterfassen, als Rameau diesen Namen »*tonalité*« innerhalb einer Tonleiter für die Beziehungen der Harmonien mit Rücksicht auf den Grundton oder Hauptklang, die Tonika, eingeführt hat. Ich verstehe darunter alle tonalen Beziehungen, ob mehr- oder einstimmig. Das eine kann von dem anderen schwer getrennt werden. Man muß also auch von einer Tonalität beim einstimmigen Choral sprechen. Tonale Beziehungen bestehen auch bei den kleinsten Motiven, die aus dem Intervall einer Sekunde oder Terz zusammengesetzt sind, wie   bei Tonformeln, die sich innerhalb eines Tetrachords oder einer Quint halten:

Es ist nicht anzunehmen, daß die griechische Tonalität sich auf das Tetrachord beschränkte (Riemann Handbuch I 2, S. 52), wohl aber von ihm den Ausgang genommen habe. Ebenso ist es zurückzuweisen, daß die Tonalität der Kirchentöne von Anfang ein scharf unterscheidendes Element in der Aufstellung der Finaltöne (gemeinsame Finaltöne für die Hauptskalen, die autentischen Töne und die von denselben abgeleiteten Nebenskalen, Plagaltöne) enthalten habe. Die grundlegenden Melodieformeln des Chorals halten sich überhaupt innerhalb kleinerer Intervalle (bis zur Sext). Der Satz »*omnis tonus respicit in finem*« (jeder Ton blickt auf das Ende) wurde zu einer Zeit aufgestellt, da das Bedürfnis bestand, in das freibewegliche, schwankende Wesen der Tonalität festeren Halt zu bringen und die scholastische Behandlung auch auf das tonale Gebiet übergriff. Da mußte man dann auch »Confinaltöne« zulassen. Wir werden sehen, daß für die Tonalität des Chorals die *repercussa*, der Ton, um den sich die Melodietype herumbewegte, viel wichtiger war. Die tonalen Beziehungen festigen sich mit den fortschreitenden Stiletappen, aber noch im 16. Jahrhundert glaubte die Theorie für jede Stimme eine eigene Oktavgattung anerkennen zu sollen (Glarean). Viel entschiedener traten die tonalen Beziehungen in der weltlichen Musik auf. Soweit sich diese in unserer abendländischen Musik zurückverfolgen läßt, treten klare Relationen auf mit der entschiedenen Neigung, die ganze Weise auf einen festen Punkt zu stellen, der den Abschluß bildete, zu dem die vorangehenden Teilschlüsse in einem, man kann sagen, harmonischen Verhältnisse stehen (»harmonisch« im Sinne einer wirklichen Akkordrelation). Überall, wo dies nicht der Fall ist, kann man eine Anlehnung an den Choral, eine stilistische Übertragung annehmen, die bei seiner stilistischen Übermacht in den älteren Perioden nicht selten hervortritt. Bei dem auffallenden Mangel an weltlichen Weisen der Frühzeit, bei der Lückenhaftigkeit der uns erhaltenen weltlichen Musik noch bis zum 14. Jahrhundert lassen sich bisher schwer feste Thesen hierüber aufstellen. Aber Rückschlüsse und Indikationen stützen zur Genüge die hier aufgestellte Annahme. Eine planvollere Harmoniebewegung tritt hervor, sobald die überwiegenden Momente der Stilbildung der weltlichen Musik entnommen werden. Nichtsdestoweniger hat auch der schwebende Charakter der Tonalität des Chorals seine Vorzüge. Er war stilistisch durch die allmähliche Einengung des Chorals auf Diatonik ermöglicht, wobei die Frage nach dem Zeitpunkt dieser Einkreisung unerörtert bleiben muß. Noch haben wir hiezu nicht die historischen Behelfe. Die stilistische Fixierung des Chorals ist aus der Auswahl eines überreichen Tonmateriales hervorgegangen, das, wie damals, so heute vorliegt. In diesen Tonstoff bringt die rhythmische Gliederung eine zeitliche Ordnung, die ein Wesensbestandteil aller stilistischen Behandlung ist.

Die Untersuchung der rhythmischen Kriterien bietet einen noch festeren Halt bei der Abgliederung der einzelnen Stilarten und Perioden. Auch von den rhythmischen Möglichkeiten der Musik wird nur ein kleiner Teil in unserer Kunstmusik verwendet. Die Vielgestaltigkeit rhythmischer Behandlung steigt in der Nationalmusik von kaum unterscheidbaren und einteilbaren Zeitfolgen, vergleichbar den obenerwähnten tonlichen Glissandos, bis zu den kompliziertesten Reihungen in ein- und mehrstimmiger Musik auf. Die einstimmigen Weisen in ihren reichen rhythmischen Relationen bildeten den Ausgangspunkt für die rhythmischen Kombinationen der Mehrstimmigkeit. Dies müßte nicht sein. Es gibt mehrstimmige Urformen, die, sei es aus dem Zusammengehen, dem Zusammenklang der Stimmen, sei es durch scheinbar unzusammenhängende Verkoppelungen verschiedener Rhythmen hervorgegangen sein dürften. Neben den rhythmischen Kombinationen bei der Vereinigung mehrerer Stimmen, wie

Rhythmische Kriterien.

sie in Stücken hervortritt, die außerhalb unseres Musikbetriebes stehen, den polyrhythmischen Gebilden der Naturvölker und exotischen Kulturnationen, ist unsere Polyphonie als ein in sich geschlossenes Ganzes anders ausgestaltet. Wie die moderne vergleichende Musikforschung nachzuweisen beginnt, ist unsere Rhythmik in ein- und mehrstimmigen Stücken nicht immer mit den gleichen Mitteln ausgestattet, die dort verwendet sind. Es ist da von vornherein nicht eine bessere Auswahl bei unserer Musik festzustellen. Es gibt in der Kunst nicht a priori ein absolut Besseres, nur eine relativ vollkommenere Verwendung der ausgewählten Mittel und diese werden wir wohl für unsere Kunst in Anspruch nehmen dürfen.

Der ganze Komplex rhythmischer Stilfragen ist heute noch ziemlich ungeordnet. Wir sind noch nicht über die Grundfragen genügend orientiert und willkürliche, voreingenommene theoretische Aufstellungen erschweren das Vordringen in die rhythmischen Stilkriterien der einzelnen Perioden. Die Befangenheit in der rhythmischen Auffassung der Kunst des 18. und 19. Jahrhunderts ist so mächtig, daß vielfach von ihr aus der Maßstab für alle vorangegangenen Zeiten und ihre rhythmischen Eigenarten angelegt wird und dadurch die Bestrebungen nach exakter Sonderauffassung der älteren Kunststile ungebührlich zurückgedrängt werden. Dies kommt von dem Mangel an Verkehr mit der lebendigen Ausübung der Kunst älterer Stilepochen, die einzig ein richtiges Bild gibt, den notwendigen Einblick ermöglicht. Auch die Verbindung der Melopöie mit der Sprachbehandlung in der älteren Literatur ist nur von einer verschwindenden Zahl von Forschern gesucht und gefunden worden. Am sichersten sind die Resultate beim lateinischen Choral, aber auch diese werden durch künstliche, in der Retorte erzeugte Konstruktionen angezweifelt und herabgesetzt. Lassen wir uns nicht irre machen, nehmen wir von vornherein an, daß verschiedene rhythmische

Ausführungen in den einzelnen großen Stilperioden möglich sind. Unifizieren wir nicht willkürlich und bestreben wir uns, die besonderen Qualitäten im Rhythmus der Hauptstilarten gelten zu lassen, so schwierig dies auch für einen in moderner Musik Aufgewachsenen und Großgezogenen sein möge.

Das Grundübel in stilkritischer Untersuchung liegt in der These: »Es gibt keine Melodie ohne Taktordnung.« Dagegen ist zweierlei einzuwenden. Erstens: es gibt Musikausübung mit freien Rhythmen, in nicht numerisch fixierten Zeitteilen, die durchaus nicht gleichwertig sein müssen. Zweitens: es gibt Rhythmen, die aus gleichwertigen Zeiten und ihren Vervielfältigungen bestehen, ohne daß die mit unserem Takte untrennbar verbundene Vorstellung von guten und schlechten Taktteilen auf sie übertragbar wäre. In keinem Lehrbuch der Rhythmik findet man diese grundlegenden Thesen. Daß sie sich nicht in den Büchern über Metrik finden, ist eher begreiflich, denn diese beschränkt sich bisher auf die Lehre vom Versmaß (Metrum) (der Verskunst) und hat die Prosodie, in der die Betonung des Akzentes auch in Prosa enthalten sein sollte, vorzüglich vom Standpunkt der Silbenmessung, der Skansion, behandelt. Der Anfang zu einer Trennung von musikalischer Rhythmik und sprachlicher Metrik ist gemacht; sie kann aber im Sinne einer rhythmischen Stilbetrachtung nicht scharf genug vorgenommen werden. Durch die wissenschaftliche Sonderung gelangt man desto leichter zu einer Gegenüberstellung und zu einem zweckgemäßen Vergleiche und wie es die historische Kunstpraxis erheischt, zu einer Vereinigung der sich in Rhythmik und Metrik deckenden Momente.

Bald werden Metrik und Rhythmik als gleichbedeutend angesehen, bald wird die Metrik als Taktlehre bezeichnet, von der wieder die Synkopationen als »rhythmische Bildungen« ausgeschlossen werden; bald werden der »musikalischen

Metrik« die Gewichtsunterschiede und ihre Bedeutung für den Aufbau musikalischer Sätze (Perioden) zugeschoben, während die Rhythmik »die Unterscheidung von Tönen verschiedener Dauer innerhalb des durch Takt und Tempo gegebenen metrischen Verlaufes« in Betracht ziehen soll, so daß »rhythmische Qualitäten« die Tondauer, »metrische Qualitäten« die Unterschiede des Gewichtes (»leicht und schwer«) betreffen sollen (H. Riemann »System der musikalischen Rhythmik und Metrik« 1903). Dabei wird von demselben Autor die »Quantität« der Silben als »soviel wie richtige« Betonung genannt, während wir heute akzentuierte und akzentlose Silben als Qualität unterscheiden.« Diesem Wirrwarr muß ein Ende gemacht werden. Die Metrik als Zeitlehre der sprachlichen Behandlung ist von der Rhythmik als musikalischer Zeitlehre zu sondern. Beide haben Quantitäten (in Längen und Kürzen) und Qualitäten (in Betonung und Unbetontheit). Es gibt also metrische Quantitäten und metrische Qualitäten, denen die rhythmischen Quantitäten und Qualitäten gegenüberstehen und diese vier Gruppen können je nach Bedarf getrennt oder verschiedentlich vereint betrachtet und untersucht werden. Nur sind eben beide nicht ausschließlich vom Standpunkt fester Schemen aus aufzufassen, sondern gerade auch in der Rhythmik (der musikalischen Zeitlehre) kommen neben taktischen Formeln und Formen auch nichttaktische Bildungen in Betracht, die wichtige, unvermeidlich anzulegende Kriterien für Stilperiodisierung in der Geschichte der Musik sind. Beide, Metrik und Rhythmik, behandeln die Lehre von den Symmetrien, die erstere in sprachlicher, die zweite in rein musikalischer Beziehung. Wenn H. Riemann der musikalischen Metrik die Lehre von den Symmetrien zuweisen will, so bleibt diese Auffassung eben dort stecken, wo größere Formen in Betracht zu ziehen sind: diese größeren Formen wären »nicht mehr ihrer rein metrischen Struktur nach, sondern vielmehr nach der Gruppierung des thematischen Inhaltes zu betrachten«. Es sind aber sowohl größere als kleinere musikalische Formen von der rhythmisch-thematischen (motivischen) Seite aus zu fassen. Diese plötzliche Wendung ins Thematische bei größeren Formen hängt mit der von Momigny und seinen Nachfolgern vertretenen Achttaktigkeit zusammen, die geradezu zur Zwangsvorstellung ausgeartet ist, sofern (wie wir sehen werden) der Versuch gemacht wurde, sie bei der kritischen Betrachtung allen Stilperioden zu imputieren.

Daß es in der Sprachbehandlung eine freie (relativ freie) Bewegung gibt, bedarf nicht der Hervorhebung. Ihr gegenüber steht das gebundene Maß der Verse und Strophen. In Parallele damit stehen in der Musik des Mittelalters die Bezeichnungen von *cantus immensurabilis* und *mensurabilis* — in Parallele: denn die kunsttechnische Bedeutung des letzteren ist eine ganz andere, da auch sie der Stringenz der Taktauffassung mit ihren Schwer- und Leichtbetonungen enträt; von nicht betonten scheint man da gar nicht zu sprechen, weil alles in Relation gesetzt wird zum guten Taktteil, dem gegenüber die »schlechten« nicht gern als »ganz schlecht« recte als unbetont aufgefaßt werden, sondern als »leicht betont«. Wir könnten also auch sagen: es gibt eine taktische und eine ataktische Musik. Bei der letzteren steht die Möglichkeit offen zwischen ganz ungebundener und einer, die gleiche Werte in kombinierten Zeitteilen verbindet, ohne Rücksichtnahme, ohne Forderung nach bestimmten Betonungen. Diese können sich nach Erfordernis einstellen oder vielleicht ganz ausbleiben.

Die Akzente sind in der Musik durchaus nicht »an Taktanfang, Taktmitte oder die Einsatzzeit eines Taktteiles« gebunden, sondern werden in gewissen Stilarten ganz unabhängig von Takteinteilung angebracht. Wir werden sehen, daß es Perioden gab, in denen solche rhythmische Behandlungsweise zu den wichtigsten Stilkriterien gehört. Wie es in der schlichten

Rede Gliederungen gibt, in denen die Betonungen entweder ganz frei oder in Abständen eintreten, die sich mehr oder weniger gleich bleiben, so kommt dies in gleicher Weise in Tonformeln oder melodischen Gliederungen zur Geltung, die einer eigentlich taktischen Behandlung ganz fern stehen.

Die kleinste Zeiteinheit, mit der in der antiken Metrik gemessen wurde, hieß χρονος πρωτος (*chronos protos*). Sie war eine Kürze, aus deren Vervielfältigungen die Längen fixiert wurden. Bei der bunten Mannigfaltigkeit der rhythmischen Eigenschaften in den Produkten der historischen Stilperioden unserer Musik könnte man vorerst von der Festsetzung einer solchen Zeiteinheit als eines unteilbaren Zeitwertes absehen. Der verschiedene Vortrag, das Tempo, alteriert zudem die absolute Dauer einer solchen Zeiteinheit. Allein in allen Stilperioden, nicht nur in der der Vorherrschaft des Taktmaßes, ist ein zeitliches Grundmaß erkennbar, das in der rhythmischen Bemessung latent ist. Es wird sich darum handeln, wie es aufzufassen ist, ob es von absoluter Geltung oder nur von relativer Bedeutung ist. Dies wechselt in den verschiedenen Perioden, in der Bedeutung eines stilistischen Momentes. Es gibt eine Periode, (Choral), in der ein Grundmaß, ein einzeitlicher Wert wohl erkennbar, gleichsam latent ist, wie in der schlichten Rede, aber nicht ausschlaggebend für die rhythmische Qualität des melodischen Ganges. Im Untergrunde der rhythmischen Bewegung macht sich auch Herzschlag und Atmung geltend, allein die Ikten, die Betonungen sind freischwebend auf diesem durchschimmernden Untergrunde. Zu allen Zeiten gab es Musikstücke, in denen gleiche Bemessung nach Zeiteinheiten mit streng regulärer rhythmischer Qualität zu beobachten ist, besonders in den mit Marsch, Tanz und Arbeit zusammenhängenden Rhythmen. Die Frage ist nur dahin zu richten, inwieweit dies stilbildend wirkte, im Stil einer Kunstperiode bestimmend hervortritt. In der Takteinteilung wird den innerhalb eines Taktes einander folgenden Zeitteilen eine verschiedene Wichtigkeit, ein regulär sich wiederholendes Gewicht verliehen. In den numerisch aufeinanderfolgenden Zeitteilen ohne Taktordnung besteht je nach Bedürfnis eine nicht regulär gebundene und fixierte Heraushebung einzelner Teile. Dies ist nicht mit Taktwechsel zu verwechseln, da in den Taktrhythmen immer der erste Zeitteil das Hauptgewicht hat. Der sogenannte »*Imbroglio*« ist nicht eine Überführung der taktischen Behandlung in nicht taktische, sondern eine verschärfte taktische Komplikation, eine Verwicklung mehrerer Taktarten, in der gerade ein gestärktes Taktgefühl sich bemerkbar macht. Er kommt nicht nur in der höheren Kunstmusik vor, sondern auch in primitiven und exotischen Stücken, in denen besonders die Paukenstimme, die Schlaginstrumente rhythmische Kombinationen gegenüber der Hauptgesangsstimme oder gegenüber anderen Instrumentalstimmen aufweisen, die zu den kompliziertesten Erscheinungen rhythmischer Polyphonie, der sogenannten Polyrhythmie gehören. Sie erscheinen dem europäisch gebildeten Ohr in einzelnen Fällen geradezu als zusammenhanglos, besonders dort, wo die einzelnen »Stimmen« in verschiedenem Tempo vorgetragen werden, was bisher meines Wissens selbst in den kompliziertesten Zusammenstellungen unserer modernsten Musik nicht verwendet wird. Wohl aber findet man ein Analogon in der Polyphonie der Mensuralmusik, hier allerdings unter Zugrundelegung anderer stilistischer Grundmomente, die wir erst zu erklären haben werden. Es gab in der Mensuralmusik Kombinationen zeitlich verschieden behandelter Stimmen, die, auf einem anderen Stilprinzip beruhend, eine Vereinigung numerisch verschieden geordneter Tonfolgen sind, in denen die Betonungen ganz unabhängig von dieser äußerlich unterschiedenen Zeitteilung blieben. Dort (im Imbroglio) treten die Betonungen taktisch geordnet einander gegenüber, geraten miteinander in Konflikt, hier bleiben sie von vornherein voneinander geschieden und werden mittelst verschiedener numerischer Ordnung in ihrem zeitlichen Ablauf geregelt.

Über die Art taktischer Betonung besteht heute eine wissenschaftliche Kontroverse. Während nach der allgemein herrschenden Auffassung das Schwergewicht auf dem ersten (guten) Taktteil liegt, wird von anderer Seite eine entgegengesetzte Auffassung geltend gemacht. André Mocquereau nimmt für mittelalterliche Gesänge in lateinischer Sprache den Akzent nicht für die schwere Zeit *(temps de repos)* sondern für die leichte (Auftakts-)Zeit, den *temps d'élan* in Anspruch. Diese Auffassung übertragen andere, so Vincent d'Indy, generell auf die polyphone Musik des Mittelalters bis zum 17. Jahrhundert. Nach deren Auffassung seien *temps léger* und *temps lourd* nicht gleichbedeutend mit *temps faible* und *temps fort.* Letztere seien Taktzeiten, erstere nicht. Von dem richtigen Standpunkt ausgehend, daß Volksgesänge sich rhythmisch von religiösen Gesängen (dem Choral) scheiden, gelangt d'Indy unbegreiflicher Weise zu einer Unterschiebung des Akzentsystems der letzteren unter die taktischen Prinzipien des ersteren. Er übersieht den Umstand, wie sich diese Stilprinzipien in verschiedenen Perioden verschiedentlich zur Geltung bringen.

Daß schon im Mittelalter ein Gegensatz im Erfassen der Auftaktigkeit empfunden worden ist, erkennt man aus der Verschiebung der Bedeutung von Arsis und Thesis. Altertum und unsere Zeit begegnen sich in der Auffassung der Arsis als unbetonten, leichten und Thesis als betonten, schweren Taktteil. Im Mittelalter wurde dieses Verhältnis umgekehrt, wohl im Hinblick auf die theoretische Unsicherheit in der rhythmischen Erfassung des Chorales. Wenn die Metrik heute die Hebungen als hochbetonte Silben, die Senkungen als tiefbetonte ansieht, so steht dies vielleicht äußerlich im Zusammenhang mit der mittelalterlichen Anschauung, in Wirklichkeit beruht dies auf dem Hebigkeitsprinzip, wie es für den deutschen Vers von Lachmann, Liliencron, Runge, u. a. aufgestellt und von Westphal im allgemeinen vertreten wird. Es hat für den Choral, als einer im Prinzip ataktischen Stilgattung, keine Bedeutung. Denn seine Betonungen sind generell unabhängig von Höhersetzung des Tones für die zu betonende Silbe. Betonte Silben konnten hohe oder tiefe Töne haben. Die Betonung kümmerte sich weder darum noch um die Stellung, die die betreffende Silbe in dem rhythmischen Ablauf hatte, der unabhängig war von der Zusammenziehung der Zeitteile in Zweimaß, Dreimaß, Viermaß oder wie alle die Takteinteilungen zusammenzufassen sind. Hieraus ergab sich auch für die Behandlung des Chorals in der Mehrstimmigkeit eine gewisse Freizügigkeit, eine Freischwebigkeit im Hervortreten der Akzente. Andererseits verlangt der Zusammenklang der einzelnen Stimmen eine gewisse Rücksichtnahme, besonders in der Stellung der Konsonanzen und Dissonanzen. In diesen ausgleichenden Prozeß wurden die Melodienreihen gezogen. Der horizontale Verfolg der einzelnen Stimmen geriet in Konflikt mit den Anforderungen der vertikalen Harmoniefolgen. Da treten Akzentbetonungen in den einzelnen Stimmen nicht selten auf den nach moderner Auffassung unbetonten, leichten »Taktteilen« auf, und gerade die Arsis war mit solchen betonten Silben reichlich bedacht. A. Mocquereau hat eine reiche Fülle solcher Beispiele zusammengestellt (Paléographie musicale Band VII). Wir werden behufs Scheidung der historischen Stilperioden die Prinzipien dieser verschiedenen rhythmischen Auffassung anzuwenden haben. Daß der unter dem Gesamtbegriff des »*Accentus*« die verschiedenen Lesungen zusammenfassende Teil des Chorals vom Taktrhythmus generell frei ist, wird wohl von jedem, der solchen Vortrag gehört oder selbst besorgt hat, ohne weiteres zugegeben werden. Es ist nur merkwürdig, daß diese Unterlage des Chorals von allen Historikern, die über Geschichte der Musik schrieben, nicht als solche aufgefaßt worden ist. Auch der »Concentus«, der eigentlich melodische Teil des Chorals, basiert auf dieser Grundlage, soweit er nicht Hymnus und Strophengesang ist. Selbst auf diese hatte das stilbildende Grundprinzip des Chorals übergegriffen.

Umständlich wird die Beweisführung der ataktischen Gliederung bei den in gleichen Zeitgruppen geordneten Gesängen der ersten Stilperiode der Mehrstimmigkeit. Da haben wir äußerliche Analogie in gleichmäßiger Gruppierung der Zeitwerte beim Fehlen taktisch regulärer Betonungen. Der »modus« der Vormensuralisten und die Zeitgruppen der Mensuralisten sind von diesem Standpunkt aus zu betrachten. Daß solche Art rhythmischer Gliederung auch in außereuropäischer Musik vorkommt, sei hier bei den einführenden allgemeinen Aufstellungen hervorgehoben.

Eine ganze Reihe von primitiven und exotischen Weisen läßt sich nicht in Takte zwängen, sei es daß sie sich von vornherein der bei der schriftlichen Fixierung in numerischen Gruppen zu vollziehenden Ordnung entziehen und demgemäß in der Art wie der Choral ohne Strichgliederung (um mich dafür eines freigewählten, bezeichnenden Ausdruckes zu bedienen) notiert werden, sei es daß sie wohl infolge der dort und da zu beobachtenden fixen Zeitgruppen denjenigen, der diese Stücke nach dem Hören oder (was das wissenschaftlich Verläßlichere ist) aus dem Phonogramm aufnimmt, verleiten, »Takt«-einteilung vorzunehmen d. h. zu versuchen. Hierbei tritt eine solche Unsicherheit zutage, daß bei dem Vergleich der Aufnahmen eines und desselben so gearteten Stückes die sonderbarsten voneinander abweichenden Auffassungen der rhythmischen Beschaffenheit zu beobachten sind. Und dies nicht etwa nur bei wenig geschulten, oder flüchtigen, sondern auch bei verläßlichen, erprobten Arbeitern, wie bei Gilman und von Hornbostel. Der eine traut sich überhaupt nicht

»Takt«gliederung vorzunehmen, der andere sieht eine solche als »wahrscheinlich beabsichtigt« an. In anderen Fällen schreibt einer einen zweiteiligen, ein anderer einen kombiniert vier- und sechsteiligen Takt. Die sonderbarsten Differenzen der Auffassung machen sich bemerkbar, die allerdings begünstigt werden durch die rhythmische Kompliziertheit solcher exotischer Stücke mit ihren $^5/_4$, $^7/_4$, $^{12}/_8$, $^{15}/_8$, $^{21}/_8$ oder was sonst noch nach unserer Auffassung dahinein gelegt wird oder an immerfort aufeinander folgenden Taktwechseln beobachtet werden kann (was ich freitaktig nennen möchte — fast jeder Takt anders geartet).

In gewissen, gar nicht seltenen, sogar häufigen Fällen liegen da wohl in gleichen Werten geregelte Stücke vor, allein die Zeitgruppen sind nicht taktisch geordnet, nicht nach Schwer- und Leichtgewicht und deren taktisch gleichbleibenden oder im Wechsel verschiedener Taktarten auftretenden Zusammenstellungen. Ein Maß liegt zugrunde und dieses wechselt wohl auch oder die zeitliche Ordnung gerät ins Irrationale, besonders gegen das Ende der Stücke, wie solche auch tonlich, richtiger klanglich gegen den Schluß gelegentlich in ein Brummen, unbestimmte Interjektionen, Aspirationen oder in den »Juchezer« auslaufen. Daß es ataktische und trotzdem in gleichem Grundmaß gehaltene Rhythmen gibt, läßt sich sogar bei Paukenstücken erweisen, in denen die Schläge ohne irgend welche Verstärkung des einen oder anderen aufeinanderfolgen — die primitivste Unterart dieser rhythmischen Gruppe. Daß gelegentlich in weiterer oder engerer Folge Akzentuierung, Betonung eines oder des anderen Gliedes dieser Kette erfolgt, daß eine Art Artikulation eintritt, daß Glieder Unterteilungen in freier Wahl oder in einer gewissen Proportion erfahren — dies verschlägt nichts gegen die Grundauffassung solcher rhythmischen Einteilung, die eben ein stilistisches Grundelement darstellt, das in seiner Einheitlichkeit bisher noch nicht erfaßt wurde.

In diesem Sinne dürfte auch die »Tala« der indischen Musik aufzufassen sein; wenn ich die Erklärungen des Raja Mohun Tagore recht verstehe — und ich begegne mich darin mit anderen — so entbehren die komplizierten rhythmischen Zusammenstellungen gewisser indischen Musikstücke eines regulären Taktgewichtes innerhalb der zeitlichen Gruppen. Man kann auch nicht von Taktwechsel sprechen, da die Gruppierung der Zeitwerte wohl schematisch erfolgt, aber die Akzente beliebig fallen, beim Ende einer Phrase mit Vorliebe auf jenen Teil der Zeitgruppe, der an letzter Stelle steht oder sogar auf einen Unterteil (Unterabteilung) derselben. Wohl kennt auch die indische Musik Takt *(maucha)*, der aus den *mattra* besteht (dem einheitlichen Schlag teilbar in Halbe und Viertel usw.). Tala dagegen ist der einfache Zusammenschlag, dem ein Rest folgt, *(Aghata* und *Birama)*. Wenn also in unserem Viervierteltakt die Töne so gewogen werden

folgen in der Tala die vier Töne unterschiedlos aufeinander

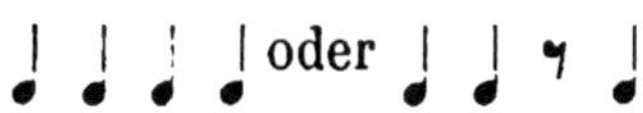

fünfteilige bei uns

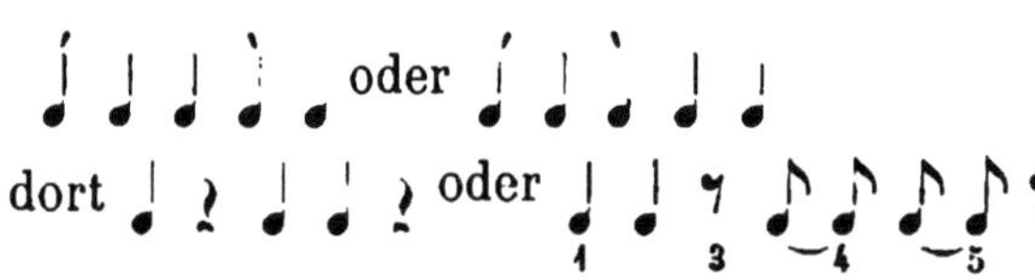

sechsteilige bei uns

siebenteilige bei uns

dann die sonderbarsten Zusammenstellungen für acht- und mehrteilige Talawiederholungen:

und viele andere komplizierte Schemen. Aus dieser Kombination ergibt sich, daß sie nicht als einheitliche Taktgliederungen anzusehen sind, sondern nur als Zusammenfassungen und Aufeinanderfolgen einzelner Talas in mehr- oder oftmaliger Wiederholung.

Dieser Talazusammenstellung verwandt ist die schematische Aufstellung in der Moduslehre des Mittelalters, die ein historisches Bindeglied, ein Übergangsstadium zur Mensuraltheorie ist. In keiner einzigen Stelle eines Theoretikers findet sich, soweit mir bekannt, die Hervorhebung des ersten Teiles dieser Modi als Taktschwergewicht. In der französischen mehrstimmigen Musik des 12. und 13 Jahrhunderts, von der die Moduslehre ihren Ausgang und ihre Ausbildung genommen hat, fallen denn auch die Akzentbetonungen weder bei Prosatexten noch bei den Versen generell oder regulär mit den ersten Zeitteilen dieser Modi zusammen. Nur der Schlußakzent in weltlichen Liedern machte da eine Ausnahme, von ihm aus wurde die Teilung vorgenommen ohne besondere Rücksichtnahme auf die originären Sprachakzente. Die französische Versbehandlung scheint davon unabhängig gewesen zu sein. So erklärt es sich, daß Jambus wie Trochaeus gleicherweise auf dem ersten Modusteil beginnen konnten, die Akzentgebung bei diesen Modi durchaus unsicher ist und diese Unsicherheit, vielmehr diese Ungewißheit ein Hauptmoment der Stilisierung bei der Verwendung der Modi ist. Greifen wir aus den von J. Beck herausgegebenen »Melodien der Troubadours« einige dieser modal behandelten Weisen heraus und vergleichen die richtigen Sprachakzente (Hauptakzent ´, Nebenakzent `) mit dem Anfangszeitteile der Modi, so werden wir eine vollständige Inkongruenz zwischen beiden finden. Der Modus ist demnach von der Forderung nach Betonung seines ersten Zeitteiles unabhängig.

Beispiel A.

Beispiel B.

Beispiel C.

Beispiel D.

Beispiel E.

Beispiel F.

(3. Modus.)

Beispiel G.

Beispiele in lateinischer Sprache.

Beispiel H.

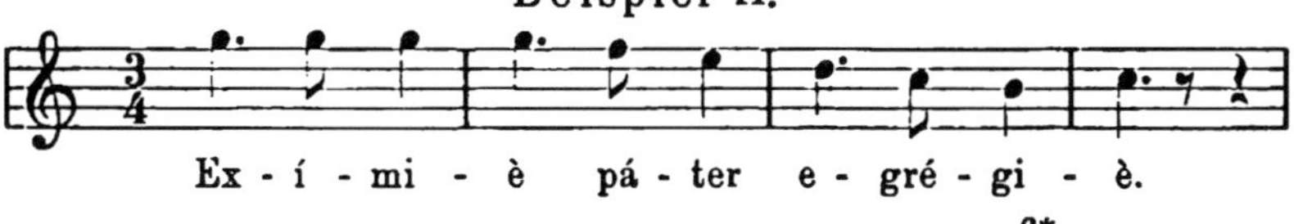

Beispiel I.

Beispiel K.

Beispiel L.

Das Gleiche trifft zu wie bei modal behandelten mehrstimmigen Kompositionen und auch hierfür greife ich aus dem bezeichneten Werke Beispiele heraus, die der »*Art harmonique*« von Coussemaker entnommen sind und von denen das letzte auch in das »Handbuch der Musikgeschichte« I, 2, S. 291 von Hugo Riemann übergegangen ist.

Beispiel M.

Beispiel N.

Aptatur.

Beispiel O.

Einen großen Teil der übertragenen Troubadour-Melodien habe ich nach diesen Prinzipien gemeinsam mit der Romanistin Elise Richter durchgegangen und das Fehlen der Kongruenz von Textakzentuation und Modusanfang konstatiert. Wohl finden sich auch Fälle der Kongruenz, besonders bei ausgesprochenen Tanzweisen.

Die ganze rhythmische Gliederung wurde in dieser Weise stilisiert, was in diesem Falle gleichbedeutend ist mit einer Umstilisierung, Alterierung der ursprünglichen metrischen Qualität des Jambus, denn dieser besteht von Haus aus seiner Natur nach aus einem Auftakt und einem folgenden Schwergewicht:

Es ist deshalb von seiten der Taktlehre nicht gleich, ob Trochaeen und Jamben eingestellt werden, wie dies H. Riemann für den Fall behauptet, wenn die betonte Silbe eine Länge ist, in diesem Falle am Anfang des Taktes steht. Es entfällt damit durchaus nicht der Unterschied zwischen Trochaeus und Jambus, ebensowenig wie zwischen Daktylus, Amphybrachis und Anapaest. Diese Behauptung, daß der Unterschied fortfalle, hängt mit der von J. J. Momigny am Anfang des vorigen Jahrhunderts vertretenen Ansicht zusammen, daß alle rhythmische Gliederung ausnahmslos mit einem Auftakt beginne. Momigny und seine Anhänger sind darauf geführt worden, weil sie von dem Stil ihrer Zeit ausgegangen sind. Aber selbst für diese ist es nicht allgemein zutreffend. Es gibt originär auftaktig und originär volltaktig beginnende Motive, Themen, Phrasen, Halb- und Ganzsätze neben solchen, die überhaupt nicht taktisch sind. Bei taktischen Motiven kann das »rhythmische Geschehen« wirklich diese Ordnung haben:

Der kürzere oder unbetonte Wert ist nicht einzig bloß ein Übertreten zum nächst längeren, sondern kann auch ein Anhang des vorangehenden längeren sein, wenngleich die ersteren Fälle, die mit Anakrusen, die häufigeren, beliebteren sind. Diese auftaktige Theorie wurde mit viel Geist und Verstand verfochten, auch mit Waffen der Überhebung, so mit der Einschüchterung, daß, wer das nicht aufzufassen imstande sei, »auf der niedrigsten Stufe der Auffassung stehen geblieben sei«. Man sehe etwa die von H. Riemann auf den Seiten 55, 58, 89, 91—97, 102—5, 108—110, 112—3, 116—7, 119—120, 131—2, 135, 144, 160, 203, 401, 459 seiner »Großen Kompositionslehre« 1. Band angeführten Beispiele an und wird von diesen Musterbeispielen für Auftaktigkeit manche nicht anders als volltaktig verstehen können. Nehmen wir nur ein Beispiel heraus, die Anfänge aus einer Suite in Scheins *»Banchetto«*:

Paduana.

Gagliarda.

Courente.

Allemande.

Tripla.

Oberhalb der Systeme stehen die von Riemann gegebenen taktischen Bezeichnungen, unterhalb die von mir vorgeschlagenen. Von den folgenden Sätzen der Suite: *Courente*, *Allemande*, *Tripla* ist nur die erstgenannte auftaktig. Schließlich könnte man aus allen volltaktig beginnenden Themen auftaktige machen, wie es V. d'Indy mit dem Freudenthema der neunten Symphonie macht, das er anstatt in der originären Fassung so überträgt:

Er verwechselt hier die tonischen Ausdrucksakzente mit der Taktkonstruktion. Die ganze Phrase ist auf der ersehnten, erlebten »Freude«, mit der dieser Vordersatz beginnt, aufgebaut.

Daß es auch den originären Typus Schwer-Leicht-Schwer in Zusammensetzung von Takten gibt, scheint zweifellos. Man darf nur nicht statt der reell vorliegenden Sechstaktigkeit einer Phrase eine fiktive Achttaktigkeit unterschieben. Eine schier unübersehbare Reihe von Beispielen originär ungradteiliger Glieder und Stücke (in drei, fünf, auch sieben Takten) liegt in der primitiven und exotischen Musik vor.

Wir sind mit diesen Beispielen mitten in der stilistischen Vorherrschaft des Taktes, des wirklichen Taktes. In der Vokalmusik hat zu allen Zeiten der Trochaeus nebst den ihm gleichartigen metrischen Bildungen den Einsatz auf dem Volltakt. Die Unterschiebung des Jambus in die mittelalterliche Moduslehre, etwa in den zweiten Modus  ist eine künstliche Stilisierung, die in der französischen Musik desto leichter vor sich gehen konnte, weil eine allgemeine Schematisierung der rhythmischen Verhältnisse Platz griff. Sie war besonders in der Mehrstimmigkeit auf die Verwendung des Chorals gerichtet, der als eine vorzüglich auf Prosa aufgebaute Stilart diesem Vorgang keinen Widerstand entgegensetzte und bei den im Anfang der Mehrstimmigkeit mit Vorliebe verwendeten Ausschnitten aus allelujatischen Gesängen überhaupt nicht von Bedeutung war. Die Macht dieser Stilisierung konnte sich sogar bei den skandierten Gesängen, wie Hymnen, zur Geltung bringen. Adam von Fulda, (Ende des 15. Jahrhunderts) sieht im *tactus* nur eine fortlaufende Regelung der Bewegung nach Zeitwerten. Und doch gehört er der Zeit der Erweckung des wirklichen Taktes als grundlegend konstitutiven Stilmittels an. Die Vergrößerung und Verkleinerung der Notenwerte kommt wohl bei Adam in Betracht — aber keine Erwähnung von dem verschiedenen Schwergewicht der Teile innerhalb dieser Messungen. Sollte Adam von Fulda dies übersehen haben, er, der gerade aus der Praxis seine Erklärungen zu nehmen sucht? Und auch bei Tinctoris, der neben ihm komponierte und so viele Abhandlungen schrieb, findet sich keine Erwähnung davon. Sogar Sebald Heyden, der mitten in der um sich greifenden taktisch-stilistischen Auffassung des 16. Jahrhunderts steht, spricht von »*tactus*« als Bewegung des Fingers, als Zeichen für die Einteilung der Noten und Pausen, erklärt alles genau mit Rücksicht auf die praktischen Bedürfnisse — man findet ebensowenig einen Hinweis auf eine gebotene rhythmisch-qualitative Unterscheidung, weil er eben in der stilistischen Grundanschauung der Mensuralmusik und Notation befangen war. Er erwähnt *αρσις* und *θεσις* bei der Regelung des Auf- und Absteigens der Töne (Erheben und Senken der Stimme) in Ausdehnung und Zusammenziehung für verschiedene Werte, aber nicht bei der nachfolgenden Erörterung des »*tactus*« *(digiti motus aut nutus ad temporis tractum in vices aequales divisum, omnium notularum ac pausorum quantitates coaptans).* (»*De arte canendi*« p. 38). H. Riemann, der in einer über alle Stilperioden sich erstreckenden und diese beherrschenden Taktauffassung befangen ist, gibt zu, daß »*tactus* nach den Begriffen des 16. und auch noch des angehenden 17. Jahrhunderts etwas ganz andres war, als was wir heute darunter verstehen, nicht die höhere Einheit mehrerer mit dem Taktstock zu markierenden Zählzeiten, sondern eine einzige solche Schlagzeit«. Er weiß aber mit dieser Wahrheit für die Stilbildung nichts anzufangen. Er fällt in Widersprüche und identifiziert schließlich den Takt mit der »Perfectio« des 13. Jahrhunderts (»Wert der perfekten *Longa* als höherer Einheit von zwei oder drei Schlagzeiten«). Die Perfectio ist eine schematische Zusammenstellung dreier gleichwertiger Zeitteile, eine Geleiterscheinung der Modi; nirgends haben wir Anlaß, hier vom eigentlichen Takt in unserm Sinne zu sprechen. Schon der Umstand, daß die Perfectio schematisch nur dreiteilig war, ließe erkennen, daß hier nicht die in der damaligen Volksmusik entschieden vorhandene Taktbetonung mit inbegriffen war. Die Perfectio gibt eine Analogie des Taktes, aber nicht diesen selbst. Diese Modi haben mit dem Takt ebensowenig zu tun, wie die später eingeführten Brüche bei Mensurvorzeichnungen: $\frac{2}{3}$ $\frac{6}{4}$ $\frac{4}{8}$ usw., sie sind nur Relationen der Zählzeiten ohne Gewichtsverhältnis der einzelnen Zeitwerte. Die Dreiteiligkeit der Perfectio ist eine Stilisierung, die auch die ursprünglichen zweiteiligen erraffte. Beide, zwei und dreiteilige, wurden in der Perfectio schematisiert, dabei losgelöst von der in der weltlichen Musik und wohl auch in Hymnen und den diesen verwandten kirchlichen Gesängen (die zumeist außerhalb der Liturgie standen) latenten Taktbehandlung. Modus und Takt mögen sich im einzelnen für unser Empfinden decken, sie sind aber nicht identisch.

Die von einzelnen Rhythmikern unter Führung von Momigny und Karl Fasch aufgestellte Behauptung, daß gerader (gleicher) und ungerader (ungleicher) Takt identisch seien, beruht auf einem ganz andern Grundprinzip als die Aufstellung der Vorherrschaft bei der Dreiteilung der Perfectio im 13. Jahrhundert. Die erstere mag hervorgerufen sein durch die Verlängerung des Takt-Schwergewichtes von einem in zwei Teile (aus 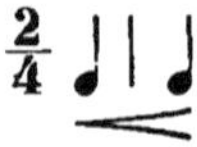 wird ) oder durch die Einschiebung eines Zeitwertes innerhalb eines Taktes oder Gliedes, etwa eines Viertels in dreiteiligen Takt, wie dies gelegentlich auch in exotischen Weisen bemerkt wird; die zweite ist bedingt durch die alle primären Zahlenverhältnisse zusammenfassenden Schemen der Dreiteiligkeit, bei welchem Vorgang gleichsam symbolisch die Vorstellung der göttlichen Trinität mit im Spiele gewesen sein soll.

Das Notenbild der älteren Stilepochen entbehrt denn auch des Taktstriches. Im Choral bedeutet der in einzelnen wenigen Handschriften späterer Zeit sporadisch vorkommende Strich die Zusammengehörigkeit einer mangelhaft zusammengeschriebenen Tongruppe oder die Scheidung von Distinktionen, nie und nirgends etwas, was mit Takt irgendwie in Beziehung stehen könnte. Bei der in Modusarten niedergeschriebenen Musik wird ein Versuch gemacht, nebst der in Notenfiguren und Ligaturen und deren Stellungen zueinander zum Vorschein kommenden Gruppierung der sechs Modusarten, eine Scheidung der Noten des Modus, bei dem kleinere Werte mitunterlaufen, d. i. des sechsten Modus, durch einen Punkt vorzunehmen, ein Versuch, der auf Petrus de Cruce im 13. Jahrhundert zurückgeführt wird. Der Punkt hat mannigfach andere Bedeutung, er kann sich als Trennungszeichen der Modi nicht allgemein behaupten. Als der ärgste Druck der schematisch nivellierenden, dreiteiligen Moduslehre überwunden war und das zweiteilige Mensuralmaß neben dem dreiteiligen sich Geltung verschaffte, werden (um 1300) von Marchettus von Padua Ziffern als in Verwendung stehend bezeugt: 3 oder I für dreiteilige, 2 oder II für gerade Mensuren. Die Macht der Stilisierung macht sich auch da geltend und behauptet ihr Gewicht trotz des Vordringens der weltlichen Musik und ihrer vorzüglich taktischen

Gliederung. Auch die dem ersten Zeitteil des Mensurmaßes zufallende Vereinigung der Stimmen in Konsonanzen, wie sie von Johannes de Garlandia (Coussemaker I 107) vertreten wird, ist ein Zeichen des Bedürfnisses nach taktischer Gliederung. Trotzdem macht sich dies im Notenbilde nicht bemerkbar. Erst seit dem Hervortreten der in Tabulaturen niedergeschriebenen Instrumentalstücke stellt sich der Taktstrich regulär ein und aus dieser mehrfach wirklich taktischen Musik (sofern die Tabulaturen nicht Übertragungen von in strenger Mensuralauffassung gehaltenen, besonders geistlichen Vokalwerken waren) hat sich der Taktstrich in die ganze Kunstmusik zu einer Zeit eingebürgert, da eben die Taktauffassung vorherrschend und sodann alleinherrschendes Stilprinzip wurde.

Dieser äußere Vorgang ist eben nicht ganz äußerlich, nicht ganz zufällig. Wohl gibt es auch im 17. Jahrhundert Stimmen von Instrumentalstücken, die wirklich taktisch stilisiert sind, doch der Taktstriche fast ganz oder teilweise entbehren. Und im 18. Jahrhundert gibt es »Fantasien«, die ohne Taktstriche niedergeschrieben sind, so von C. P. E. Bach. Hier ist trotz des Fehlens der Taktstriche der wirkliche Takt latent, sei es im Wechsel der Taktarten, sei es bei langen Arpeggien oder raschen Läufen mit gleichsam aufgelösten Taktgliedern ausgeweitet. Es finden sich da und dort einzelne kleine Stellen, die sich der Taktteilung entziehen, — Ausnahmen, die die Regel nur um so kräftiger bestätigen, die Taktregelung des Ganzen. Die freie Improvisation hat sich wohl in allen Zeiten wenigstens stellenweise ohne taktische Gliederung ergangen, die gebundene »Fantasia« des 16. Jahrhunderts scheidet sich von der freien »Fantasie«; dies kann man den Beschreibungen der Praktiker entnehmen. Auch manche Verzierungs- und Vortragsarten haben eine taktlösende Wirkung geübt. In unserer Modernen tritt ein Bestreben nach Unabhängigkeit der rhythmischen Akzente von den Taktakzenten hervor, das vielleicht für die Zukunft unserer Tonkunst von Bedeutung werden kann und Hand in Hand geht mit der Loslösung von dem festen Bande der Tonika und der Dominanten in tonaler, melodischer und harmonischer Beziehung.

Ein kennzeichnendes Kriterium für taktische Stilisierung ist die Behandlung der Synkope. In der Zeit der Modi wird ihrer nicht Erwähnung getan, wenngleich Hinüberziehung einer Note aus einem Modus in den andern vorkommt. Auch werden Modi innerhalb eines Stückes gewechselt — es besteht darüber eine Kontroverse, wie sich der Wechsel vollzog. Von Synkopen wird überhaupt erst im 14. Jahrhundert gesprochen, als die *ars nova* ihren Einzug hielt. Sie kann da sowohl innerhalb eines *tempus* vorkommen, ja nach Prosdocimus de Beldomandis (1404) muß sie sich sogar auf denselben Breviswert beschränken. Daraus erkennt man, wie die Synkope unabhängig von der Folge der zeitlichen Einheitsmaße innerhalb eines solchen Platz greifen konnte, nur so erfaßt wurde. So in der Theorie; in der Praxis treten in den auf dem Boden der Volksmusik stehenden Kompositionen, auch in geistlichen, sofern sie mit Beziehung oder unter dem Vorbild weltlicher Weisen gearbeitet sind, Synkopationen in unserem Sinne auf. Die Spezialuntersuchung wird sich mit dem Charakter der Einzelfälle zu beschäftigen haben, bevor wir da zur vollen Klarheit kommen. In den mit der Synkopation in Beziehung stehenden *trayns* oder *traynours* (auch *tractus*) kommt ein Wechsel der Bemessung hervor, der »*fortior quam syncopa*« als ein Taktwechsel intentioniert sein möge. Solcher Taktwechsel kommt auch in der Volksmusik vor, so von altersher in der »*Proporz*«, dem »Hupfauf«, als dreiteilige Umsetzung des zweiteiligen Maßes. Im Traynur wird an Stelle von 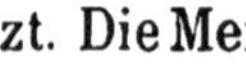 etwa: oder oder gesetzt. Die Mensuraltheoretiker, die im 15. Jahrhundert (!) seiner Erwähnung tun, bezeichnen diese rhythmischen Umsetzungen in arithmetischem Sinne als »*aequipollentiae*« und führen Rechenexempel im Wechsel, in der Kombination und der Multiplikation von 3 und 2 an (Simon Tunstede und Philippus de Caserta). Die Beispiele italienischer Synkopation, die Johannes Wolf in seiner »Geschichte der Mensuralnotation von 1250—1460« (P. I, 325) bringt, zeigen, daß darin durchaus nicht eine eigentlich taktische Verschiebung Platz gegriffen hat oder regulär ausschlaggebend gewesen ist. Der Wechsel von schwarzer Notation in rote oder weiße wird aus mannigfachen Gründen vollzogen; die zweizeitige Bemessung statt der dreizeitigen hat ebensowenig prinzipiell eine Synkopation zur Folge wie etwa die umgekehrte Bewertung. Es werden einzelne Noten anders gefärbt (eine, zwei oder mehrere) ohne jede Beziehung auf Synkopierung. Die harmonischen Synkopationen, das sind Bindungen von einzelnen Tönen einer Harmonie in eine folgende als Vorhalt oder vorbereitete Dissonanz, waren wesentliche Übergangsglieder in die streng taktische Auffassung. Vielleicht liegen auch ihnen harmonisch-taktische Einflüsse von seiten der Volksmusik zugrunde oder genauer gesprochen, die taktische Auffassung gewisser Gruppen der Volksmusik. Indessen könnte diese Auffassung lediglich aus dem Entwicklungsgang der Mehrstimmigkeit durch die aus künstlerischer Phantasie erzeugten harmonischen Versuche hervorgegangen sein.

Überhaupt soll mit diesen Auseinandersetzungen über das rhythmische Stilprinzip der Mensuralmusik und der Modi der taktische Urbestand der darin zur Verwendung gelangenden weltlichen Weisen nicht geleugnet werden. Ebensowenig, daß innerhalb der Moduslehre und des Modal-Stiles sowie der Mensuralmusik die Taktempfindung in einzelnen Teilen, in einzelnen Sätzen, ja in gewissen Gruppen und ganzen Zweigen der damaligen Musik nicht hätte profiliert werden können, nicht einbezogen worden wäre; auch die taktische Auffassung konnte sich je nach Bedarf zur Geltung bringen — allein in der grundierenden Stilisierung dieser Epoche lag nicht von vornherein bei der zeitlichen Bemessung das Prinzip schwerer und leichter Taktteile, sondern dasjenige der schwebenden Betonung, wie es die Akzente des Chorals erheischten und die freischweifenden Akzente der romanischen, speziell französischen Verse bei äußerlich beobachteter regulärer Skansion im Metrum ermöglichten. Kamen die Verse aus Tanzliedern, dann konnte sich der Taktrhythmus, die rhythmische Qualität der metrischen Qualität ohne weiteres assoziieren. Es ist wohl nicht anzunehmen, daß es Weisen zu europäischen Tänzen ohne Takt (»taktlos«) gab, wie dies Hornbostel bei einem Kollektivtanz zum Sonnenfest in Neu-Mecklenburg aus der phonographischen Aufnahme festgestellt hat. Allein die Tatsache dieser Möglichkeit ist an sich von Bedeutung. Die Stilisierungen der mehrstimmigen Stücke waren von vornherein unabhängig vom Taktrhythmus und blieben es generell in der Meß- und Motettenkomposition bis zum 16. Jahrhundert. Beispiele zu bringen, ist bei dem Umfange derselben hier wohl ausgeschlossen. Man findet solche in reicher Auswahl zusammengestellt im 7. Bande der »Paléographie musicale« (*»l'accent latin et les maîtres du* XV*ième*, XVI*ième et* XVII*ième siècle«*), sowie in H. Leichtentritt, »Geschichte der Motette« (S. 45, 57, 114—16, 190, 224—25).

Es wird von diesem Standpunkt aus eine ganz andere Art stilkritischer Untersuchung notwendig sein, als es bisher der Fall war. Daß darin bisher eine namenlose Verwirrung herrschte, sieht man schon aus der grundverschiedenen Auffassung des zweiten Modus (Kurz-Lang) als auftaktig oder volltaktig. Selbst gründliche Musikforscher wie Fr. Ludwig und H. Riemann stehen da einander gegenüber. Meiner Anschauung nach trifft weder das eine noch das andere zu: die Stilisierung dieser Zeitfolge besteht in der Einreihung der beiden Zeitwerte in eine Gruppe ohne die Notwendigkeit eines Akzentes ausschließlich auf dem ersten noch auf dem zweiten Teil. Diese Maße haben mit Taktschwergewicht, somit mit eigentlichem Takt nichts zu tun. Wie willkürlich die Auslegung der Modi ist, sieht man aus der Absicht, den 3. Modus (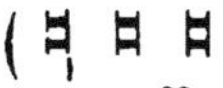) neben der richtigen Übertragung in  auch so auffassen zu wollen: 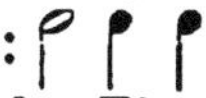 Diese Widersprüche erklären sich aus dem Mangel der Einsichtnahme in die stilisierenden Prinzipien der Epoche. Da stehen sich förmlich rhythmische Grundanschauungen, zwei Welten gegenüber. Man muß sich eben des stringenten Taktgefühles entschlagen, wenn man die Modi und Mensuration richtig stilistisch erfassen will; man kann diesen Bemessungen das in uns latente Taktgefühl einschieben, unterschieben, wenn es der Fall erheischt. Der Sommerkanon ist ebensowenig als Beispiel kanonischer Nachahmung ein eratischer Block als in seiner taktischen Bemessung. Hier haben wir eine taktisch gemessene Weise — da ist es gleichgiltig, in welcher Notation sie geschrieben ist, ob neumatisch, in Übergangsnotation, modal oder mensural. *Naturam expellas furca tamen usque recurret.* Hier bricht die Natur trotz aller stilisierenden Umgebung hervor — im Rhythmus. Auch die Tonalität ist unverfälschtes Dur. Inwieweit sich die Stilisierung im Troubadourgesang geltend machte, ob sie ihn ganz knechtete (was unwahrscheinlich ist), kann heute noch nicht gesagt werden. Wir sind erst am Anfang der wissenschaftlichen Feststellung bei den Übertragungen in unsere Schrift. Diese bergen die Gefahr der gleichzeitigen Überführung in unsere taktische Auffassung in sich. Daß unsere deutschen Minnesingerlieder in der Hochblüte nur einstimmig sind, hängt mit dem Hebigkeitsprinzip zusammen, das dem deutschen Vers immanent ist. Als Beispiel für die verschiedene rhythmische Auffassung der Minnesingerweisen sei ein Stück aus dem letzthin entdeckten Münsterschen Fragmente, ein Liedfragment von »Meister Walter« (von der Vogelweide) in der Übertragung von R. Molitor (Slbde der I.M.G. XII, 3, S. 560) nach dem Prinzip freier Choralrhythmik (eigentlich nicht konsequent durchgeführt) und meine Übertragung nach dem Prinzip geschlossener Hebigkeit gegeben. Die nähere Ausführung sei den »Stilperioden« vorbehalten.

I.

II. (Schreibart der Worte nach dem Original) (frei vorzutragen)

Es ist nicht zufällig, daß bei den Minnesingern die mehrstimmige Setzung erst so spät Platz griff — eine rhythmische Umstülpung hätte dieses Hoflied schwer vertragen. Die Beispiele des Wolkensteiners (aus der spätesten Zeit der Minnesinger) sind kläglich genug. Was bietet dem gegenüber die französische mehrstimmige Musik des Trecento an Kunstwerken! Der Grund liegt nicht etwa in der größeren Anlage für Mehrstimmigkeit — darüber belehrt uns die nachfolgende Stilperiode — nein, sondern in der geringeren Eignung der autochthonen deutschen Singweisen für die rhythmische Stilisierung der älteren Perioden der Mehrstimmigkeit. Bei Kirchenwerken liegt dies anders. Die Engländer haben sich bei diesen mehr oder weniger ganz den stilistischen Exigentien angeschlossen. Der Stilzwang herrschte da fast unbeschränkt. Von den »*Rithimi volgari*«, von denen Gidino di Sommacampagna 1350 spricht, ging die Befreiung aus. Der Prozeß dauert lang. Die in der strengen Zucht der Tradition aufwachsenden Niederländer stehen auf dem Gebiete der Mehrstimmigkeit eine zeitlang im Vordergrund. Sie werden dann die Lehrmeister anderer. Sie arbeiten in der kirchlichen Mehrstimmigkeit unter Beobachtung der noch immer geltenden stilistischen Grundprinzipien der Rhythmik. Von Italien wird das Joch definitiv abgeschüttelt. Es war eine wohltätige Zucht, die der Zwang ausgeübt hatte. Dies alles steht also in innigster Beziehung zu der traditionell ausgebildeten und gefesteten Stilistik und den Wandlungen derselben. Ich bin zur Überzeugung gelangt, daß in ihr das Um und Auf der künstlerischen Bewegungen liegt, die Axe, um die sich alles dreht, auch die Arbeit des größten Genies. Auch der Taktzwang, wie er sich seit dem 17. Jahrhundert zur Alleinherrschaft, zum allein seligmachenden Stilprinzip erhebt, zog alles in seinen Bann. Manche suchen sich zu wehren, praktisch oder theoretisch. Nicht mit Unrecht greift Berlioz den »schlechten Unterricht im Rhythmus« an, verspottet die »unerträgliche Neigung, die starken Taktteile zu betonen und alles auf eine eintönige

7*

Satzeinteilung zurückzuführen«. Er verlangt Pflege »des synkopierten Stiles«, d. i. in seinem Sinne Aufhebung der taktischen Fesseln. Was hätte er erst zu der Zwangsjacke der Achttaktigkeit gesagt, die allen Stilperioden anzulegen versucht wird!

Melodik. Aus dem Verhältnis von Tonstoff und zeitlicher Bemessung ergibt sich die Melodik. Es ist mir unverständlich, warum Melodie und Rhythmus separat nebeneinandergestellt werden, als ob es eine Melodie ohne Rhythmus gäbe! Die Abrundung des geordneten Tonstoffes zu einem musikalischen Gebilde vollzieht sich mittelst des Rhythmus. Schon Plato sagt: *τὸ μέλος ἐκ τριῶν ἐστι συγκείμενον, λόγου τε καὶ ἁρμονίας καὶ ῥυθμοῦ.* Die Melodie (das Melos) besteht aus geregelter Tonfolge, Rhythmus und dem Wort. Dies gilt von Vokalweisen, bei Instrumentalweisen entfällt das Wort, es bleibt die Regelung von Ton- und Zeitfolge. Sowie in der Architektur die Konstruktion sich in verschiedenen Teilen vollzieht, etwa in Flächen, Stützen, Trägern, Einfassungen, so bilden in der Melodik Töne an gewissen rhythmischen Stellen die Stützen, die Träger; Tonfolgen sind die Flächen, die dazwischen liegen oder bilden Einfassungen für Spezial- oder Untergruppen von Tönen, wie in den Gebäuden die Rahmen für Fenster, Türen, Nischen. Dies ließe sich ins einzelne verfolgen. Die Folkloristin Eugenie Lineff hat solche melodische Stützpunkte in russischen Volksgesängen nachgewiesen. Sie sind überall zu finden. Es wird behauptet, daß die ganze melodische Linie mit ihren Teilen und Gliedern auf den Schlußpunkt hinziele. Dies kann sein und tritt in einzelnen Perioden als stilistisches Grundprinzip hervor, so in der Musik des 17.—19. Jahrhunderts das Verhältnis zur Tonika am Schlußpunkt, das gleichsam unvermeidlich ist und hervorgerufen ist durch die Macht des Verhältnisses von den Harmonien der Ober- oder Unterdominante, besonders von ersterer zur Tonikaharmonie des Schlusses. Da tritt die volle Zentralisierung um die Tonika ein. Überall mußte dies latent sein, man vergißt es auch nicht in den freieren Durchführungsteilen. Zu den Zeiten, da nicht die harmonisch-mehrstimmigen Beziehungen das Bestimmende sind, immerhin mitbestimmend sein können oder stilistisch gar nicht in die Wagschale fallen, treten andere Momente für die tonale Bestimmung ein: nicht der Schlußton ist der tonale Anker, an den das Schifflein angefestet wird, sondern dies kann im melodischen Fortgang innerhalb je eines Teiles der Weise abwechselnd je ein Ton sein, wie es in so mancher exotischen Weise zu beobachten ist. Oder es tritt ein mittlerer Ton hervor, in der Mitte der Skala oder im unteren Teil der Skala gelegen, nicht regulär die Quintdominante; aus einer stilistischen Gewohnheit (Angewöhnung) erwächst eine stilistische Norm. In dieser Stilart tritt die Finalis hinter dem Reperkussionston zurück, auf dem die Lesung erfolgt. Die Finalis konnte im Choral Anrainern Platz machen (vgl. S. 68). Immerhin bildete sich auch da für die eigentlich melodischen Gebilde allmählich das Gewohnheitsrecht regulärer Tonikas aus. Der Choral unterscheidet sich doch in der ganzen Melodieführung, in den Tönen und im Rhythmus von allen nachfolgenden Stilarten. Es ist nicht richtig, daß »die kleinsten Stimmschritte innerhalb eines guten harmonischen Satzes als die eigentlich melodischen zu gelten haben«, wie H. Riemann behauptet, da der Choral in seinem rein-diatonisierten Stil, der kein harmonischer Satz ist, fast durchaus aus Halb- und Ganztönen besteht.

In den melodischen Produkten der verschiedenen Völker und Stämme findet man die Vorlagen zu allen Arten melodischer Bildungen, in rhythmischer und tonaler Beziehung, in Ganz-, bzw. Halbtonschritten, in Dreiklangstönen (Dur wie Moll), in größeren Schritten, angefangen von melischen Rezitationen auf einem Ton, sei es mit Benutzung eines oberhalb oder unterhalb gelegenen Hilftones, sei es ganz allein für sich rhythmisiert, aufsteigend bis zu Sangesweisen, die in die dritte Oktave hinaufgehen. Ob »chromatische Gänge naturalistisch sind«, möge dahingestellt bleiben. Nach unserer durch die Betrachtung historischer Stilperioden geübten Auffassung ist die Chromatik überhaupt eine Spätgeburt. Die einstimmigen chromatischen Weisen der außereuropäischen Völker alter und neuer Zeit sind, soweit bisher phonographisch sicher gestellt, mehr in Viertel- oder Dreivierteltönen innerhalb engsten Tonumfanges gehaltene melodische Brocken. Den berühmten, rekte berüchtigten chromatischen Gang des Gibbonaffen innerhalb einer Oktav (er dürfte dem Mr. Waterhouse etwas »auf- und absteigend« vorgeheult haben), lassen wir für unsere Stiluntersuchungen außer Betracht. Die melodische Bewegung wird, wie gesagt, durch die Schlüsse oder durch Einhaltung eines mittleren Tones, ferner durch die Verhältnisse in den Tonfolgen der einzelnen Melodieglieder geregelt. In den weltlichen Weisen des Mittelalters tritt früh eine Kadenzierung auf (12. Jahrhundert), die das Verhältnis von Vorderteil und Hinterteil, von Vordersatz und Nachsatz, von Stollen und Abgesang oder wie alle die Benennungen dieser Proportionalteile einer Weise romanisch oder deutsch lauten mögen, tonal regelt, sogar in einer unserer modernen Empfindung nahestehenden Weise: der Schluß des Abgesanges endigt mit der Tonika (regulär) und das Ende des Vorderteiles endigt mit der Dominante oder einem anderen Nebenton zwischen Tonika und Dominante; im 12.—14. Jahrhundert werden für dieses tonale Verhältnis die Worte *»clos« (clausum)* und *»vert« (apertum)* angewendet. Das sind die tonalen Träger der Weise, wie im Choral der Reperkussionston *(tonus currens)* und die Finalis mit ihren Konfinalen. Schon hier zeigen sich bei gleicher Tendenz die tonal-stilistischen Unterschiede zwischen diesen beiden Grundvesten unserer abendländischen Musik in ihren Beziehungen zu den rhythmischen Grunddifferenzen.

Die Schlüsse bilden in jeder Stilperiode ein Kriterium. Die Mensuralmusik hatte für jede Stimme des polyphonen Verbandes ihre eigene Formel: *clausula cantizans*, die vom Leiteton in den Grundton geht und im Gegensatz steht zur *clausula tenoris*, der Hauptstimme, die nach »Choralart«, nach dem festen Stilprinzip des Chorals von der Obersekunda zum Grundton abwärts geht; dazu hatte die Klausel des Kontratenors, der oberhalb oder unterhalb des Tenors sich bewegte, einen Oktavensprung von der Unterquint in ihre Oktave zu machen und dann, als der Satz regulär vierstimmig wurde, trat die *clausula bassizans*, der in die Finalis steigende Quart- oder fallende Quintschritt ein, während die *clausula altizans* auf einem Tone blieb.

Discantus
Tenor
Contra

Solche stilistische Gewohnheiten stellten sich ein, förmlich als Exigentien des Stils, die unvermeidlich waren und deren Ausnahmen wieder nur die Regel bestätigten. Wollte man die melodische Bewegung jeder Stimme stilistisch untersuchen und fixieren, alle die Wendungen der einzelnen Schulen und die besonderen melodischen Eigentümlichkeiten in Werken großer Meister, dann müßten Bände geschrieben werden. Wir müssen uns damit begnügen, auf die Stildifferenzen und Stilprinzipien im allgemeinen hinzuweisen und sie durch einzelne wenige Beispiele zu illustrieren, weitere Ausführungen werden zweifellos folgen. Besondere Aufmerksamkeit wendet den Kadenzen H. Leichtentritt zu, in scharfer Beobachtung mancher Stileigentümlichkeit. Im 16. Jahrhundert verlangt der Spanier Bermudo die Aneignung der üblichen Schlüsse als eine der Hauptforderungen der Improvisations- und Setzkunst.

Die Schlüsse bilden einen Merkstein für Melodie und Harmonie. Hat man doch sogar das gesamte »harmonische Wesen« auf Kadenzen zurückführen wollen! Darin liegt eine faktische Einengung harmonischer Entfaltung auf eine oder zwei Stilperioden. Es gibt Zusammenklänge, die ganz unabhängig vom Hinblick auf Kadenzen entstehen — in den Frühzeiten der Mehrstimmigkeit und in der Neuzeit der Polyodie, des Zusammentrittes der Weisen, der melodischen Bewegungen ohne Tonika- und Dominant-Zäsuren. Und doch bestehen auch da zwischen Frühzeit und Neuzeit tiefe stilistische Unterschiede.

Das Wesen der Melodik ist demnach durchaus nicht in der Erfassung der Verhältnisse, der Teile, der Abschnitte zu ihren tonalen Zäsuren, oder des Ganzen zum Totalschluß erschöpft. Es gibt eine abwechslungsreiche Ausgestaltung melodischer Bewegung, auch abgesehen von den genannten Momenten. Vielleicht hätte nicht mit diesen begonnen werden sollen, sondern mit den Unterschieden der Behandlungsarten, die einander gegenüberstehen und in verschiedenen Überleitungen ineinander führen: deklamatorische, eigentlich melodische und ihre mannigfachen Unter- und Übergangsarten. Die ersteren entstammen der Sprache, richtiger den Sprachen, die letzteren sethen auf musikalischem Boden. Man kann da direkt von Stilarten sprechen und ich greife damit dem zweiten Hauptabschnitte vor, halte es aber für geboten, schon jetzt dieses Thema bei der Erörterung der Stilprinzipien in Betracht zu ziehen. Unter dem deklamatorischen Stil ist eine musikalische Sprachbehandlung zu verstehen, bei der der Akzent der Rede oder der gebundenen Worte das vorwaltende Prinzip ist. Es kann in der verschiedensten Weise ausgeführt, durchgeführt werden. In den einzelnen Perioden beobachtet man mannigfache Abweichungen, die sich dem Grundwesen des herrschenden Stils akkomodieren. In manchen historischen Stilarten wächst die ganze Eigenart aus dem deklamatorischen Prinzip hervor. Da ist das Wort »deklamatorisch« im weitesten Sinne gebraucht: Deklamation gebundener Verse und Redevortrag freier Prosa. Bei ersteren sind die rhythmischen Qualitäten gerade so gebunden, wie die metrischen Qualitäten. Beide gehen miteinander. Die daraus entstehenden musikalischen Formen sind streng geschlossen und das deklamatorische Prinzip macht sich in der richtigen Vereinigung der Sprachbetonungen mit den Taktgewichten geltend. Wir sprechen dann nicht mehr von »deklamatorischem Stil«, sondern von einer Ein- oder Unterordnung der deklamatorischen Exigentien unter die geregelte geschlossene Form. Es tritt da das melodische und in einzelnen Stilarten das ariose Moment in den Vordergrund. Von eigentlich deklamatorischem Stil in der Musik sprechen wir, wenn der Vortrag, die Behandlung der Sprache von solchen Formalbedingungen mehr oder weniger unabhängig ist. Auch da treten Gliederungen auf, ohne welche den Anforderungen der Kunst nicht Genüge geleistet werden kann. Auch da sind musikalische Motivbildungen, Motivverbindungen, Motivverkettungen, motivisch planvolle Ausführungen möglich, wie etwa in dem Antiphonengesang des Chorals. Das Unterscheidende dieses letzteren Stiles von dem deklamatorischen Stil κατ' ἐξοχην liegt darin, daß in diesem mit Melismen ausgestatteten Gesang das oratorische Prinzip, die Sprachbehandlung im Vordergrund steht. Man hat demnach mit Recht den Rhythmus des Chorals »oratorisch« genannt. Dieser oratorische Rhythmus ist nicht mit dem oratorischen Stil zu verwechseln, sofern er auf Oratorien angewendet wird, obgleich eine der Wurzeln des Oratoriums im deklamatorischen Stilprinzip liegt: für einzelne Teile des Oratoriums.

Die deklamatorische Behandlung gestaltet sich in den historisch aufeinanderfolgenden Stilperioden verschieden. Die Lektionen des Chorales, alle seine Lesarten, die die Akzente der Sprache um einen Ton *(tenor, tonus currens)* gruppieren, sind das Prototyp deklamatorischen Stils. Sie sterilisieren zugleich den Redevortrag in der musikalischen Umrahmung. Sie versteifen ihn. In allen *Concentus*-Arten des Chorals, in den melodisch-melismatischen Teilen des liturgischen Gesanges wird in einer vom Redevortrag des *Accentus* herübergenommenen Art das deklamatorische Stilprinzip verwendet; es ist und bleibt das stilbildende Grundprinzip. Es behauptet seine Eigenart auch in der Beibehaltung des ataktischen Rhythmus. Verschieden davon und doch in einiger Beziehung dazu, ist die Behandlung des *Stile recitativo:* hier unterwirft sich das deklamatorische Prinzip streng taktischer Behandlung. Auch das »*Parlante*« des *Recitativo secco* und des *Stile narrativo* (zusammengefaßt als Redestil, eine Beschränkung des tonlichen Stoffes auf wenige dem gewöhnlichen Sprechton angelehnter, hier musikalisch gefaßter Wendungen, syllabisch, von Phrase zu Phrase in den einfachsten Harmonien wechselnd) ist vollkommen beherrscht vom taktischen Grundprinzip des neuen Stils des 17. Jahrhunderts.

Der »*Stile imitativo*«, der »nachahmende« Stil will der affektvollen Sprache und Bewegung der im Gemüt erregten Personen des Dramas folgen — ebenso eingeschlossen von der strengsten Taktordnung. Er zeitigte in der Folge das *Recitativo accompagnato*, das neben der pathetischen Vertiefung in der musikalischen Fassung der Sprache zu stärkeren Mitteln der Instrumentalbegleitung greift. Eine Reihe von Übergangsstufen führt von der Gruppe des »*Secco*« zum »*Accompagnato*«. Wie nun der »*Concentus*« des Chorals der melodische Teil des auf dem deklamatorischen Prinzipe beruhenden liturgischen Gesanges ist, und den liturgischen »Rezitativen« (dem *accentus*) gegenübergestellt wird, so gliedern sich die vokalen Stilarten aller folgenden Perioden in solche, die dem einen oder dem anderen näher stehen. Die Spaltung, der offene Gegensatz tritt wieder in den *nuove musiche* der Florentiner auf, hier von dem überbrückenden taktischen Prinzip nach außen verbunden. Das deklamatorische Prinzip tritt da trotz der taktischen Gliederung so stark hervor, daß es auch in die Instrumentalmusik übergreift. Bei dieser ermöglicht gerade die taktische Behandlung die Einordnung einzelner rezitativer Teile in größere Gebilde. Auch in absolut instrumental gesetzten Werken findet man seit dem 17. Jahrhundert Instrumentalrezitative, in Werken für Orgel, Klavier, andere Soloinstrumente, ferner bei Ensemble- und Orchesterkompositionen. In Sonaten und Symphonien, in Tokkaten tauchen sie auf. In der Programmusik mit dichterischer, programmatischer Tendenz, in der reinen Instrumentalmusik, in ungemischten Instrumentalformen mit tondichterischer Absicht als konstruktive Teile, wie etwa in Sonaten und Symphonien von Beethoven und fast allen Instrumentalkomponisten von Rang. In der dramatischen Musik sind die Instrumentalrezitative konstruktive Teile des *Recitativo accompagnato* oder *obligato.*

Am freiesten ist der Rezitativstil in der modernen Oper, dem Oratorium und sogar im Lied behandelt, indem er in den Sprechgesang, richtiger in das Sprechen in fixierten Tönen oder gar ins bloße Sprechen überführt ist. Es wird in bewegte Modulationen der Instrumentalmusik hineingesprochen oder — geschrien, ein falscher, entstellter Abklatsch der Stimmodulation beim Sprechen, errafft in kühnen, unsangbaren, unmelodischen Intervallen.

Sowohl in den einstimmigen Stilarten des Mittelalters, als auch in den mehrstimmigen Entwicklungsetappen tritt bald mehr die Neigung zum Deklamatorischen, bald mehr zum Melodischen auf. Alle diese Arten haben auch mit bezug auf diesen Gegensatz und seine relative Ausgleichung ihre Eigenphysiognomie, die sie schon von diesem Gesichtspunkte aus erkennbar machen. Und dieser Gegensatz tritt auch heute hervor trotz des Versuches, der im 19. Jahrhundert neuerlich gemacht wurde, das musikalische Drama, geleitet von dem deklamatorischen Prinzip, in den Mittelpunkt der Tonkunst zu stellen. Zwischen dem deklamatorischen und melodischen Stil steht als eine der Übergangsarten der ariose Stil. Vom Deklamatorischen ausgehend und in manchen Übergangsformen des Rezitativs erscheinend, stellt er die Verbindung mit Elementen der geschlossenen Arie her, mit »der Quadratur der Arie«, wie R. Wagner diese Geschlossenheit bezeichnet. In Wirklichkeit befreit sich der ariose Stil von diesen Fesseln, erreicht aber weder die wohltätigen Wirkungen, die einer Arie zukommen, noch die freie Bewegung des deklamatorischen Stiles, der den Tonfall der Sprache zu musikalischer Entfaltung bringen hann. Die »Arien« des 17. Jahrhunderts hatten sich anfangs an das Metrum der Strophen angeschlossen. Sie begegnen sich darin mit allen musikalischen Strophenformen, die von den ältesten Zeiten unserer Musikausübung, soweit sie in die Stilentwicklung eingetreten ist, bis auf unsere Tage reichen und alle Kunststile sicherlich überleben werden. Die strophische Behandlung ist eben dem schlichten Volkslied eigen, nicht, daß sich an sie ausschließlich der Volksgesang binden würde, nein, alle Ansätze musikalischer Gestaltung liegen in der Volksmusik. Allein bevorzugt wird der Strophengesang. An ihn schließen sich alle die kunstvollen Strophenbehandlungen der romanischen Verskunst, die in der Musik des Mittelalters die Unterlagen musikalischer Kunstgebilde waren. Hier möge der Reim von wichtiger, vielleicht ausschlaggebender Bedeutung für die Formbehandlung sein, für die musikalische Verarbeitung tritt er zurück. Er ist nicht, wie Riemann behauptet, »maßgebend für die motivischen Beziehungen der Melodieteile«. Unser größter musikalischer Poet, der wie kein anderer die Ausgleichung von Form und Gehalt vollzogen hat, Mozart, spricht ganz anders vom Reime, den er förmlich als ein notwendiges Übel hinnimmt und die musikalische Struktur nicht davon abhängig machen will. Auch unter der selbstverständlichen Voraussetzung, daß die zur Zeit Mozarts herrschenden stilistischen Gestaltungsprinzipien andere Forderungen stellten, ist diese seine Anschauung für vorangegangene oder nachfolgende Stilperioden nicht zu unterschätzen. Denn gewisse Grundansichten sind für alle Perioden von Bedeutung, wenngleich sie nicht zur herrschenden Geltung kommen. Sowohl für die deklamatorische als für die melodiöse Stilbehandlung tritt der Reim mehr oder weniger in den Hintergrund. Wohl kennt auch der Choral musikalische Reime, d. i. Tonformeln oder Melismen, die sich am Ende von Distinktionen wiederholen. Diese Choralreime sind rein musikalische Endglieder ohne textliche Gleichklänge und auch für die Strophenlieder ist es mehr oder weniger gleichgiltig, ob die Worte, die am Ende der Zeilen stehen, Gleichklang haben. Diese musikalischen Strophenbildungen können gerade so vorgenommen werden, auch wenn kein Reim an letzter Stelle steht. Reime sind sprachliche Klangbilder, aber nicht musikalische, ebenso wie der Stabreim für die Musik nebensächlich, obendrein für die Zäsuren bedeutungslos ist.

An dem Ende der Hauptzäsuren treten in der Musik nicht selten melismatische Kleinbildungen auf. Die melodischen *Clausulae* werden mit Vorliebe melismatisch ausgestattet. Es konzentriert sich die Tonfreude im letzten Gliede — so war es von altersher gebräuchlich. In den einfachsten Gestaltungen des Chorals setzt sich das Melismatische mit Vorliebe gerade in der Schlußformel an. Von dort gewinnt es gleichsam das Terrain und umspinnt das oratorische Grundgerüste des Chorals. Demgemäß lagern die reichst ausgeführten Arten des Konzentus auf der Grundveste der akzentischen Formen und Formeln. Sogar den alleluja-tischen Gesängen, die besonders auf der letzten Silbe des Alleluja eine fast ausschweifend reiche Melismatik entfalten, liegt, wie nachgewiesen wurde, die Anlage akzentischen Gesanges zugrunde. Auch in weltlichen Gesängen tritt mit Vorliebe am Schlusse ein Melisma ein. Eine ganze Reihe deutscher Lieder des Mittelalters weist diese Eigentümlichkeit auf, gerade so wie romanische Lieder, so die der Troubadours. Da tritt das Melodische, genauer Melismatische stärker hervor und verdichtet sich in Kleingebilde oder versteift sich in Ornamente. Melismatik und Ornamentik sind nicht identisch. Ich fasse Ornamente als Versteifung von Melismen auf oder als äußerliche Klangbelebungen (wie die Instrumentalmanieren). Melismen sind Mikroorganismen, die in den Gang der Weise eingearbeitet wurden. Ornamente sind Tonformeln, die den Haupt- oder manchmal auch den Nebentönen aufgesetzt, eingefügt werden. Jene haben organische Bedeutung, diese sind äußere Zutaten. Manchmal begegnen sie einander, wie z. B. in der ornamentalen Lieblingswendung Wagnerscher Motive mit dem Doppelschlage. Es gibt orientalische Weisen, die fast im Ornament aufgehen, aus ihm hervorgegangen zu sein scheinen. Die kunsthistorische Forschung stellt sogar den Beginn der bildenden Kunst mit »ornamental-abstrakten« Formeln in Verbindung (vgl. S. 7 u. 15). Erst durch die Annäherung dieses »Ornamentstiles« an die Naturobjekte sei ein eigentlicher Kunststil entstanden. Für die Musik können wir heute noch nicht das gleiche behaupten. Wir kennen eben nicht die prähistorischen Urformeln und die Art ihres Eintrittes in älteste Kunststile. Es ist bisher auch noch nicht der Versuch einer umfassenden Zusammenstellung und Vergleichung des primitiven und exotischen Materials in Hinblick auf eine Evolution der Musik in verschiedenen Richtungen gelungen. Wir sind wohl am Anfang dieser Arbeit. Unmöglich ist es nicht, daß, wie in der bildenden Kunst ursprünglich »lineargeometrische Formen« vorherrschend gewesen sein sollen, auch in der Tonkunst, richtiger Musikübung, stereotype tonliche Wendungen den Grundstock für künstlerische Bildungen gebildet haben könnten. Ließe sich der Entwicklungsgang des

Chorales genau verfolgen und sicher feststellen — in der Tat wird heute von manchen Choralforschern das Prototyp auf solche, gleichsam lineare Formeln zurückgeführt — dann könnten auch für die älteste von uns zu betrachtende Stilperiode solche Schlußfolgerungen gewonnen werden. Zu bedenken wäre nur, daß die Entwicklung des Chorals ihren Ausgangspunkt von älteren, im Niedergang, im Zerfall begriffenen Kunststilen genommen hatte. Die Art des Überganges ist heute trotz der Aufstellungen Gevaerts u. a. über die Vergleiche antiker und altchristlicher Melopoeie, trotz des unleugbaren Zusammenhanges der Gebetformen der ältesten christlichen Gemeinden mit dem jüdischen Tempelgesange und seinen Formeln nicht genügend aufgeklärt.

In den Stilperioden unserer Tonkunst lassen sich Melodik, Melismatik und Ornamentik scheiden und ihr Verhältnis zueinander gehört zu den Stilkriterien. Die sogenannten »Koloraturen« sind ein Mittelglied zwischen Melisma und Ornament. Bald sind sie aufgesetzte Schnörkel und Rouladen, äußerlicher Aufputz, bald eine Fortsetzung motivischer Ausgestaltung mit Ausdruckserhöhung oder -erweiterung, Teilverarbeitung inneren Gehaltes, bald ist beides in ihnen verbunden. Auch Ornamente können in einzelnen Fällen solchen Zwecken dienen. Jede der großen Epochen hat auch darin ihre Eigenart bei aller ontogenetischen Zusammengehörigkeit und innerlichen Verbindung. Schon im Choral werden die Ornamente als solche durch die schriftliche Fixierung kennbar gemacht; von ihnen sind auch in der heutigen Tonkunst gewisse Überreste erhalten und üblich. Auch nach der Art und Zahl der Ornamente unterscheiden sich die Stilarten voneinander. Es gibt solche, in denen die Zierformen sich gleichsam hervordrängen. Wie es in den bildenden Künsten eine »Zierkunst« gibt, so auch in der Tonkunst. Aber immer bleibt in dieser der Zierrat in zweiter oder dritter Linie. Die Tonkunst ist vermöge ihres Urwesens, als Kunst seelischen Ausdruckes, seelischer Belebung vor den Auswucherungen ärgster Art bewahrt geblieben. Dort wo diese »Blumen« sich ungebührlich hervordrängten, wie im Meistergesang, verrannte sich die Musikübung in eine Sackgasse, die von der organisch sich fortbewegenden Kunst links liegen gelassen wurde. Die gerade Bewegung ließ sich in der Richtung nicht weiter beirren. Die Musik kann nicht ausschließlich aus tonlichen Arabesken bestehen, so sehr auch Schmuck und Zier eine Begleiterscheinung der Melodik, der ein- und mehrstimmigen sein möge. Der geistige und seelische Gehalt der Melodien ist nicht bloß aus Tonalität und Rhythmik zu erfassen, läßt sich nicht einzig aus diesen analysieren. Neben den äußerlich fixierbaren stilistischen Momenten in der Melodik der einzelnen Stilperioden treten physiognomische Züge hervor, die im Charakter des einzelnen Werkes, des schaffenden Tonsetzers liegen, die gleichwie Imponderabilien nicht zerlegt werden können. Im Kunstgenuß wirken sie als ein Fluidum auf den Hörer, wie der Duft auf den Beschauer der Blume. So wie wir nun diese Düfte unterscheiden und die Blume vielleicht darnach bestimmen können, so läßt sich für den Erfahrenen, Gebildeten aus solchen Momenten der Stilcharakter erschauen. Das Stilgefühl, die Stilempfindung können erzogen und ausgebildet werden und daraus, wie aus den ursprünglichen Anlagen entstehen auch die Eigentümlichkeiten und Eigenschaften nationaler Kunstschulen.

Klang. Wir haben bisher nur Tonalität, Rhythmik und Ornamentik als Kriterien der Melodik behandelt. Es ist aber noch eine Reihe anderer stilbildenden Kriterien in Erwägung zu ziehen: Klang, Kompositionstechnik, Zusammenfassung in formaler Beziehung und Vortrag. Wir wollen hierfür vorläufig nur die allgemeinen Prinzipien festlegen und behalten uns vor, die Konsequenzen für Aufstellung der betreffenden Stilarten in dem nachfolgenden Kapitel zu ziehen. Von einer Seite wird die Behauptung aufgestellt, daß es eine Zeit gab, in der die elementare Freude am Klang das Um und Auf der Musikübung ausgemacht haben soll. Von anderer Seite wird der Rhythmus als primäres Musikelement, als »Ursprung der Musik« bezeichnet. Wie dem sei — ich möchte auch für das primitive Stadium beide nicht völlig trennen — so ist die klangliche Erscheinung auch in allen Kunstperioden von mitbestimmender stilistischer Entscheidung. Die verschiedenen Stilarten richten sich nach der Art der klanglichen Einbekleidung, wie wir schon aus dem Gegensatz von Vokal- und Instrumentalstil erfahren. Die menschliche Stimme stand zu allen Zeiten der Musikübung zur Verfügung, die Instrumente verdanken ihre Entstehung dem Zufall und ihre Ausbildung der sich vervollkommnenden Verfertigung. Daß die Violinmusik erst im 17. Jahrhundert zu kunststilistischer Blüte kam, hat ihren Grund nicht nur in der Ausbildung des solistischen und konzertanten Stiles im Zusammenhang mit der Begleitung des *Basso Continuo*, sondern auch in der damals eben erst vollendeten Technik des Violinbaues. Daß die Klaviermusik ihre höchste Vollendung im 18., bzw. 19. Jahrhundert erreichte, liegt nicht nur in dem für diese Art der Instrumentalausübung besonders tauglichen thematischen Konstruktionsprinzip dieser Zeit, sondern auch in dem sich stetig vervollkommnenden Klavierbau, wobei die Tauglichkeit der Klaviermusik für die gerissenen und gerührten Saiten der *Cembali* und Klavichorde des 17. und 18. Jahrhunderts und für die geschlagenen Saiten der Hammerklaviere des ausgehenden 18. Jahrhunderts und ihre Scheidung und Gegenüberstellung nach diesem Gesichtspunkt besonders ins Auge gefaßt sei. Daß die Orgelmusik ihren Höhepunkt in der ersten Hälfte des 18. Jahrhunderts erreichte, liegt mehr in dem inneren, konstant aufsteigenden Werdegang, wie er sich auf den zu Gebote stehenden Orgeln entfalten konnte, die allen Anforderungen der Orgeltechnik Genüge leisteten, soweit sie gegenüber der Anlage dieses Instrumentes erhoben werden konnten.

Die äußeren Vervollkommnungen des Orgelbaues im 19. Jahrhundert konnten keine Erhöhung oder Bereicherung der für die stilistische Ausbildung notwendigen Mittel bringen. Die relativ leichtere Spielbarkeit, die raschere Verbindung der Register und deren klangliche Vermehrung bedeuten eben zu wenig für den Stil der Orgelmusik und die Möglichkeit ihre Stimmen zu differenzieren; dies alles ist schon in der altklassischen Musik bis an die Grenze der Höchstentwicklung gediehen. Und so ließe sich jedes Instrument nach Klang, Tonumfang, Tonbeweglichkeit verfolgen. Die Zusammensetzung der Instrumentenfamilien in der Musik des 16. Jahrhunderts, die Mischung der Klangfarben verschiedener Instrumente nach Bedürfnis, so in der chorischen Besetzung der altklassischen, in der differenzierenden der neuklassischen und wie immer die koloristischen Behandlungsarten der nachfolgenden Zeiten sein mögen — dies alles steht im Zusammenhang mit der stilistischen Eigenart jeder Kunstepoche, jeder Richtung. Aus der Stimmbehandlung des mehrstimmigen Satzes gehen einerseits die Erfordernisse an die klangliche Erscheinung hervor und andererseits wird im komplementären Verhältnis die Stimmbehandlung durch die klangliche Eigenart mitbeeinflußt. Die Stilperioden sind mit hervorgerufen durch die klangliche Beeinflussung. Wir können aber auch beobachten, wie zu gewissen Zeiten, von der Klangfülle und Klangmacht der etwa zu Gebote stehenden Mittel kein erschöpfender Gebrauch gemacht und trotzdem vielleicht gerade deshalb eine stilvoll einheitliche Behandlung erzielt wird.

Melodische Kompositionstechnik (ein- und mehrstimmig). Die Kompositionstechnik umfaßt ein- und mehrstimmige Tonstücke. Auch für den Choral gab es eine Kompositionslehre. So handelt schon Guido von Arezzo von der »*commoda componenda modulatione*«. Sie hält sich natürlich an die Choralweise. Jede Kompositionsgattung hat ihre eigene stilistische Behandlung. Wir haben hier weder eine Kompositions-, noch eine Stillehre zu geben. Bei der Vereinigung zweier und mehrerer Stimmen wechseln im Wandel der Zeiten die Anschauungen über das Verhältnis der Stimmen zueinander. Der Versuch, der in Akustik, Physiologie und Psychologie gemacht wird, über die Zusammenklänge (Konsonanzen und Dissonanzen) vom physikalischen, physiologischen, psychologischen Standpunkt aus Grundlehren festzulegen, begegnet im Zusammenhalt mit der Musikübung verschiedener Zeiten und Völker nicht geringen Schwierigkeiten. Der Stil ist variabel, auch in bezug auf die Auffassung der Intervalle im Zusammenklang. Konsonanz und Dissonanz haben in den Stilperioden bewegliche Grenzen. Oktav und Quint, die sogenannten »vollkommensten Konsonanzen«, werden wohl zu allen Zeiten als möglichst vollkommen miteinander verschmelzende Töne angesehen, die zur Einheit der Klangbedeutung vordringen. Nichtsdestoweniger kann schon bei der Quinte der obere Ton im zweistimmigen Satz als ein der kleinen Sext vorgehaltener Ton aufgefaßt werden, hat also nicht mehr reinen Konsonanzcharakter. Diese Auffassung greift aber erst in einer höher entwickelten Stilperiode mehrstimmiger Musik ein. Und so verhält es sich mit allen andern Intervallen, sei es daß sie von Akustik und Tonpsychologie als Dissonanzen und trotzdem in einzelnen Stilperioden als Konsonanzen aufgefaßt werden — wird doch heute allen Ernstes behauptet, es gäbe überhaupt keine Dissonanzen im absoluten Sinne — sei es, daß sie als Konsonanzen betrachtet und trotzdem in der Praxis und Musiklehre lange auf die Erwerbung des Bürgerrechtes als Konsonanz warten mußten. Auch Praxis und Musiklehre decken sich nicht immer in der Auffassung der Intervalle. So galt die Terz bis zum 13. Jahrhundert im allgemeinen als Dissonanz; in der schematischen Aufstellung vollkommener und unvollkommener Konsonanzen, bzw. Dissonanzen schwankt die Auffassung der Terz, während die Praxis sich dort und da sowohl der großen als kleinen Terz im konsonanten Sinne bedient; dies hindert nicht, daß noch in der Terminologie einzelner Kontrapunktlehrer des 14. Jahrhunderts die Terzen als Dissonanzen angesehen werden. Die Stiluntersuchung hat sich einzig an die Kunst selbst zu halten. Sie muß es mit den Künstlern halten, die, wie Haydn, Mozart und Beethoven sagten, die Kunstregeln selbst zu bestimmen das Recht haben (in verschiedener Weise, aber im gleichen Sinne von ihnen ausgesprochen). Und doch gelten deren Werke heute als Kanon vollendeter Kunst, wie dies in ihrer Zusammenfassung als Klassiker der Tonkunst instinktiv anerkannt ist. Sie haben eben bei aller Abweichung von Normen und Regeln, die sie von der Tradition und Lehre übernommen haben, diese doch beobachtet und die stilistischen Grundprinzipien ihrer Zeit bewahrt, gefördert und ausgebildet. Wir dürfen also, wir müssen von fixen Stilregeln, die für alle Perioden gleicherweise Geltung haben sollten, absehen und haben bei allen Stilmomenten die Eigenheiten der betreffenden Perioden zu verzeichnen, wie der Beschauer eines Baumes den Wuchs des Stammes und die Verästelungen betrachtet und auch die individuellen Krümmungen, ja sogar die Auswüchse im Bilde festhält. Vielleicht erregen die letzteren manchmal ein besonderes Interesse, um nicht zu sagen Wohlgefallen.

Es sind demnach die Stilarten nach der abwechslungsreichen Weise der Stimmführung und Stimmbehandlung zu untersuchen und historisch festzustellen. Harmonisch-homophone und kontrapunktische Stimmführung fließen in der Praxis vielfach ineinander, sind aber bei den allgemeinen Aufstellungen zu trennen, wie sie ja auch in einzelnen Stilgattungen gesondert auftreten. Sie stehen sich als Stilarten gegenüber, suchen sich in einzelnen historischen Stadien und Kunstgattungen auszugleichen. Die Vorherrschaft einer Stimme (der Oberstimme) im harmonisch-homophonen Verbande auf der einen Seite, die ideelle Gleichstellung aller

Stimmen im kontrapunktischen Satze auf der andern Seite und eine Reihe von Mittelgliedern in abwechslungsreichen Stilbehandlungen in der Mitte der beiden — welch reiche Skala von Stilarten! Man könnte von polyphonierender, halbpolyphoner Schreibart sprechen und wieder öffnet sich uns, wie bei allen Stilmomenten, eine fast unübersehbare Kette von Übergangsarten mit Einschluß der neuerlich so benannten kontrapunktischen Manieren. Doch auch die nur scheinbare Mehrstimmigkeit in der Musik der Antike und die von gänzlich ungeregelter Verwendung zweier oder mehrerer Stimmen allmählich aufsteigenden Arten in der außereuropäischen Musik und in der Nationalmusik einzelner europäischer Völker bilden den Ausgangspunkt für die Betrachtung der eigentlichen Kunststile der Mehrstimmigkeit.

Die Mehrstimmigkeit greift in den einzelnen Perioden bestimmend in die Melodik ein. Auch in den Stilarten, in denen eine Stimme die Vorherrschaft behält — man kann solche von der ältesten Zeit bis auf den heutigen Tag in den verschiedensten Spiel- und Abarten verfolgen — wirkt das Zusammengehen der Stimmen in einer oder der andern Beziehung modifizierend auf die Melodik ein: selbst im Parallelorganum trat, wenigstens äußerlich, insofern eine Verschiebung des ästhetischen Charakters des Chorales ein, als diese Parallelgänge mit »*modesta morositate*« vorgetragen werden sollten, mit Bedächtigkeit retardierend, den oratorischen Fluß des Vortrages hemmend. Die Wirkung war denn auch eine abweichende, nicht nur durch den Feierklang der mitgehenden Stimmen, sondern durch die Verschleppung der Töne, die gleichsam im Gleichwert aufeinander zu folgen hatten. Die Kondukten, die Fauxbourdons der Frühzeit der Mehrstimmigkeit, die Villancicos, Frottolen und die in Akkorden fortschreitenden Gesänge der Humanisten um 1500, die Villanellen und wie alle die nachfolgenden homophonen Stücke der Gesangs- und Instrumentalmusik benannt sein mögen, hatten ihre eigene Haltung nicht nur in rhythmischer, auch in harmonischer Beziehung. Der Entwicklungsgang der Harmonie greift da ein und wirkt auf die Melodie selbst ein. Um wieviel eher trat dies ein, wenn die Stimmen einander selbständig entgegenzutreten suchten oder wirkliche Selbständigkeit zu behaupten vermochten. Die beiden Grundarten der Melodik in tonlicher Beziehung, die in Sekunden fortschreitende (heute »Schrittmaß« genannt) und die, harmonische Schritte vorziehende (im »Klangmaß«) erfuhren mannigfache Alterationen und Ausgleichungen. Früh gewann die Unterstimme die Bedeutung einer Stütze, wie in den langausgehaltenen Tönen eines Melodiefragmentes beim *Organum purum;* aber es dauerte Jahrhunderte, bis sie als »harmonische Stütze« oder gar als wirkliche Fundamentalstimme im harmonischen Sinne stilistisch aufgefaßt wurde. Der Kunststil suchte sich der in der primitiven Mehrstimmigkeit von selbst gegebenen Stützstimmen wie in der Bettlerleier (*organistrum*), im Dudelsack (*hurdy-gurdy*), die nachweislich zu den ältesten abendländischen »Naturinstrumenten« gehörten, möglichst zu erwehren. Durch eine zu starke Begünstigung solcher liegenden Stimmen hätte sie ihren Arbeitseifer einbüßen können. Auch klang das zu »weltlich« für die geistlichen Ausarbeiter der Mehrstimmigkeit. Der naturalistischen Führung der tiefen Stimme mußte in der höher stilisierten Kunst möglichst ausgewichen werden und so behielt diese primitive Art der Stimmbehandlung ihren rustikalen Charakter noch in den volkstümlichen, stilisierten Gesängen des 16. Jahrhunderts bis herauf auf unsere Tage.

Im Zentrum der Mehrstimmigkeit lag der *Cantus firmus*, vorerst in der Unterstimme, dann aufsteigend in allen Stimmen auftretend, hier einfach, dort verziert, in abwechslungsreichen Umwandlungen, in der Mehrstimmigkeit des 15. und 16. Jahrhunderts mit Vorliebe in der Mittellage des mehrstimmigen Verbandes verwendet, in verschiedenen

Schulen und Richtungen mannigfach in der Lage wechselnd. Dieser »Tenor«, diese Haltestimme, war bis zum 16. Jahrhundert der Kern der mehrstimmigen Arbeit. Dort zurückgedrängt, tauchte er da wieder auf und behielt seine machtvolle Geltung auch zuzeiten, da der herrschende Stil soviel wie gar keine Rücksicht auf ihn nehmen wollte. Während der Zurückdrängung im offiziellen katholischen Kirchenstil des 17. Jahrhunderts erhebt er um so mächtiger sein Haupt in der zur Hochblüte gelangenden mehrstimmigen protestantischen Kirchenmusik. Die Gründe liegen auf der Hand: es sind in ihm wichtige Momente enthalten, die eine motivische Verarbeitung auch in der Mehrstimmigkeit ermöglichen.

Die dem Werdegang und der stetigen Vervollkommnung der Mehrstimmigkeit notwendigen Bestandteile fanden im Choral eine geeignete Unterlage und so konnte sich der von außen kommende Drang auch an ihm betätigen. Der Choral hat wie jedes Kunstgebilde in seiner Melodik eine Ausspinnung und Gegenüberstellung der Gedanken, der Motive, man kann auch von einer motivischen Verarbeitung des melodischen Stoffes sprechen. Für die motivisch-thematische Durcharbeitung des melodischen Grundstoffes in der Mehrstimmigkeit kommen besonders zwei Momente in Betracht: Wiederholung und Nachahmung. Sie gehören zu den konstruktiven Grundprinzipien der Mehrstimmigkeit. Sie erfahren in den verschiedenen Stilperioden verschiedene Ausgestaltung. Wir können daran festhalten, daß hierfür die keimenden Triebe, die von der Volksmusik ausgingen, besonders anregend und fruchtbringend wirkten. Demgegenüber gibt es weltliche »Instrumentalweisen«, die in dieser Beziehung für den Fortgang, die Fortarbeit der Mehrstimmigkeit nicht gerade fördernd wirkten. Nehmen wir ein Beispiel, das zwar mit Text gesungen ward, aber jedenfalls den »Kuhreihen« entstammend, von Naturinstrumenten vorgetragen, einen instrumentalen Urtypus repräsentiert:

Kuhhorn (Salzburger Tanzlied 14. Jhdt.)

(mit einem Nachtanz im dreiteiligen Takt). usw.

Daran lassen sich Harmonien hängen, die Weise ist zerlegte Harmonie, allein für mehrstimmige Verarbeitung strenger Art gerade nicht sehr geeignet. Wir werden bei der Gegenüberstellung von Vokal- und Instrumentalstil darauf zurückkommen. Dieses Beispiel ist für ein Moment mehrstimmiger Stimmführung typisch: für die Akkordfiguration. Diese unterscheidet sich im Wesen von der Choralfiguration, die die Gegenstimmen zum Choral regulär aus den Motiven der betreffenden Choralweise entnimmt und kontrapunktisch ausgestaltet. Es gibt Choralfigurationen, in denen die »figurierenden« Stimmen von der gleichen Wichtigkeit und melodischen Bedeutung sind, wie der Choral selbst. So sind wir mitten hineingelangt in die Werkstatt mehrstimmiger Arbeit, die in den verschiedenen Perioden auch bezüglich der Behandlung und Führung jeder Stimme ihre stilistische Eigenphysiognomie erhält. Die Melodik wechselt trotz der Beibehaltung gewisser Grundprinzipien ihr stilistisches Verhalten in den verschiedenen Perioden der Mehrstimmigkeit.

Das Verhältnis der Stimmen zueinander ist in jeder Stilepoche ein eigenartiges und bestimmt auch die Haltung und Führung der einzelnen Stimme in melodischer Beziehung. Die reelle oder sogenannte »reale« Stimmführung läßt sich streng genommen nur bis zum dreistimmigen Satz aufrecht erhalten. Von der absoluten Selbständigkeit reicht, wie gesagt, eine Stufenleiter bis zur Füllstimme und dem fundamentierenden Baß, der ein Konglomerat, ein pseudomelodisches Produkt der sogenannten Harmonietöne ist. Wenn die Mittelstimmen im harmonischen Satz melodische Blutleere,

Bewegungsarmut aufweisen, können sie sich im kontrapunktischen Satz zu relativer Freiheit, melodischer Fülle und Originalität erheben. Neben den kontrapunktierenden Stimmen stehen die in der Stilbehandlung abweichenden konzertierenden Stimmen, deren es bei selbständiger Satzführung oder bei »gehenden Bässen« wohl nur zwei geben kann, die somit eigentlich wieder nur bis zur Dreistimmigkeit gedeihen können, abgesehen von den harmonisch füllenden Stimmen. Diese konzertante Stimmführung (deren sich auch der Baß bemächtigen kann), unterscheidet sich aber gar sehr vom kontrapunktisch-polyphonen Satz, dessen Zusammenklänge ein Produkt seiner Stimmführung sind, während die konzertierenden Stimmen vom harmonischen Standpunkt aus konstruiert sind. Wir werden die Anwendung dieser heterogenen Stilprinzipien in den Stilarten mit ihren mannigfach wechselnden Stimmführungen in einer allgemeinen Aufstellung und bei den Stilperioden in ihrer historischen Folge kennen lernen. Hier seien nur die, das Tonmaterial in stilistischer Beziehung ordnenden Stilprinzipien im allgemeinen festgelegt, sofern sie auf das melodische Material differenzierend wirken.

Die thematische Arbeit, die die melodische Eigenführung der Stimmen mitbestimmt, geht aus der Verwendung der Themen in der Originalgestalt, in Verlängerung, Verkleinerung, Verkürzung, Zerlegung und Zerteilung in ihre Urbestandteile, durch Wiederholung und Nachahmung, Durchbrechung des melodischen Ganges und seiner sukzessiven Verteilung auf zwei oder alle Stimmen des mehrstimmigen Verbandes hervor. Alle die Verwandlungen des Themas, die in rhythmischer oder tonaler Beziehung vorgenommen werden, die sich auf Themaansätze oder voll ausgestaltete Themen, wie in den eigentlichen Variationen, erstrecken, gehören in ihr Bereich. Schon im einstimmigen Choral gibt es, wie in gewissen exotischen Gesängen, Variationsarbeit.

Sie wechselt in der Art ihrer Ausführung in den verschiedenen Stilperioden und erhebt sich von Varianten stufenweise zu wirklicher Variation. Jeder Stil hat in thematischer Beziehung seine eigene Behandlungsart, auch in der Gegenüberstellung und Kontrastierung der thematischen Teile und der Einstellung nichtthematischer Teile. Je gefesteter die Verarbeitung, je organischer die Konstitution der Satzfügung und Stimmführung, desto vollendeter der Stil des Kunstwerkes. Aber nicht immer steht die Wirkungskraft im geraden Verhältnis zu dieser stilistischen Beschaffenheit. Es gibt Stilarten, die dessen mehr oder weniger entraten und doch ästhetisch wirkungsvolle Werke höchster Art einbegreifen.

Es gibt eben noch andere Mittel für die mehrstimmigen Setzarten, die bezüglich der Wirkungskraft Ersatz zu bieten imstande sind. Dahin gehört z. B. die Modulation, die harmonische Überführung in von der Haupttonart verschiedene Kreise der Tonalität. Die Modulation unterscheidet sich nicht generell, nur graduell von der »Ausweichung«, die nur in dem vorübergehenden Berühren verschiedener, vom Hauptton abweichender (»ausweichender«) Tonarten besteht und das Relationsgefühl zur Haupttonart relativ weniger aufhebt als die Modulation. Ob die stilistische Neigung unserer Zeit, die alle Modulationen eines Werkes zusammenhaltende tonale Einheit, das Gefühl der Tonika, außeracht zu lassen, bzw. abzustoßen, dauernden Wandel schaffen wird, sei der Zukunft überlassen. In historischen Stilarten mehrstimmiger Musik besteht dieses tonale Einheitsgefühl unleugbar, ganze Stilperioden sind darauf aufgebaut, allerdings im mannigfachen Wechsel der Beziehungen in verschiedenen Wandlungen, nicht in allen gleichartig. Die Erkenntnis dieser Wandlungen bildet ein Hauptkriterium der Stilbetrachtung. Auch dieses stilistische Moment wirkt alterierend auf die Melodik. Gerade die alterierten Grundintervalle machen sich mit der harmonischmodulatorischen Bereicherung auch melodisch bemerkbar. Der Gebrauch übermäßiger und verminderter Intervalle hängt damit zusammen, ist aber nicht einzig davon abhängig. Es gibt einstimmige Weisen verschiedener Völker und Zeiten, in denen sie nachweisbar sind und einzelne, in denen sie mit Vorliebe verwendet werden. Sowohl der diatonisierte Choral, wie unser abendländisches Volkslied, soweit es im Bereiche der, wirkliche Kunstmusik übenden Territorien liegt, hält sich davon fern — Ausnahmen, wie besonders die Verwendung der übermäßigen Quart in Alpenweisen, bestätigen die Regel. Für die Stiluntersuchungen kommt in erster Linie das melodische Moment in Betracht. Ich habe deshalb das ganze Musikmaterial auch in seiner mehrstimmigen Verwendung vorerst von diesem Gesichtspunkt aus in Betracht gezogen.

Auch die formale Gestaltung ist der Hauptsache nach vom melodischen Gesichtspunkt aus zu erörtern. Die musikalische Form ist theoretisch gefaßt die Abstraktion der Zusammenstellung von Gliedern, die eine Einheit ausmachen. Zwischen der Geschlossenheit in der Folge der Teile und der Ungebundenheit in der Aufeinanderfolge der Glieder gibt es unzählige Mittelarten, Mittelgestaltungen. Die ersteren (geschlossenen) sehe ich als Formen im engeren Sinne an, die letzteren (ungebundenen), die sich besonders in der dramatischen und programmatischen Musik finden, bezeichne ich als Formungen. Numerisch lassen sich alle geschlossenen musikalischen Formen auf Zwei- oder Dreiteiligkeit zurückführen — die niedrigsten und die höchsten Kunstformen. Einteilige finden wir in Gebilden, die vor der Schwelle der Kunstmusik stehen oder die zur Unterlage oder zum Ausgangspunkt von Kunstformen höherer oder kombinierter oder zyklischer Art dienen. Ein und dasselbe Konstruktionsprinzip wird in den historischen Perioden auch in formaler Beziehung stilistisch verschieden ausgestaltet. Jeder Stil hat seine Typen, die bei aller Gleichheit, Analogie oder Ähnlichkeit der ihnen zugrundeliegenden Konstruktion eine eigenartige Behandlung erfahren. In allen Stilperioden gibt es neben zwei- und dreiteiligen Gliederungen auch freie oder ungebundene, angefangen vom Choral bis auf unsere Tage. Nur die Volksmusik scheint sich auf Geschlossenheit zu beschränken. In Wirklichkeit kommen auch in primitiven Musikübungen ganz freie Ausgestaltungen vor, die sich von eigentlich musikalisch gar nicht fixierbaren Äußerungen, dann von Motivansätzen zu sonderbar verschlungenen, regulären und irregulären Formungen verfolgen lassen. Auch in exotischen Weisen kommen Wiederholungen und Nachahmungen, Gliedversetzungen in verschiedene Intervalle vor. Jeder Stamm hat seine Eigenart und seine Beziehungen zu anderen. Unsere Kunstmusik hat nur die geschlossenen Formen der Volksmusik der am Fortgang der musikalischen Kultur beteiligten Nationen rezipiert. Die freien Formungen unserer Tonkunst sind rein künstlerische Bildungen, so die im eigentlichen Sinne dramatische Musik und die im engsten Sinne programmatische Musik, denen auch bei aller Freiheit und Ungebundenheit ihrer Ausgestaltung Formprinzipien zugrunde liegen. Ebenso ist dies bei den sogenannten durchkomponierten Liedern der Fall. Im Mittelalter waren die »Leiche« mit ihren ungleichen Strophen so behandelt und ihnen folgen im weiteren Verlaufe ähnlich ausgestaltete Formungen, so besonders einzelne musikalische Gebilde über »*versi sciolti*« (aufgelöste Verse). Freie Formung weisen ferner alle Arten des Rezitativs auf.

Der Wechsel von geschlossenen und freien Formen bildet ein besonderes Reizmittel zyklischer Gebilde — sowohl vokaler wie instrumentaler. Kantaten und ihre Abarten beruhen auf diesem Wechsel. Auch in die Arienform griff dies ein, so wenn der Mittelteil der dreiteiligen Arie arios modulatorisch gehalten ist. In der zyklischen Sonate, in der Ouverturensuite, im Divertimento findet man auch solche

Bildungen. Diejenige Instrumentalform, die als höchste Etappe formaler Entwicklung angesehen werden kann, der Sonatensatz nimmt gelegentlich und ausnahmsweise solche Elemente auf. Er ist an sich das vollendetste geschlossene dreiteilige Gebilde unserer Musikliteratur. Das Rondo, das einen äußerlich mannigfaltigeren Wechsel von Satzteilen aufweist als der Sonatensatz, basierte eigentlich auf zweiteiligem Gegensatz von Ritornell und Couplet und ist — streng genommen — nur eine Summierung dieser Zweiteiligkeit. In der Tat konnte in der höchst entwickelten Instrumentalmusik das Rondo vom dreiteiligen Sonatensatz resorbiert werden und hat erst da seine künstlerisch vollendetste Ausführung erfahren. Ähnlichen Erscheinungen begegnet man bei anderen Formen, so im Verhältnis des vormozartischen ersten Konzertsatzes zu seiner nachfolgenden Ausgestaltung. Es vollzieht sich im Wechsel der Zeiten ein Wandel der Formen — äußerlich und innerlich. Ganze Gruppen von Formen werden gelegentlich zu einer Hauptform zusammengezogen und ich bezeichne die ersteren als »Vorformen«, die wie die Vorgebirge eines Gebirgsstockes lagern. So sind das »Ricercar«, die instrumentale »Canzone«, das »Capriccio«, die »Fantasia« des 16., bzw. 17. Jahrhunderts Vorformen der klassischen Fugenform. Bei diesen Einbeziehungen, Umwandlungen geht einerseits mancherlei an konstruktiven Vorzügen verloren, andererseits wird durch die Konzentrierung viel gewonnen. Umgekehrt lösen sich manche Formen auf. Aus den vielen Ariengestaltungen des 17. und 18. Jahrhunderts erwuchs im 19. Jahrhundert die freidramatische Szenenformung im Zusammenhang mit den Finales der Opern des 18. Jahrhunderts, im Zusammenschluß, in organischer Verbindung arienhafter, arioser, rezitativer Momente, in engerem Anschluß an die freiere dichterische Behandlung von Monolog und Dialog, sowie in konsequenter Ausführung der grundlegenden Stilprinzipien der ältesten Renaissance-Oper.

Die Formgedanken sind in steter Wanderschaft begriffen, machen zeitweilig Halt und die Werke der größten Meister einer Stilperiode (der Tonheroen) sind in formalstilistischer Behandlung fast durchwegs der Höhenpunkt der aufsteigenden Entwicklung einer Richtung. Die Formen aller Kunstperioden stehen in einem inneren ontogenetischen Zusammenhang. Bei denen, die an Grundformen der Volksmusik verankert sind, tritt dieser Zusammenhang besonders hervor. Dies gilt sogar von unserm Sonatensatz, dessen Verbindungsfäden zu einem Liedtypus alter Zeit führen. So mannigfach auch die Namen und Spezialgeartungen der Formen verschiedener Stilperioden sein mögen, so sehr sie sich im Wesen und in der Bezeichnung an gewisse nationale Urtypen anschließen mögen — die Macht stilistisch ausgleichender Behandlung umfaßt sie mit eiserner Hand, mit eiserner Konsequenz. In einer Epoche zur Vollendung gediehen, werden sie im natürlichen Drange nach Abwechslung und auf dem natürlichen Wege der Abnützung abgestoßen und fallen gelassen. Das in ihnen enthaltene Ferment weiterer Entwicklungsfähigkeit wird in anderen Stilepochen wieder aufgenommen, bringt es entweder zu neuerlicher Eigenentfaltung oder tritt in einer Metamorphose in den Entwicklungsgang einer nachfolgenden Stilperiode ein. Manchmal begegnet man einer und derselben Bezeichnung für abweichende Stilformen verschiedener Zeiten, wie »Madrigal« im 14. und dann wieder im 16. Jahrhundert. Nur eine Kunstform hat sich in Namen und Anwendungsart erhalten: die Motette, die seit den Frühzeiten der Mehrstimmigkeit bis auf unsere Tage eine fortgesetzte, nicht immer organisch fortschreitende Behandlung erfahren hat. Sie ordnete sich den Stilprinzipien der aufeinanderfolgenden Schulen ein und zog wie bei ihrem Ursprunge ihre Kräfte aus dem Boden geistlicher (kirchlicher) und weltlicher Musik — ein abwechslungsreiches Spiegelbild vorüberziehender Stilarten mit gewissen, besonders seit dem 15. Jahrhundert sich gleichbleibenden Zügen.

Wie sich in der Form die äußere Ausgestaltung des melodischen Stoffes vollzieht, so wird durch den Vortrag des Kunstwerkes der innere Gehalt der ein- und mehrstimmigen Melodik belebt. Der stilistische Charakter wird durch den Vortrag verlebendigt. So hat jede der großen Stilperioden ihre eigene Art des Vortrages, der auf gewissen Grundprinzipien beruht, die allen Stilarten gemeinsam sind. Verschiedener Vortrag hat verschiedene Wirkung zur Folge. Er kann stilhaft oder stillos sein, kann die in der Stilart und dem Wesen eines Kunstwerkes enthaltenen Eigentümlichkeiten herausholen oder nur einem Teile derselben nachkommen oder alle Forderungen unberücksichtigt lassen. Wir können dies bei Aufführungen historischer Werke häufig genug beobachten, bei Aufführungen moderner Werke nicht selten erleben. Der Vortrag umfaßt alle Stilelemente; er kann bald diesem, bald jenem entsprechen oder ganz versagen. Keine Kunst ist in dieser Beziehung größeren Irrungen und Schädigungen ausgesetzt als die Tonkunst. Forscher und Künstler sind jetzt daran, die Bedingungen und Voraussetzungen des stilhaften Vortrages historischer Werke festzustellen. Eine Rückbeziehung auf die Stilprinzipien der jeweilig vorherrschenden Vortragsarten scheint dabei unvermeidlich, weil man eben auf die Mitwirkung der ausübenden Künstler angewiesen ist. Die Feststellung wird obendrein erschwert durch die mangelhafte, in einzelnen Stilperioden fast ganz fehlende Rücksichtnahme auf schriftliche Fixierung von Vortragsbezeichnungen, da die Notenschrift gleichsam nur das Gerippe des Kunstgebildes gab und die Ausführung dem Vortragenden überließ. Die seelische Belebung vollzieht der das Kunstwerk beim Vortrag Miterlebende: der Exekutierende und der Hörer. Nur wenige vermögen beim Lesen des Notenbildes sich das Tonwerk lebendig vorzustellen.

Vortrag.

Alles was durch den Vortrag vollzogen wird, greift tief in den Charakter der Komposition und ihres Stiles ein. Der individuellen Auffassung eines Kunstwerkes ist dabei ein mehr oder weniger großer Spielraum vergönnt. Innerhalb der stilistischen Richtlinien kann sich die Ausführung frei entfalten. Wir erleben verschiedene Aus- und Aufführungen eines Werkes durch verschiedene Künstler oder durch einen und denselben, je nach Disposition und Stimmung. Gleichwohl müssen die stilistischen Prinzipien in allen Ausführungen beobachtet und eingehalten werden. So hörte ich die »Apassionata« von Beethoven dreimal von Anton Rubinstein in abweichenden Auffassungen vorgetragen — immer der echte Beethoven, immer in Beobachtung der stilistischen Exigentien einer Klaviersonate. Wir kennen die köstliche Anekdote, die uns über den auswärtigen Besucher erzählt wird, der Beethoven eine Sonate zweimal in von einander abweichendem Vortrag, in verschiedener Auffassung spielen hörte und daraus die Folgerung zog, daß Beethoven wegen seiner Taubheit seine eigenen Werke nicht spielen könne! Die Grenzen der freieren Auffassung innerhalb stilvoller Wiedergabe sind wohl schwer zu ziehen, ergeben sich aber mit innerer Notwendigkeit aus der Intuition in die stilistische Eigenart eines bestimmten Werkes im Zusammenhalt mit den Werken gleicher Art, so verschieden auch das Individualgepräge jedes einzelnen zu einer Gattung gehörenden Werkes sein möge. Richard Wagner sieht in der »Vortragsweise«, in der »Gesangs- und Vortragskunst«, in der »Darstellungsweise«, in einer »vollendeten dramatischen Aufführung« das Wesen des Stiles konzentriert. Seine Absicht einer »Stilbildungsschule« war darauf gerichtet, seine Kunst in vollendet stilvoller Weise darzubieten und für die kommenden Zeiten zu sichern. Die Verwirklichung des dem Stile der Oper zugrunde liegenden Strebens »nach Übereinstimmung der dramatischen und musikalischen Tendenz« ist das höchste Ziel, das zu erreichen ihm vorschwebte.

Für ihn stehen die gesanglichen, schauspielerischen und szenischen Aufgaben im Vordergrunde, denen sich alles andere einzuordnen habe. Dafür wollte er vorerst Sorge tragen; für den instrumentalen Teil seines Kunstwerkes standen Kräfte zur Verfügung, die den an sie gestellten Anforderungen ohne weiteres gewachsen waren, denn die Instrumentalmusik hatte einen Höhenzug genommen, von dem aus die Wagnersche Orchestersprache nur einen Seitenweg einschlug.

Der Vortrag umfaßt alles, was das Leben des Tonwerkes, die Möglichkeiten des Ausdruckes und Eindruckes betrifft. Im einzelnen erstreckt er sich vorerst auf die Dynamik, die Phrasierung und die Modifikationen des Tempos im ganzen und in den Teilen. In der ersteren sind Stärke und Schwäche der Tongebung und ihre Übergänge enthalten, in der Phrasierung (der »Sinngliederung«) die Verbindung und Trennung der Töne und Phrasenteile je nach Zusammengehörigkeit oder Gegenüberstellung. Auch die Beschleunigung oder Verlangsamung kann mit der Phrasierung und der Dynamik im Zusammenhang stehen. Die Scheidung der Artikulation als einer »rein mechanischen Ausführung des Schleifens (Legato) und Stoßens (Staccato) und ihrer Abarten bei Hervorbringung und Verkettung der Töne« von der Phrasierung (der ideellen Gliederung der Satzteile) ist von Hugo Riemann zum Gegensatz erhoben worden in konsequenter Befolgung der von Momigny aufgestellten obligatorischen Auftaktigkeit jeder Phrase. Man kann den wirklichen Unterschied von Artikulation und Phrasierung aufrecht erhalten, ohne die beiden in kontradiktorischen Gegensatz zu stellen.

Der größte Fehler bei der Aufstellung der Prinzipien des Vortrages wird durch die Zwangsvorstellung eines absolut herrschenden, alle Stilarten umfassenden Taktmaßes begangen. Diese greift zerstörend, vernichtend in das Wesen ganzer Stilgruppen ein. Wer je den Choral in solcher Weise ausführen hörte, wer je die Aufführung einer a cappella-Komposition des 16. Jahrhunderts, deren Stimmen in innerer Bewegung belebt sind, unter Takthammerleitung schaudernd miterlebte, wird allein schon nach dem unwiderstehlichen Sträuben gegen diese Vortragsverzerrung die Stillosigkeit solcher Wiedergabe erfühlen und danach in dieser Beziehung die stilistische Grundbeschaffenheit erkennen.

Alle dynamischen Erfordernisse des Vortrages stehen in einem Zusammenhang mit den in der Eigenart des Werkmittels (menschliche Stimme und Instrument) gelegenen Bedingungen, die den Stil des Werkes und seine Ausführung mit beeinflussen. Neben den im Wesen jeder melodischen Bewegung gelegenen inneren Notwendigkeiten des Vortrages möchte ich äußere Vortragsmanieren unterscheiden, die in manchen Stilarten sogar zu konstruktiver Bedeutung erhoben wurden: so bei den mittelalterlichen Ochetus (*hoquet*), die nach Seufzerart getrennte Töne in verschiedene Stimmen legen. Diese pausieren dann in schnellem Wechsel (*dum unus cantat, alter tacet*). Das System der russischen Jagdmusik, bei der für jeden Ton ein eigenes Instrument verwendet wird und alle nacheinander die Weise vortragen (ein- oder mehrstimmig), hat mit solchem stilistischen Konstruktionsprinzip nichts zu tun; es beruht auf der Beschränkung des Eigenklanges jedes Instrumentes. Die Echomanieren des 16. und 17. Jahrhunderts greifen, wie erst neulich von Th. Kroyer (16. Jahrbuch Peters 1909) in Beziehung zu Dialogformen zusammenfassend nachgewiesen wurde, in die Stilarten dieser Zeit ein und lassen sich noch weiter nach vor- und rückwärts in ihrer stilbeeinflussenden Wirkung verfolgen. Wie in der bildenden Kunst der Wechsel von Licht und Schatten erst in späteren Epochen als organisches Kompositionsmittel verwendet wird, so ist dies auch mit Forte und Piano und der Verteilung heller und dunkler Klanggruppierung als stilistischen Konstruktionsmitteln, als Mittel symmetrischen Aufbaues der Fall. Erst im 16. Jahrhundert erfolgte die Klanggruppierung von ein-, zwei-, drei- und mehrstimmigen Teilen einer Komposition in Ausführung eines stilistischen Konstruktionsprinzipes behufs Verteilung von Licht und Schatten, von hohen und tiefen Stimmen, von Vokal- und Instrumentalmitteln, die dann auch räumlich gesondert und gegenübergestellt wurden. Ich möchte da von einer »akustischen Perspektive« sprechen, dem musikalischen Gegenstück der Perspektive in der bildenden Kunst. Erst allmählich werden die Übergänge von Licht und Schatten, von leichter und schwerer (voller) Besetzung, von Piano und Forte gewonnen, vorerst nachweisbar in der Vokalmusik und in weiterer Folge in der Instrumentalmusik. Vorzüglich wurde in der venezianischen Kunst die »Plastik des Vortrages« (nach der Bezeichnung von H. Leichtentritt) gewonnen, die Schattierungen des Clair-Obscur als stilistisches Mittel herangezogen und sodann weiter ausgebildet. N. Vicentino spricht 1555 im allgemeinen von dem leisen Vortrag »*nella musica di camera*« im Gegensatz zur vollen Stimme (*a piena voce*) im Chorgesang.

Daß eine innere Belebung im Vortrage jedes Kunststiles notwendig war, erscheint zweifellos und liegt im Wesen der Musik als einer Kunst des Ausdruckes. Auch dort, wo die Schrift gar nichts oder wenig davon enthält, tritt diese Notwendigkeit ein und gilt daher auch beim Choral, bei dem nur wenige Schulen solche Fixierungen in geringer Auswahl aufweisen. Der Gegensatz von Solo und Chor, ferner von abwechselnden Chören findet sich schon im Choral. Nicht etwa zu einer gesteigerten Subjektivität wird das Solo hier verwendet, sondern in diesem in sich vollendeten Stile tritt das Solo dort ein, wo die im Ritus gelegene Übung es erheischt, oder wenn die Gesänge für einen Chor zu schwierig auszuführen sind, wie in melismenreicheren Gesängen; an diesen letzteren beteiligte sich auch der Kollektivgesang, wenn die Schule genügend ausgebildet war. Der Responsorialgesang tritt dort ein, wo auf das Gebet des Priesters der Chor »respondiert«, also Solo und Chor einer spezifisch liturgischen Aufgabe entsprechen. Auch das Moment der klanglichen Gegenüberstellung scheint in einzelnen Fällen eine Rolle spielen zu wollen. Die analoge Scheidung im Vortrage des *Organum purum* der frühen Mehrstimmigkeit war hervorgerufen durch die Rücksicht auf die Schwierigkeit zwei- und mehrstimmiger Ausführung. Sie zieht sich durch alle Jahrhunderte der Mehrstimmigkeit, im Kirchengesange bezeichnet als »*Unus*«, »*Duo*«, »*Chorus*« usw. Vom 17. Jahrhundert an sind gewisse Stilarten von vornherein für Solovortrag, bzw. mehrfache oder chorische Besetzung bestimmt, oder sogar direkt aus den Anforderungen dieser verschiedenen Vortragsarten mit hervorgegangen. Andere Kunstgattungen scheiden sich je nach ihrer Besetzung in Stilgruppen, so Solo- und Chorlied, Solo- und Chorkantate. Der Wechsel von Chor und Solo ist auch in den ältesten und primitiven Arten weltlicher Musik nachweisbar, konnte auch von dieser Seite aus in die mehrstimmige Kunstmusik rezipiert werden. Manche mittelalterliche Kunstformen scheinen geradezu darauf aufgebaut, wie »Rondeau« und »Virelais«. Die genetische Ableitung der *ars nova* des 14. Jahrhunderts von der Bestimmung für Sologesang mit mehrstimmiger Begleitung ist bisher historisch nicht festzustellen. Wir werden das Gegenteil erweisen und andere Kriterien dafür aufzustellen haben. Stilistisch tief eingreifend war dagegen der wirkliche monodische Gesang am Ausgang des 16. Jahrhunderts, der eine neue Stilepoche mitbegründete. Da kann man von »monodischem Stil« sprechen, von einer Hauptgesangsstimme (auch auf die Instrumentalmusik übertragen) mit begleitenden harmoniefüllenden Stimmen, eine Stilbehandlung, aus der bald neue Stilarten hervorgingen. Eine intrikate Differenzierung von Solo und Ripieno oder Tutti griff in der Folge immer tiefer ein und hatte im Geleite die abweichende Bedeutung der Bezeichnung »Solo« als einer besonders ausdrucksvoll vorzutragenden Stelle im Ensemble von Einzelstimmen, vokal oder instrumental, besonders in Sätzen und Zyklen des 18. Jahrhunderts.

Vom 17. Jahrhundert an werden die zyklischen Werke für Solostimmen (im monodischen Stile) von solchen für chorische Besetzung geschieden, und in einer dritten Art folgen innerhalb eines Zyklus Sätze für solistische und Stücke für chorische Besetzung nacheinander. In einzelnen Sätzen dieser Zyklen werden Stellen einfacher und mehrfacher Besetzung miteinander verbunden und gemischt. Diese Scheidungen und Verbindungen greifen tief in die stilistische Ausgestaltung ein. Allerdings bestehen noch manche Zweifel über die Besetzungsfrage bei den Werken dieser, der vorangehenden und nachfolgenden Zeit. Die Zyklen werden nunmehr ausdrücklich auch nach Sätzen in verschiedenem Tempo und ihren Gegensätzen zusammengestellt. »Langsam« und »Schnell« und ihre in mehrsätzigen Zyklen mannigfach abwechselnden Folgen werden als solche bezeichnet oder implizite ohne besondere Vorzeichnung als solche verstanden. Um 1600 werden die der italienischen Renaissance entnommenen Bezeichnungen »*Allegro*«, »*Adagio*«, »*Andante*« für Charaktertypen von Sätzen zyklischer Gebilde verwendet. Andere genauer differenzierende Bezeichnungen folgten bald, auch Übertragungen in andere Sprachen. Die Bezeichnungen scheinen für die Temponahme damals insofern überflüssig, als schon das Notenbild für langsame Sätze Noten von längerer Dauer, für schnelle Sätze solche von kurzer Dauer aufwies. Dies erfuhr in der Folge eine Änderung: im 18. Jahrhundert werden auch für das Adagio kurzwertige und für die schnellsten Sätze langwertige Noten verwendet. Die Temponahme wirkte da bestimmend auf den Dauerwert der Noten. Wegen der Unsicherheit der Temponahme einigte man sich auf unveränderliche Bemessungen, und daraus ging die

Einführung des Metronoms hervor, für den Beethoven seine Tempobestimmungen vornahm. Indessen erhielten sich aus älterer Zeit auch Charakterbezeichnungen allgemeiner Art, denen sich aus Tanz und Marsch noch andere gesellt hatten. Das absolute Maß des Metronoms ist vergleichbar dem »*integer valor*« der Mensuralmusik, der aber im Laufe der Jahrhunderte mannigfachen Wandlungen im Sinne einer allmählichen Beschleunigung unterzogen wurde. Es ist Aufgabe zukünftiger Forschung, das wechselnde Verhältnis der die Werte repräsentierenden Dauerzeichen präziser festzulegen.

Die Bestimmung des »*tempo giusto*« (eine Bezeichnung, die erst im 18. Jahrhundert auftaucht) ist eine der heikligsten Fragen stilvollen Vortrages. Ihre Lösung kann sich einzig aus der wissenschaftlichen Stiluntersuchung ergeben, da unsere Zeit bezüglich der Temponahme dem Ausführenden fast gar nichts zur freien Bestimmung überläßt und daher die Exekutierenden nicht geschult werden, eine Wahl zu treffen. Desto erstaunlicher und ein desto betrüblicheres Symptom für die Unfähigkeit mancher ist es, daß selbst beim Vortrag der seit dem 19. Jahrhundert genau bezeichneten Musik Mißgriffe grober Art vorkommen. Die früheren Zeiten überließen da mit den seltensten Ausnahmen, die seit dem 17. Jahrhundert vorkommen, das meiste, fast alles der Einsicht und Erfahrung des Spielers und Sängers. So findet sich z. B. im ganzen »wohltemperierten Klavier« kaum ein halbes Dutzend von Tempobezeichnungen und da fast nur bei Tempowechsel. Nicht nur in dieser Beziehung, sondern auch bezüglich der anderen Vortragsbezeichnungen herrschte in vorangegangenen Stilperioden eine uns kaum verständliche Sorglosigkeit. Nur die Vortragsmanieren der Ornamentik erfahren in manchen Schulen eine genauere schriftliche Berücksichtigung. In einzelnen Schulen und Stilgattungen wurde die Ornamentik fast ganz dem Exekutierenden überlassen. Er war der mehr oder weniger unabhängige Interpret des Kunstwerkes. In älteren

Stilperioden hatte er gelegentlich auch für richtige Textlegung zu sorgen. Aus den kahlen Noten hatte er die rhythmische Bewegung in Dynamik und Phrasierung zu erfühlen und auszuführen. Dabei wurden ihm noch künstlich Schwierigkeiten bei der Übertragung des Notenbildes in die Praxis gemacht. Die älteste Notenschrift unseres Abendlandes gab gar nur im allgemeinen ein Bild der melodischen Bewegung als Behelf für den Leiter. Und doch gibt die Geschichte der Notenschrift einen Anhalt für die Prinzipien der Hauptstilperioden.

Die großen Stilperioden der Tonkunst sind nicht nur in den Notation. inneren Qualitäten unterscheidbar, sondern auch in Begleiterscheinungen, in dem Zusammentreffen äußerer Umstände, die mit den inneren Qualitäten im Zusammenhang stehen. Man könnte diese Beobachtung vielleicht an die Spitze der Erörterungen über Stilperiodisierung setzen; allein dies wäre dann doch zu aufdringlich und könnte den Eindruck hervorrufen, als ob die beabsichtigte Teilung wesentlich dadurch beeinflußt wäre, wie dies wirklich von einzelnen Historikern für die eine oder andere Periode behauptet wird. So vertritt Johannes Wolf die Ansicht, daß die Wandlung des Stiles von der »*ars antiqua*« zur »*ars nova*« des 14. Jahrhunderts vor allem in der Notation hervortrete. Diese schriftlichen Kennzeichen sind akzessorisch, nicht essentiell und stehen doch in einem Zusammenhang mit der künstlerischen Äußerung der stilbeherrschenden Ideen. Die Notation ist eine solche äußere Begleiterscheinung. Jede der größeren Stilepochen hat ihre eigene Notation, und wie unsere Musik sich organisch entwickelt hat und eine Epoche sich entwicklungsgeschichtlich an die andere anschließt, so ist es auch mit der Niederschrift der Fall. Die Semeiographie enthält wichtige Äußerungen für Stilelemente, gibt ein äußeres Bild der inneren Veränderungen. So bezeichnet D. Pothier nicht mit Unrecht die Neumenschrift des Chorals als »*notation oratoire*«, als eine das oratorische Stilprinzip kennzeichnende Schreibweise. An die Epoche der stilistischen Oberherrschaft des Chorals schließt sich nach mannigfachen Übergängen, die sich in der Quadratnotation und der vorfrankonischen Lehre der Modi schriftlich dokumentieren, die große Stilepoche, die äußerlich in der Niederschrift der Mensuralnotation fixiert ist und von dieser ihren Namen erhält, schlankweg als Periode der Mensuralmusik bezeichnet (12.—16. Jahrhundert). In dieser Notation wird die Zeitdauer und das Zeitverhältnis der Noten mehrfach nach ihrer Stellung zueinander geregelt, ohne bindende Rücksichtnahme auf die Betonungen. In den Zwischenstadien zwischen Neumation und Mensuration trat mit Rücksicht auf die genauere Bestimmung der Tonhöhe die Quadratnotation hervor, und in ihr tauchen die »Modi« auf, eine schematische Reihung nach Längen und Kürzen, wie sie für die erstehende Mehrstimmigkeit und besonders für Gesänge in französischer Sprache tauglich war, bei denen die musikalisch-schematische Regelung von Längen und Kürzen ohne Rücksicht auf betonte, bzw. unbetonte Silben vorgenommen wurde. Da die in Werten gemessene Mehrstimmigkeit ihre erste künstlerisch stilistische Behandlung in Frankreich erfuhr — das älteste Stadium der Mehrstimmigkeit, soweit sie sich an den Choral und seinen Rhythmus hielt, sei hier außer Betracht gelassen —, so war diese Doppelverwendung der Modi dort besonders tauglich. Wenn ein und dasselbe Stück dann gelegentlich in dreierlei Notation notiert ist, so in Neumen, in den Modi, in Mensuralnotation, so läßt sich daraus vorerst die Unsicherheit in der Behandlung solcher Übergangsstadien erkennen. Ferner ergibt sich die Beobachtung, daß der Ausführende mit der stilistischen Ausführung so vertraut war, daß er unbeschadet der verschiedenartigen Aufzeichnungsarten sich zurecht finden konnte. Endlich läßt sich daraus die Möglichkeit verschiedener Ausführbarkeit vermuten. Der Sänger konnte sich an den Text halten und der Spieler bei weltlichen Stücken an ihren Typus.

So ist es auch begreiflich, daß bei den Spielstücken für Tanz oder tanzartigen Charakters und bei Tanzliedern innerhalb der altmodalen oder mensuralen Aufzeichnungen die originären Rhythmen zur Geltung kommen, die demgemäß bei Tänzen oder tanzartigen Stücken taktische Behandlung erfuhren. Diese konnte sich trotz der in der Notation sich manifestierenden stilistischen Allgemeingültigkeit ataktischen Charakters der Mensuralmusik und ihrer vorangegangenen Übergangsarten behaupten. Je näher die große Periode taktischer Alleinherrschaft rückt, desto mehr häufen sich die Fälle taktischer Verwendung auch in mensural notierten Stücken. Zudem liegen in den Instrumentaltabulaturen die Elemente taktischer Gliederung mehr oder weniger ausgebildet vor. Neben den Buchstaben oder Ziffern, die die Tonhöhe bestimmten, wurden in den Tabulaturen Zeichen für die Dauer (Wert) der Töne verwendet, die sich in der Notation der streng taktisch gegliederten Musik in den Vordergrund stellten und eine Verbindung mit den Noten der Mensuration eingingen. Vom 17. Jahrhundert an tritt die taktische Notation in ihre vollen Rechte, als Begleiterscheinung der Vorherrschaft, der Alleinherrschaft des Taktmaßes. Diese taktische Behandlung ergreift alle Formen, die geschlossenen und die freien. Auch das Rezitativ ist nunmehr taktisch. Wenn in den vorangegangenen Zeiten Abtrennungszeichen taktische Bedeutung annehmen, so ist dies eben ein Ausfluß des in den meisten Arten unserer weltlichen Musik latenten Taktgefühles. Für die künstlerische Stilisierung bedeutet es durchaus nicht immer einen Gewinn. Ein deutliches Argument hiefür ist die in der Tonkunst unserer Zeit immer mehr hervortretende Tendenz, sich des Taktzwanges zu begeben. Ob sich daraus eine neue Stilbehandlung und anschließend eine Wandlung der Notation ergeben wird, läßt sich nicht vorhersagen. Die Choralbewegung spräche dafür, die Verzweigung der Polyphonie und die Neigung zu Tanzrhythmen dagegen.

Rückblick. Wenn wir die bisherigen Untersuchungen über das Tonmaterial und seine stilistische Verwendung überblicken, so ergibt sich als letzte Schlußfolgerung, daß über allem der Drang nach geistiger Bewältigung und nach Ausdruck der Seelenbewegungen hervortritt. Der Stil eines Werkes, wie er sich in der inneren sympathetischen Mitteilung und der äußeren Einbekleidung kundgibt, begreift alle Wesensbestandteile der künstlerischen Darstellung. Der Stil scheidet die primitiven Tonprodukte von den Erzeugnissen der Tonkunst, die durchaus nicht auf die europäische Musikkultur beschränkt sind. Der Stil, die stilhafte Behandlung des Tonmateriales, sei es daß sie vollbewußt oder nur im Anschluß an eine fortgesetzte Übung unbewußt sich geltend macht, erhebt ein Musikstück zum Kunstwerk hoher, höchster, niederer oder mittlerer Ordnung.

Stilarten.

Entstehung der Arten.

Bei der Zusammenstellung der Tonwerke ergeben sich vermöge der an dieselben anzulegenden Stilkriterien Gruppen, Arten, Gattungen, für die, abgesehen von den in ihnen hervortretenden Formen und Formungen, Gesichtspunkte maßgebend sind, die wir zusammenzufassen versuchen wollen. Wir können dabei von einem Grundunterschiede ausgehen, der bei der Betrachtung der Werke abendländischer Musik als Ausgangspunkt angesehen werden kann. Unsere ganze Tonkunst beruht auf zwei Grundvesten: der weltlichen (profanen) und der religiösen (kirchlichen) Musik. Entstehung, Ort und Zweck sind hier mit maßgebend und greifen stilbildend in die Entwicklung ein. In den primitiven Stadien der Musik, wo von einer künstlerischen Stilbildung nicht gesprochen werden kann, gehen die beiden neben- und miteinander her, und die Tonprodukte scheinen in dieser Beziehung nicht unterscheidbar. Das Streben nach Trennung ist auch da vorhanden, bringt es eben nicht zu selbständiger Stilbildung. Und wieder kommen zu allen Zeiten, in jeder Stilperiode, Annäherungen, Herübernahmen von einer zur anderen Art vor. Die Scheidung läßt sich theoretisch konstruieren, wird in einzelnen Perioden wirklich vollzogen, läßt sich im Fortgange der Kunst nicht immer aufrecht erhalten. Die Tonkunst als Ausdruck religiöser Stimmungen und Gefühle scheidet sich wohl prinzipiell, aber nicht in allen Kunstperioden tatsächlich von der sogenannten profanen Musik. Jede religiöse Bewegung übt einen Einfluß auf die kirchliche Musik und, im Zusammenhang stehend mit allgemeinen Geistesrichtungen, auf die Tonkunst überhaupt — ein Einfluß, der stilgemäß hervortritt. Wenn innerhalb einer Epoche die religiöse Begeisterung stark hervortritt, als kulturführendes Element die Lebensführung bestimmt, dann wirkt der durch sie geschaffene Empfindungsausdruck bestimmend auf das ganze Gebiet der Kunst. Diese Erscheinung zeigt sich im ersten Jahrtausend des Christentums. Die reiche Verwendung der Künste in der katholischen Kirche brachte es in der Folge mit sich, daß auch bei dem Niedergange kirchlichen Lebens die Musik daselbst ausgiebige Pflege fand. Nur sind in solchen Zeiten die zeugenden und treibenden Momente nicht kirchlicher, geistlicher, sondern weltlicher Art. Es gibt Blütezeiten der geistlichen und der weltlichen Musik. Ist die eine im Vordertreffen künstlerischen Ringens, so beeinflußt sie die andere und umgekehrt. Es ist nun die Frage: können Grundunterschiede in stilistischer Beziehung aufgestellt werden? Es ist unleugbar, die Tiefe und Frömmigkeit religiöser Gefühle unterscheidet sich von der Innigkeit und Hingebung weltlicher Liebe. Darwin wollte die Entstehung der Musik auf die letztere zurückführen. Es sei hier darauf gewiesen, ohne den Gegenbeweis zu führen, der anderswohin gehört. Ernst Mach hat in seiner »Analyse der Sinnesempfindungen« den schwersten Schlag gegen diese Hypothese geführt.

Es will mich dünken, daß die Frage nach dem Ursprung der Musik bisher vielfach vom falschen Ende angefaßt wurde. Da diese Frage im innigen Zusammenhang mit den hier zu behandelnden Stilarten steht, möchte ich ihr wenigstens im Vorbeigehen einige Worte widmen, ohne damit die weitverzweigten und vielfach gegliederten Argumente im besonderen erörtern zu können. Dies und anderes, was in diesem Buche als Stütze zu meinen Aufstellungen über Stil nur wie im Vorbeigehen gestreift werden konnte, verdient weitere Auseinandersetzungen. Übrigens möchte ich bei dieser Gelegenheit besonders hervorheben, daß durch solche weit- und ausschweifende Erörterungen eine Sache wohl nicht immer näher gerückt wird. Man könnte manches Buch, manche in mehreren Büchern auseinandergelegte Behandlungen ohne Schaden ihres Inhalts in einige wenige Sätze zusammenfassen.

In den Theorien über Musik werden meines Erachtens Ursprung und Verwendung nur zu häufig verwechselt. Über den Ursprung stehen sich die Ansichten gegenüber von Liebe, Sprache und Nachahmung (Gesang der Vögel usw.)*). Es ist unleugbar, daß Musik bei Liebesäußerungen verwendet wird, ebenso wie im Krieg zur Hebung der Tatenlust, bei Kranken zur Besiegung des Übels (bei verschiedensten Völkern mit bestimmten Gesängen), überhaupt als Zaubermittel aller Art, zur Besiegung dämonischer Kräfte, ferner zur Zeichengebung als Signalmittel, die sich schon bei primitiven Völkern, wie wir oben (S. 17) gesehen haben, gleichsam zu programmatischen Mitteilungen erheben, sodann zu Totenehrungen, Leichenfeiern und Totenklagen, zum Einschlummern von Kindern (kleinen und großen), zu Spielen aller Art, zu Arbeiten behufs Weckung der Bewegungslust und Ermöglichung der Gleichmäßigkeit der Bewegung, zu allen möglichen Gelegenheiten »von der Wiege bis zum Grabe«, sogar zur Begleitung von Menschenfraß. Diese Verwendungen sind nicht mit dem »Ursprung« der Musik zu verwechseln, und doch finden wir dort und da diese Anwendungen so gedeutet. In der Tat entsteht mancher Gesang, manches Musikstück in besonderem Hinblick auf solchen

*) In dem während der Korrektur dieses Buches erschienenen Buche über »die Anfänge der Musik« von Carl Stumpf wird Neugierde als Ursprung und Klangverwandtschaft, Verweilen auf einem festen Tone und Transposition der Intervalle als Hauptmoment der sich von der Tiermusik unterscheidenden Musik der Menschen bezeichnet. Die Neugierde sei neben Zufall und Not die Quelle aller Entdeckungen und Erfindungen.

Zweck. Aber ebensowenig wie alle Musik Zweckmusik ist (was auch behauptet wurde), ebensowenig läßt sich eine oder die andere dieser Verwendungen als einer der Entstehungsgründe der Musik bezeichnen oder nachweisen. Auch mit dem »Rhythmus« als Ursprung der Musik steht es nicht anders — noch übler. Denn Rhythmus ist eine Qualität der Musik, aber nicht einmal bei der Arbeit als Ursprung zu bezeichnen, da, wie wir gesehen haben, solche Arbeitsrufe oft lediglich Signale für gleiches Aufheben, Senken, Anziehen, Loslassen sind. Alle diese Verwendungen deuten auf ein originäres Musikgefühl des Menschen, mögen wir es als Lustgefühl oder (wie bei den gräßlichen Totenklagen in Sekunden) als Ausdruck der Klage und Zerrissenheit bezeichnen. Auch da haben wir wieder Belege, daß selbst die ausgehaltene Sekunde (sogar mit Trillern oder trillerähnlichem Vibrieren begleitet) ein Lustgefühl ausließ, wie bei den istrokroatischen Mädchen, die sich in Freundschaft umschlungen haltend, an solcher Musikäußerung höchstes Gefallen finden (nach Darwin wohl im Gedenken an den Schatz — treu oder untreu!). Auch die anderen Erklärungen decken kein primäres Glied über Ursprung der Musik auf, weder das der Sprache, noch das der Nachahmung. Aus dem Affentriebe läßt sich kein musikalischer Kunstsinn erklären.

Die ernsten und tiefgründigen Untersuchungen über die Sprache als Ursprung der Musik scheitern an der Unmöglichkeit, den rein originären Musiksinn für Instrumentalmusik zu erklären. Ich weise da auf die Erwägungen über deklamatorisches und melodisches Stilprinzip (S. 104 ff). Beim ersten sieht man den genetischen Zusammenhang der Weise mit der Sprache, richtiger die originäre Zusammensetzung in einer künstlerischen Stilisierung, in einer stilistischen Behandlung, die die vereinigten Worte und Töne zu einem geschlossenen künstlerischen Ganzen erheben; da ist die Sprache das Mitbestimmende, während in der unvermischten Instrumentalweise das Rein-Melodische das Bestimmende ist, das für sich besteht, ohne Ableitung vom Vokalen, gerade so wie es bei den primitivsten Völkern originäre Instrumentalmotive und originäre musikalische Äußerungen ohne Sprach- oder Lautverbindung gibt. Für die Zwecke unserer Stiluntersuchungen möge das Gesagte genügen. Nur eines sei noch hervorgehoben, was diesbezüglich für die Stilbildung von Wichtigkeit erscheint: der Sinn für Ordnung und »Harmonie« (nicht in streng musikalischer Bedeutung) macht sich als solcher auch auf dem Gebiete der Töne geltend. So paradox es sei, ich vertausche hier Wirkung und Ursache und sage, die Ordnung der Töne erfolgt nach einem dem Menschen immanenten Gesetze, vergleichbar dem kategorischen Imperativ Kants. Auch die Gegensätze und Ausnahmen gehören implizite zum Gesetz. Die Stilisierung bringt die ungeregelten Töne zu einer dauernden Ordnung — im zeitlich beschränkten Sinne des Menschen, der »auf Zeit gestellt ist« und der Menschengenerationen, die aufeinanderfolgen und von denen wieder jede für sich eine Regelung vornimmt und mehrere in Zusammenhängen und zeitlicher Erstreckungen zueinander stehen.

Religiöse und kirchliche Musik.

Soweit wir blicken können, haben religiöse Verehrung und Opferdienst ihren eigenen Ausdruck gefunden, der in den Zeiten künstlerischer Kultur seine eigentümliche Behandlung, seinen Stil erfuhr und erreichte. In den Zeiten wahrer religiöser Begeisterung erreicht er Selbständigkeit, wirkt befruchtend auf seine weltliche Schwester im Reiche der Kunst. In der ersten Periode unserer christlich-abendländischen Tonkunst steht der Choral als künstlerisches Produkt im Vordergrunde. Er ist streng vokal, ein einstimmiges liturgisches Gebet. Liturgische Kunstform ist nicht der einzige Ausdruck religiöser Frömmigkeit. Im Sinne des Religionsstifters liegt überhaupt keine Nötigung zu künstlerischer

Formulierung des Gebetes. »Wenn du betest, so gehe in dein Kämmerlein und schließ die Tür zu und bete zu deinem Vater im Verborgenen; dein Vater, der in das Verborgene siehet, wird dir's vergelten.« Dieses Wort Jesu schließt nicht die Gemeinschaft des Gebetes aus, so sehr es auf die Innerlichkeit, auf die Verinnerlichung gerichtet ist und die reine völlige Hingabe an Gott als höchstes Postulat hinstellt. Das stille Gebet in Abgeschlossenheit kann somit neben gemeinsamer Gottesverehrung bestehen. Es ist also in diesem Sinne nicht die geschlossene Gebetform das Ausschlaggebende, sondern die Tiefe und Reinheit religiöser Hingabe. Die künstlerische Fassung des religiösen Gebetes beruht wie alle Kunst auf Natur und Konvention. Insofern sich beim Anhören des liturgischen Gebetes und der Beteiligung daran diese Innigkeit und Frömmigkeit als miterweckt, als mitgehend einstellt, entspricht die künstlerische Äußerung den Grundanforderungen religiöser Übung. Religion und Kirche sind ebensowenig konzentrische Kreise wie Moral und Gesetz oder »Recht«. Sie können einander decken, ganz oder zum Teil, können auch auseinanderfallen. Wie vielfältig wird diese Erkenntnis durch die Geschichte illustriert! Ebenso ist es mit dem Verhältnis von Kunst und Liturgie.

Alle die wiederholten Erörterungen der Frage: »Was ist echte Kirchenmusik?« behandeln das Thema ohne diese Grunderkenntnis. Vom streng liturgischen Standpunkt der katholischen Kirche gibt es eigentlich nur einen Kunststil, der allen kirchlichen Anforderungen entspricht: der Choral, »das liturgische Gebet« schlechtweg. Er ist in der lateinischen (römischen) Kirche auf die offizielle Kirchensprache beschränkt. Schon von diesem Standpunkt beruht er auf bloßer Konvention, kirchlicher Autorität. Der Betende kann in diese Gebetformen, die am Altar verrichtet werden, alles hineinlegen, was wahre Gottesverehrung erheischt. Er kann ebensogut dem auch nicht entsprechen, weil es eben nicht die seinen Anforderungen konforme Äußerung religiöser Übung ist. Der Choral ist eine aus jahrhundertelanger Ausbildung hervorgegangene künstlerische Ausgestaltung religiöser Übung der christlichen Kirchen, ein Ausgleich, der sich allmählich vollzogen und in die Formen und Formeln des Chorales verdichtet hat. Er ist hierzu geeignet, weil in ihm das heilige Wort der Kirche am deutlichsten vernehmbar und faßbar ist und weil seine künstlerisch stilistische Behandlung einheitlich am geschlossensten ist. In ihm sind nicht nur die Gebete der Gemeinde aufgenommen, aus der die ältesten christlichen Gemeinden hervorgegangen sind, sondern auch Lieder aus dem Kunstschatz anderer antiker Kulturvölker. Letztere, die Hymnen, in äußerst spärlicher liturgischer Verwendung, erstere, besonders die Psalmen, als Grundlage der ganzen christlichen Liturgie: »*la substruction du culte chrétien*« (Duchesne). Alle anderen in den kirchlichen Dienst genommenen Stilarten der Folgezeiten sind von dem liturgischen Standpunkt aus nur Modifikationen, Alterationen dieses offiziellen Gebetes, deren Zulässigkeit, deren Eignung danach beurteilt und bemessen werden kann. Wenn Papst Johann XXII. im Jahre 1324 von dem Orte der Verbannung (Avignon) in der Bulle »*nonnulli novellae scholae discipuli*« gegen die seit drei Jahrhunderten in die Kirche sich eindrängende Mehrstimmigkeit Stellung nahm, so vollzog er damit nur einen Akt der Notwehr im Sinne der Reinerhaltung des »liturgischen Gebetes«. Solange sich die Mehrstimmigkeit an den Choral hielt und ihn rhythmisch und tonal soviel als möglich schonte, konnte sie noch geduldet werden. Die meisten Orden hatten sie ohnehin nicht zugelassen, und einige bewahren bis auf den heutigen Tag die Unversehrtheit des Chorales. Die archäologische Wissenschaft unserer Zeit stellte sogar die Integrität seines Vortrages her. Johann XXII. ließ die Mehrstimmigkeit sofern zu, als sie die Wesenseigenschaften des Chorales nicht alterierte und die Feier des Dienstes für feierliche Ämter zu erhöhen geeignet war. Er verurteilte die Vertreter jener Richtung, »*qui temporibus mensurandis invigilant*«, die das rhythmische Maß durch die Mensuration beunruhigen und stören und in Unkenntnis der Kirchentöne die Tonalität des Chorals alterieren. Er verurteilt die melodische Umwandlung, die Zerhackung und Überstopfung bei der melodischen Führung der Stimmen und die Verwendung weltlicher Motetten, mit denen die Lüsternheit in die reinen Gesänge einzöge. Alle kirchlichen Gegner der neuen Kunststile stehen eigentlich auf demselben Standpunkt. Auch das *Tridentinum* wollte alles »*lascivum aut impurum*« in diesem Sinne ausschließen und die Verständlichkeit des heiligen Wortes gewahrt wissen. Dagegen läßt sich vom absoluten Standpunkt der Reinerhaltung gar nichts einwenden.

Es ist nur die Frage, inwieweit die historischen Stilarten diesen Forderungen entsprechen können. Danach wird die Berechtigung der Verwendung eines Stiles im Dienste der Kirche beurteilt und ein solcher als »reiner Kirchenstil« für zulässig erklärt. So wird die Frage seit einem Jahrtausend hin- und hergeworfen und verschieden beantwortet. Die Romantiker erklärten den a cappella-Stil des 16. Jahrhunderts als idealen Kirchenmusikstil. Er ist vokal mehrstimmig, in der ersten Beziehung einwandfrei. Gegen die Verwendung der Instrumente richtete sich der Eifer der ersten Romantiker. Auch darin hatten sie Vorgänger bis tief ins Mittelalter. Wenn das Wort in dem mit Instrumenten begleiteten Vokalgesang verständlich bleibt, läßt sich auch vom liturgischen Standpunkt gegen die instrumentale Begleitung kein berechtigter Einwand erheben. Die Beantwortung liegt im autoritativen Ermessen der Kirchenbehörden. Für den heiligsten Moment der Messe wird »stille Orgelmusik« zugelassen, oder alle Töne sollen schweigen (Einzug ins Kämmerlein). Die Einbegleitung des Zelebrierenden, die

Überleitung eines Teiles der Meßliturgie zum anderen kann von instrumentaler Musik ausgeführt werden. Der offizielle Choral wird heute in den Kirchen der Orden strengster Observanz instrumental (mit Orgel) begleitet. Es gibt keine absolute Grenze der Zulässigkeit oder Zurückweisung instrumentaler Musik in der Kirche. Wohl aber läßt sich eine relative Abscheidung mit Rücksicht auf die liturgischen Anforderungen vornehmen. Der Regulator ist die ästhetische Empfindung der Andächtigen und der Stilcharakter eines Stückes. Wenn in italienischen Kirchen im vorigen Jahrhundert (und vereinzelt auch noch jetzt) Arien aus bekannten Opern, sogar Märsche der Wachparade auf der Orgel vorgetragen wurden und werden, so liegt das Anstößige in der Assoziation der Vorstellung der originären Verwendung mit der des heiligen Ortes, an dem das Stück jetzt vorgetragen wird — in dem Vergleiche, den der machen kann, der das Stück von früher her kennt. Es gibt Arien mit seelischem Ausdruck, der der Unterlegung eines kirchlichen Textes nicht zuwider läuft. Es gibt Märsche, wie etwa der Trauermarsch im »Saul«, der seiner Haltung nach der Würde, die von einer instrumentalen Einlage an heiligem Ort verlangt wird, angemessen erscheinen könnte. Wenn bei primitiver Musikübung oder in der Kunstübung exotischer Völker Tänze mit Musik als Äußerung religiöser Gefühle aufgeführt wurden, so läßt sich dieser Umstand nicht als Argument für die Zulässigkeit solcher und ähnlicher Musik in den abendländischen Kulten anführen, da die durch zwei Jahrtausende gefestete Tradition der christlichen Liturgien eben den Tanz nie zugelassen, bei außerliturgischen Andachtsübungen ausnahmsweise geduldet hat. Wir wissen, daß Komponisten von Rang und Größe Instrumentalstücke mit Text versahen und dort einlegten und verwendeten, wo die ästhetische Haltung des Kunstwerkes derjenigen einer eigentlich liturgischen Komposition nicht nachsteht. Und doch sind diese Fälle nur als Ausnahmen anzusehen. Mit der Vertiefung des Ausdruckes weltlicher Musik, mit der Einbeziehung von Dichtungen höchsten Gehaltes in das Bereich der Tonkunst wuchs die Möglichkeit der gerechtfertigten Übertragung und Überführung solcher Kunstwerke in die Kirchenmusik. Die Erneuerung würdiger Haltung und Ausgestaltung der letzteren kam zu den Zeiten des Verfalles kirchlichen und religiösen Lebens vielfach von seiten dieser verklärten und veredelten »weltlichen« Musik. Die Geschichte bietet uns dafür unwiderlegliche Tatsachen und überzeugende Beispiele. Die Verflachung des Kirchenmusikstiles in einzelnen Perioden des Mittelalters und der Neuzeit wurde zumeist nicht durch neue Triebe, die aus ihr erwuchsen, behoben. Das Zurückgreifen auf frühere Kirchenmusikstile, die als klassisch gelten, kann da nicht organisch zur Neuentwicklung führen, sondern die entsprechende Übertragung der außerhalb der Kirche sich entfaltenden Stilbildungen in die Kirchenmusik kann diese Aufgabe erfüllen. Ob dies liturgisch statthaft, ist eine andere Frage. Da besteht wirklich eine Grenze, die im Choral liegt. Selbst in diesen wurden in den verschiedenen Zeiten seiner Entfaltung und besonders in den Zeiten seines Niederganges Elemente hineingetragen, die schädigend oder zerstörend wirkten. Die Zurückweisung der überwuchernden Sequenzen und Tropen ist solch ein Akt gerechter Notwehr gegen diese Eindringlinge.

Es ist da ferner zu scheiden zwischen eigentlich kirchlicher, geistlicher und religiöser Musik. Die erstere ist die liturgische, die zweite ist die in der Kirche zugelassene außerliturgische und die letzte die auch außerhalb der beiden stehende Musik, die von Innigkeit und Frömmigkeit religiösen Ausdruckes, von religiösem Geiste erfüllt ist. Eine jede derselben konnte in verschiedenen Kunstepochen ihre eigene stilistische Ausgestaltung erfahren, so sehr sie auch im Wechselaustausch stehen und einander im einzelnen beeinflussen oder sich identifizieren. Nicht immer war die erstere die würdigste im Sinne tiefster Ergriffenheit und adäquater Aussprache. Manchmal folgte sie erst im langsamen Zuge den anderen nach. In einzelnen Epochen besteht überhaupt kein einschneidender Unterschied in der stilistischen Behandlung der fortschreitenden kirchlichen und weltlichen Musik, so im 14. Jahrhundert. Wohl aber läßt in dieser Zeit die Einteilung der Satzglieder nach den Prinzipien des Liedes oder Tanzes auf weltlicher Seite und der nach den Konstruktionsprinzipien des Chorales auf kirchlicher Seite eine Scheidung zu. Wenn in Messen des 15. und 16. Jahrhunderts weltliche Lieder als *Cantus firmus* oder thematisch-motivisch verwendet werden, so vollzieht sich die rhythmische Konstruktion nicht nach diesen Haltestimmen, sondern in den nach den allgemeinen Stilprinzipien der Zeit geltenden Normen. Der streng gläubige Musikhistoriker A. W. Ambros sieht den Unterschied der Chanson »*N'as-tu pas*« von Gaspard von der gleichnamigen Messe desselben Komponisten in der anmutigen, bis zum heiteren Spiel mit den strengen Formen (soll heißen »Mitteln«) der Kontrapunktik sich äußernden Haltung der Chanson und der strengen Hoheit der Messe und behauptet, daß sich die Meister dieses Unterschiedes wohl bewußt waren. In Wirklichkeit kann ein heiteres Gemüt auch im Dienste der Gottheit heiter bleiben. Hiergegen erheben besonders die Gegner der Kirchenmusik von Haydn Einsprache, wenngleich diesem Meister auch der Ausdruck »strenger Hoheit« völlig zur Verfügung steht. Sie meinen deshalb die Kirchenwerke der Wiener Meister dieser Zeit in Pausch und Bogen verurteilen zu müssen und erstrecken diese Gegnerschaft auch auf die Kirchenwerke von Beethoven. Die Vertiefung im Ausdruck erreichten diese Meister erst durch die Verselbständigung, die Unabhängigkeit von den usuellen kirchlichen Forderungen ihrer Zeit und durch die adäquate Dienstbarmachung ihrer stilistischen Kunstmittel für kirchliche

Zwecke. Ob dann ein Werk zeitlich zu ausgedehnt sei für die liturgische Verwendung, darüber zu entscheiden liegt in der Machtbefugnis der zelebrierenden Priester und der ausdrücklichen oder stillschweigenden Zustimmung des Oberhirten.

Die katholische Kirche hat es zu allen Zeiten verstanden, von der Bereicherung der Mittel in der Kunst Besitz zu ergreifen. In der protestantischen Kirche lag neben der Vertiefung religiöser Gefühle auch in dieser Besitzergreifung die aufsteigende Bewegung der liturgischen Musik innerhalb der ersten zwei Jahrhunderte ihres Bestandes mit begründet; daneben wirkte die Zulassung der freien Entfaltung nationalen Lebens fördernd. Ausschlaggebend war die hohe Blüte der Tonkunst in evangelischen Ländern und der Einzug und Einlaß aller Stilmittel aus den südlichen Kulturzentren der Kunst. Das Genie von J. S. Bach ergriff und begriff dies alles und führte die evangelische Musik zu einer bis heute unüberschrittenen Höhe. Und wieder sehen wir in Ländern mit überwiegend katholischer Bevölkerung in der nachklassischen Zeit eine Besitzergreifung von den neuerlich erworbenen und in der weltlichen Musik zutage getretenen Kunstmitteln. Hector Berlioz, Franz Liszt, Anton Bruckner, César Franck, Edgar Tinel — um nur einige Namen zu nennen — sind im 19. Jahrhundert solche Überträger in Vollführung ihrer religiösen Begeisterung. Ihre Werke stehen an der Grenze zwischen kirchlicher und religiöser Musik. Sie schrieben Kompositionen, die für die Liturgie bestimmt sein können. Das Schwergewicht derselben liegt nicht darin, sondern in ihrer Doppelstellung als liturgische und religiöse Musik. Noch mehr fällt das Schwergewicht auf letztere Seite in Werken der gleichen Zeit, die aus dem evangelischen Geiste hervorgegangen sind. Als Typus hierfür ist das deutsche Requiem von Brahms anzusehen.

Wir sehen, wie sehr verwickelt die Frage nach dem Gegensatz oder Unterschied der Stile kirchlicher und weltlicher Musik ist, sobald wir uns vom Choral entfernen. Der protestantische Choral (nicht zu identifizieren mit allen Teilen der musikalisch einbegleiteten evangelischen Liturgie, wie dies im Gregorianischen Choral der Fall ist) unterscheidet sich trotz motivischer Beziehungen stilistisch prinzipiell vom Gregorianischen Choral, den wir als den Choral schlechtweg bezeichnen. Der erstere steht rhythmisch und tonal auf dem Boden des weltlichen Liedes, nur motivisch in einzelnen Gesängen an den Choral sich anschließend. Durch die definitive Lossagung von der lateinischen Liturgie trat diese Scheidung immer mehr hervor. Die Rudimente der Lesungen, die aus der alten Kirche in die evangelischen Kirchen herübergenommen worden waren und sich da noch erhalten haben, treten stilistisch in den Hintergrund. Die taktische Gliederung tritt alsbald in ihre Rechte. Indessen sind Übergangsstadien und Übergangsformen zu beobachten, die im 16. und zum Teil noch im 17. Jahrhundert eine stilbildende Wirkung haben. Die außermusikalischen Lesungen traten allmählich an Stelle der musikalischen. In die Passion wurde schon im 17. Jahrhundert taktische Behandlung nach dem Prinzip der Rezitative der *nuove musiche* übertragen. H. Schütz stellt es in der Vorrede seiner »Historie der Geburt Jesu Christi« (1664) frei, die Stimme des Evangelisten im »alten choraliter redenden style« (mit schwarzen Rhomben notiert) oder in der von ihm taktisch gegliederten, mit Basso Continuo versehenen Bearbeitung im »stylo recitativo« (in modernen Noten geschrieben) vorzutragen. Der vermutliche Verfasser dieser Vorrede, A. Hering, hantiert dabei etwas zweideutig mit dem Begriff der Mensur und möchte, daß auch bei dem »Stylo Recitativo« »die Worte ohne einige Taktgebung mit der Hand nur nach der Mensur einer vernehmlichen Rede abgesungen werden«. Er war sich also über die Bedeutung dieser Stilübertragung ebensowenig klar, wie über die Begriffe von Mensur, Takt, stellt aber ganz richtig nach dem künstlerischen Vorgang von Schütz den Rezitativstil dem »choraliter redenden Stil« gegenüber.

Der Rhythmus spielt gerade in stilistischer Beziehung in der Unterscheidung kirchlicher und weltlicher Musik eine Hauptrolle. Am krassesten tritt dies in der ältesten Stilperiode unserer Musik hervor, in der Zeit der stilistischen Vorherrschaft des Chorales, der für uns fast der einzige Überrest der Kunstübung dieser Epoche ist. Dem Kunstgebäude des Chorales gegenüber lag ein freies offenes Feld, eine weite Ebene als Tummelplatz der verschiedenartigsten weltlichen Musikübungen mit all den gebundenen und taktischen Rhythmen. Alle Ansätze unserer Musik, soweit sie nicht im Choral sind, liegen darin verborgen und treten im geeigneten Moment auf den Plan stilistischer Konstruktion. Wir können die stilistische Beschreibung im einzelnen nicht vornehmen, sondern werden uns bei der Besprechung der historischen Stilperioden darauf beschränken müssen, die Hauptmomente der Einkehr und Aufnahme dieser Volksweisen in die künstlerischen Stilperioden zu markieren und ihre Eigenart zu kennzeichnen. Dieser Prozeß zieht sich durch die ganze Geschichte der Musik und macht sich in voller Breite und Ausdehnung besonders im 19. Jahrhundert geltend. Was tonal, rhythmisch und in der Zusammenziehung dieser beiden Kriterien melodisch und was als Ansatz von Mehrstimmigkeit vorhanden ist, wird allmählich aufgenommen und verarbeitet. Diesem Werdegang gegenüber hat die liturgische Musik insofern einen schweren Stand, als sie von ihrer im ersten historischen Kunststil erreichten Vollendung und vollen Eignung mancherlei preisgeben muß, wenn sie mit den folgenden Stilen zu paktieren genötigt ist. Ja, sie ist in Gefahr ihre Eigenart ganz zu verlieren und rettet sie durch starres Festhalten an einzelnen entlegenen Orten, die förmlich vom Pulsschlage des künstlerischen Lebens ausgeschlossen sind. Das Petrefakt wird dann von der Wissenschaft erwärmt, es leuchtet wieder auf wie die Perlen am menschlichen Körper — ohne es je wieder zu organisch frischem Leben mit Zeugungskraft zu bringen. Das ist das Schicksal aller Kunststile, die sich dauernd vom nährenden Boden der Volksmusik entfernt haben — es gibt eben heute kein »lateinisches« Volk, kein Volk, das lateinisch spricht, fühlt, denkt und singt.

Für die moderne mehrstimmige kirchliche Kunst wird das Heil von der einen Partei in der bedingungslosen Rückkehr zur a cappella-Musik des 16. Jahrhunderts angesehen, von der andern (fortschrittlichen) wird die Aufnahme aller modulatorischen Mittel der »Moderne« gefordert (das »Chroma«). Wenn die Kirchenmusik nicht aus sich heraus Neues zu gestalten vermag, so besteht im Anschluß an die Volksmusik und ihre künstlerischen Stilisierungen die Möglichkeit organischen Fortganges in der weiteren Stilbildung der Kirchenmusik. Hierfür müssen die religiösen Voraussetzungen vorhanden sein. Wir haben dies alles nur insofern zu betrachten, als es stilbeeinflussend ist. Sonst ließe sich diese Sache noch ganz anders erörtern und vielfältiger behandeln. Nur eine Seite, eine musikalische, sei noch gestreift: man bezeichnet die Koloratur als für die Kirchenmusik stilwidrig. Da ist Koloratur von Ornament und von Melismatik zu scheiden, wie wir dies bereits aufgestellt haben. An der Art, wie in den Allelujas des Chorales eine reiche Melismatik ausgeführt ist, wird niemand Anstoß nehmen können, auch wenn diese Gesänge von Solisten vorgetragen werden. Die reichstbedachten Concentusgesänge gehören von diesem Gesichtspunkte aus zu dem kostbarsten Bestand liturgischer Kunstübung. Auch in den mehrstimmigen a cappella-Gesängen der Blütezeit wurden solche Melismen, auch Koloraturen angebracht. Wir ziehen es vor und halten es für würdiger, sie ohne die Verbrämungen vorzutragen. Auch Barockkoloraturen sind an sich im Dienste der Liturgie nicht verwerflich. Selbst die mit Koloraturen im Rokokostile fast überreich behängte »Alleluja-Arie« von Mozart diente noch in neuester Zeit als Einlage bei einem Hochamt, ohne Anstoß zu erregen. Es ist nur erforderlich, daß die Koloratur sich nicht als im Dienste der Eitelkeit des Vortragenden stehend gebe, daß also der Vortrag ein dezenter, bei aller stimmlichen Vollendung maßhaltender sei und die Gänge und Läufe von Innigkeit im Ausdruck erfüllt seien. Für »einfache« Gemüter werden diese Vorträge vielfach unverständlich oder überflüssig sein: ein Zuviel des Äußeren und ein Zuwenig des Inneren. Dies könnte auch bei den Melismen des Chorales im einzelnen zutreffen (wie es tatsächlich geschehen ist, da die Kontroversen über die reichen Melismen und die Ornamente des Chorales noch in jüngster Zeit besonders lebhaft geführt werden), und doch wird niemand die Stilberechtigung derselben ernstlich in Frage ziehen dürfen. Im richtigen Moment, zum Ausdruck höchster Freude, und mit richtigem Vortrag in innerer Belebung sind sie auch vom stilkritischen Standpunkte aus zulässig.

Die Hauptsache ist die einheitliche stilistische Behandlung der zu einem Zyklus gehörigen Teile der Liturgie. An sich können diese nicht unmittelbar aufeinanderfolgen: vor allem die stabilen Teile des *Ordinarium Missae*, wie *Kyrie*, *Gloria*, *Credo*, *Sanctus*, *Agnus* als ein Zyklus und dann die bei den Sonn- und Festtagen wechselnden des *Proprium de tempore* und *Proprium de Sanctis* der Messe wie *Introitus*, *Graduale*, *Offertorium*, *Communio*, bzw. *Tractus* als der andere Zyklus. Neben den durchaus geschlossenen Choralämtern, bei denen in beiden Zyklen nur Choral gesungen wird, gibt es, wie wir schon sahen, stilistisch gemischt ausgeführte Ämter mit Choral- und a cappella-Musik, dann mit Choral- und instrumentaler »Figural-Musik« und ferner mit untermischter Folge aller drei Arten. Es gibt Kirchen im gotischen Stil mit romanischem Portal, es gibt weltliche

Bauten mit Untermischung verschiedener Stile. Das *Proprium de tempore* in der Messe sollte in allen Teilen stilistisch einheitlich behandelt sein, geradeso wie das *Ordinarium Missae.* Für das letztere verlangen wir die Arbeit eines Meisters, bei dem ersteren ist Wechsel der Komponisten zugelassen. Nicht immer wurde dies so gehalten. Die Stilempfindlichkeit ist nicht in allen Perioden gleich stark: es gab Zeiten, da alle Teile der Messe, die unbeweglichen und die beweglichen, von einem Meister in einem Stile mehrstimmig komponiert wurden, wie im 15. und im 16. Jahrhundert. Die Fälle sind nicht zu zahlreich. Dagegen findet man wieder nur einzelne Sätze oder gar nur einen Satz (wie das *Credo* oder das *Gloria*) mehrstimmig bearbeitet, wie in den Frühzeiten der Mehrstimmigkeit. Wir erkennen daraus, daß, wenngleich es, wie sich aus den früheren Untersuchungen ergab, unwandelbare Normen der Stilbildung und Stilbehandlung gibt, die Verwendung der Stilarten verschieden gehandhabt wird.

So ist es nicht nur bei kirchlichen und liturgischen Werken, sondern auch bei allen Kompositionen, deren Stil mit Ort und Zweck ihrer Entstehung und Ausbildung im Zusammenhang steht. Man hat in jüngster Zeit viel von Zweckkunst gesprochen. Unsere moderne Architektur will sich in einer scharf hervortretenden Richtung ganz dem Zweck, dem ein Kunstwerk dienen soll, unterwerfen. Auch für die Musik wurde die Behauptung aufgestellt, daß ihre Ausübung dem Zweck ihrer Bestimmung ganz eingeordnet sei. Das geht zu weit und ist auch historisch nicht haltbar. Wie das musikalische Lustgefühl ein originäres ist, so ist auch die Kunst an sich Selbstzweck, geradeso wie die Wissenschaft. Wohl aber lassen sich verschiedene Gattungen der Musik nach dem Gesichtspunkt ihrer Bestimmung, nach Zweck und Ort scheiden. Beide, Zweck und Ort, hängen zumeist eng zusammen oder lassen sich

Ort und Zweck

scheiden. Das erstere trifft bei der Kirchenmusik zu. Die Zwecke religiöser Erbauung und würdiger künstlerischer Einbegleitung des heiligen Wortes, der heiligen Handlung am heiligen Orte decken einander — ideell, nicht in allen Stilepochen. Wir unterscheiden reine und angewandte Musik. In diesem Sinne gehört die Kirchenmusik zur letzteren, ebenso wie die dramatische, programmatische, die Tanzmusik. Es gibt reine Musik, die im Dienste religiöser Erbauung und außerhalb derselben zur Erhebung dient. Musik, die bei geselligen oder gesellschaftlichen Zusammenkünften ausgeübt wird, kann trotzdem reine Musik bleiben, wie die Musikübung des einzelnen »im stillen Kämmerlein«, oder mehrerer im Hause (Hausmusik), oder vieler im geschlossenen großen Raume (Konzert- oder Symphoniemusik), oder im Freien (wie z. B. bei den Augartenkonzerten der Wiener Klassiker). Dann übt der Ort einen stilbildenden Einfluß. So unterscheidet man im Stile die Kammermusik von der Orchestermusik (vom »*stylus symphoniacus*« der »starken Sonaten« spricht Mattheson) und ebenso der Verwendung nach Tanz- und Theatermusik, ob im geschlossenen oder im freien Raume.

Ort und Zweck bestimmen die Art der Militärmusik nach Auswahl der Instrumente. Eine und dieselbe Form wird dann nach dem Orte der Bestimmung stilistisch verschiedenartig ausgeführt, wie die Suite und die Sonate in Kammer, Kirche und Saal. Bei andern Formen der reinen Musik haben Ort und Zweck keinen stilbildenden Einfluß geübt, wie bei der Fuge, es wäre denn, daß man die Fugatos des zweiten Teiles der französischen Ouvertüre als aus einem bestimmten Zweck mit hervorgegangen ansehen würde, während sie lediglich Nebenarten der eigentlichen Fuge sind (manchmal ganz ausgebildete Fugen in der zyklischen Ouvertüre und der zyklischen Sonate älterer Art). Ebenso wurden die Vorformen der Fuge und die einzelnen Arten der

Choralvariation in Haus und Kirche verwendet. Vergleicht man dagegen die verschiedenen historischen Arten der Suite und Sonate, so zeigen sich bei diesen stilistische Grundunterschiede je nach dem Ort, wo sie ausgeführt wurden. Kirchen- und Kammersonate scheiden sich im Werdegang in der zweiten Hälfte des 17. Jahrhunderts ebenso, wie die italienische (Theater-) Symphonie von der gleichzeitigen, auch dreisätzigen Sonate für ein oder mehrere Instrumente. Das dreisätzige Konzert der gleichen Zeit unterscheidet sich stilistisch von den beiden. Ein Um- und Austausch motivisch-thematischer Arbeit wirkt ausgleichend, wie die Betrachtung der historischen Stilarten ergibt; in einzelnen Spielarten begegnen sich diese einander gegenüberstehenden Arten, und es erfolgt ein Ausgleich.

Nicht zu allen Zeiten wird, wie wir sahen, grundsätzlich solistische und chorische Besetzung beim Vortrag der Stimmen eines Vokal- oder Instrumentalverbandes oder des Vokal- und Instrumentalstimmen vereinigenden mehrstimmigen Verbandes geschieden (vgl. S. 131 ff.). Vielleicht bestand in einzelnen Perioden ein Usus, den wir nicht kennen, weil die Bezeichnung nicht ausdrücklich vorgenommen ist. Wir müssen dann, wenn uns auch historische Daten fehlen, aus der inneren stilistischen Beschaffenheit auf die Art der Besetzung schließen. So ist es bei der ältesten uns erhaltenen Hausmusik der Fall, den mehrstimmigen Sätzen der weltlichen Musik des 14. Jahrhunderts, auch dort, wo in einer oder der andern Stimme ein Text angegeben oder nur der Textanfang vorgeschrieben ist. Auch die Besetzung des Gesellschaftsliedes der ersten Hälfte des 16. Jahrhunderts ist nicht ganz sicher gestellt. Es steht fest, daß alle diese mehrstimmigen Lieder und Chansons als Hausmusik angesehen werden können. Anders ist es schon bei den Frottolen und ähnlichen italienischen Vokalsätzen, von denen einzelne bei Maskenumzügen und Festlichkeiten verwendet wurden. Da wäre mehrfache, vielleicht sogar chorische Besetzung nicht ausgeschlossen. Ebenso bei den Madrigalen, die für Theaterzwecke verwendet wurden; da ist die Möglichkeit solistischer oder chorischer Besetzung vorhanden, ebenso wie der Vortrag einer Stimme von einem Solisten und der andern von Instrumenten (mit einfacher oder mehrfacher Besetzung) nachgewiesen ist. Auch die Wahl dieser Instrumente war anfangs freigestellt — je nach den vorhandenen Kräften und dem mehr oder weniger verfeinerten Geschmack. Im 16. Jahrhundert mehren sich die genaueren Bezeichnungen der Besetzungen. Noch im 17. und 18. Jahrhundert schwankt die Zahl der Besetzung in den Collegiis musicis, den englischen Consorts und bei den Vorträgen der italienischen Akademien. Der Begriff der Kammermusik in unserm Sinne kristallisierte sich definitiv erst in der zweiten Hälfte des 18. Jahrhunderts als Gegensatz zur Orchestermusik des großen Raumes und zur mehrfach besetzten »größeren« oder »großen« Kammermusik. Monteverdi scheidet »die an Höfen gespielte Musik in Theater-, Kammer- und Tanzmusik.« Die mittlere war für die »Camera« oder »Anticamera« bestimmt, umfaßt alle Arten weltlicher Spiel- und Singmusik. Um diese Zeit werden »*Concerti da camera*« und »*Canzoni overo Sonate concertate per chiesa e camera*« gesetzt. Es ist begreiflich, daß der Herausgeber der »Kammermusik« in der Gesamtausgabe der Werke von J. S. Bach bei der Zusammenstellung der in Frage kommenden Werke in Verwirrung geriet und aus Verlegenheit den unglücklichen Versuch machte, die Kammermusik für Gesang in drei Unterabteilungen zu verweisen: 1) reine Konzertmusik, 2) dramatische und lyrische Festkantaten, 3) Hausmusik (Vorwort zum 11. Band). Die Scheidung begegnet insofern auch Schwierigkeiten, weil manche der Arien für eine Vokalstimme chorisch vorgetragen werden können und die Begleitung infolgedessen desto stärker zu besetzen ist.

Stilkritisch kann man aus dem Vergleich der unzweifelhaft voll (*ripieno*) zu besetzenden Sätze und Stimmen mit denjenigen, die solistisch vorzutragen sind, Folgerungen auch auf jene ziehen, bei denen die Art der Besetzung offen geblieben oder unsicher ist. Die durch die nachfolgende Periode gesteigerte Stilempfindung für Tutti- und Solobesetzung hat da eine gewissermaßen rückwirkende Kraft. Manche Besetzungsfrage wird trotzdem offen bleiben. Noch in den Divertimentis der Übergangszeit, in den Sonate a quattro ist ein vielfach schwankendes Verhalten zu bemerken, auch in den Frühwerken von Josef Haydn. Wir haben seither Kammermusik vokaler oder instrumentaler oder gemischter Art ausschließlich mit solistischer Besetzung der Einzelstimmen. Das Concerto für eine oder mehrere Solostimmen gehört seither wegen der vielfachen Besetzung der nichtsolistischen Stimmen ausschließlich der Orchestermusik an. Als Ideal der Kammermusik verwirklichte sich das Streichquartett, das allen Anforderungen solistischen Ensemblespiels entspricht. Wir werden diesem das vierstimmige Gesellschaftslied des 16. Jahrhunderts auf vokalem Gebiete zur Seite stellen, wenn uns auch bisher die vollen Beweise für die Ausschließlichkeit solistischer Besetzung der Vokalstimmen, ferner genaue Nachweise über die Art der Verwendung einzelner Instrumente für einzelne Stimmen fehlen. Die Stimmführung ist hier trotzdem eine den Stilprinzipien der strengen Vokalmusik adäquate, wenngleich die Mittelstimmen bald von Frauen-, bald von Männerstimmen ausgeführt werden können.

Im Streichquartett besteht über die Art der Besetzung kein Zweifel; es gedieh bis zur höchsten stilistischen Vollendung in der Führung der vier Stimmen. Man kann da von Soloensemble sprechen; die »Quatuors brillants« von Viotti, Zeitgenossen und Nachfolgern mit der Begünstigung der ersten Stimme als Solokonzertante bilden nur einen Winkel, der von den Meisterführern der Kammermusik verlassen wurde. Das dieser vollendeten Kammermusik zugrunde liegende Stilprinzip ist die ideelle Gleichstellung der Stimmen, soweit es mit dem damals zur Geltung kommenden, die ganze Instrumentalmusik beherrschenden Stile des »obligaten Akkompagnements« vereinbar war. Eine streng individualisierende Stimmführung findet man schon in der Zeit der Vorherrschaft der Fuge und der selbständigen Kontrapunkte. Darin liegt nicht der Kern der neuen Stimmführung, wie dies von Hugo Riemann behauptet wird. Der Unterschied liegt in der Gebundenheit der Individualstimmen der älteren Zeit (altklassischen) gegenüber der freien Einordnung der Individualstimmen dieser neuklassischen Instrumentalmusik in die Fordernisse der Bewegung der Harmonien, ferner in der genauen Scheidung der instrumentalen Führung in bezug auf Einzel- und orchestrale Behandlung. Haydn und Mozart wahren die letztere genau; bei Beethoven kommen in der letzten Schaffenszeit Überführungen in einzelnen Fällen vor. Diese stilistische Scheidung hängt eng mit dem Ort und Zweck, für den Kammer- und Orchestermusik bestimmt sind, zusammen. Die Fundamentinstrumente, die vom 16. Jahrhundert an, sodann in der Zeit des Basso Continuo im 17. Jahrhundert bis zur Mitte des 18. Jahrhunderts in usueller, teilweise beliebiger Art zur Ausfüllung der Harmonien und Ergänzung der *res facta,* der niedergeschriebenen Stimmen, verwendet wurden, werden jetzt im Orchesterkörper individualistisch als Kollektivpersönlichkeiten behandelt. Den Ornamentinstrumenten der gleichen Zeit, die zur Ausführung der Oberstimmen dienlich waren, war seit dem Anfang des 18. Jahrhunderts ihre improvisatorische Mission entzogen worden; schon vorher waren ihnen Einschränkungen auferlegt. Der Orchesterstil der neuklassischen Schule weist noch andere stilistische Unterschiede auf, so besonders im Verhältnis der Streich- und Blasinstrumente. Diese Änderung hängt mit der neuen »durchbrochenen Arbeit« in der Thematik, die wir speziell erörtern wollen, zusammen.

Als ein neues Moment der Stilbildung in der orchestralen Behandlung der Instrumentalmusik trat in der Folge die künstlerische Verwendung von Bläsern in der Militärmusik auf. Die Bläserensembles der klassischen Schule sind davon ebenso abzutrennen, wie die Spielmusik der Trommler, Pfeifer und Hornisten, die rein soldatischen Zwecken dienten, die erstere Gruppe in hoher stilistischer Vollendung, die zweite an der Schwelle künstlerischer Übung stehend. Die neue Militärmusik mit dem »Harmonieorchester« schließt sich an den orchestralen Kunststil an und tritt in ihrer temporären Besetzung mit Streichern ganz in das Lager der Konzertorchester über. Des »Harmonieorchesters« bemächtigt sich die außermilitärische Musik in einzelnen Fällen zu besonderen Zwecken, wie Beethoven in »Wellingtons Sieg oder die Schlacht bei Vittoria« (samt Streichern), Berlioz in seiner »Trauer- und Triumphsymphonie«, bei der das Streichorchester nur »ad libitum« verwendet wird. Solche Beispiele wirken dann wieder stilistisch auf die große Orchestermusik. Sie stehen historisch in einer Beziehung zu älteren Musikübungen zur Zeit der venezianischen Schule, wie etwa der Sonate »*pian e forte*« von G. Gabrieli, bei der neben Kornetten- (Zinken-) und Posaunenchören (hohen und tiefen, also in klanglicher Beziehung den neueren Militärmusiken nahestehend) auch Violen verwendet waren.

Während diese beiden Gruppen sich im ästhetischen Ausdruck und ihrer Haltung scharf gegenüberstehen, bedienen sie sich in Rücksicht auf die stilistische Verwendung in dem großen Raume, im offenen oder geschlossenen, analoger Mittel. Auch in anderer Beziehung begegnen sie einander: in der Entfaltung von Prunk und Pracht. Man kann da von einem Prunkstil sprechen. Die reiche Besetzung mit Blasinstrumenten in den vielchörigen Werken der Venezianer, weltlich und kirchlich, die polychoren Kompositionen der römischen Schule des 17. Jahrhunderts, die sich durchaus nicht auf Vokalstimmen beschränkten, die Heranziehung und überwuchernde Verwendung von »Pauken und Trompeten« (nebst Posaunen) in den Messen, besonders bei feierlichen Pontifikalämtern im 18. Jahrhundert (einen Nachweis derartiger Verwendung bringt O. Kinkeldey für eine Festmesse von 1475), die Blechpanzerung in den Opern von Simon Mayr, Spontini und Genossen, die Besetzung in einzelnen Werken von Berlioz, die nach seiner Bezeichnung im »*style énorme*« geschrieben sind — dies alles gehört in die Kategorie des Prunkstiles, wobei dieser zur Erfüllung bestimmter Zwecke in vielerlei Abarten eingeordnet wird. Wenn dieser Prunkstil auch in Intraden beim Einzug hoher, fürstlicher Persönlichkeiten, bei Hofe Verwendung findet, so ist er nichts weniger als gleichbedeutend mit dem Hofstil. Beide können einander decken, wie bei den Festmusiken in Venedig, da die republikanischen Repräsentanten Pracht und Üppigkeit in der Musik in einer vorher noch nicht nachweisbaren Art begünstigten, ferner bei den Festaufführungen in Kathedralen, besonders in St. Peter in Rom, da der päpstliche Hof in Glanz prangte und schon die großen Räume eine Prachtentfaltung musikalischer Mittel begünstigten, wenn anders die Musik sich vernehmbar machen sollte. Denn die von der päpstlichen Vokalkapelle, von der Capella Giulia mit ihren durchschnittlich 30 Mitwirkenden vorgetragenen a cappella-Werke sind eben für relativ kleinere Räume, wie die Capella Sistina, geeignet, nicht aber für den großen Kirchenraum, wie sich jeder überzeugen kann, der solchen Aufführungen in St. Peter beiwohnt. Die Mystik des schwachen Klanges einer kleinen Sängerkapelle im großen Raume ist künstlerisch kein Ersatz für die Wirkung, die eine ebenmäßige Zusammenstellung von Raum und Zahl der Sänger zur Folge hat, vor allem für die unbedingt erforderliche Deutlichkeit künstlerischer Mitteilung.

Der Hofstil als solcher steht mit solcher Prunkbesetzung weniger in Beziehung, als er vielmehr ein Ausfluß der durch den Charakter eines Regenten und der ihn umgebenden Hofgesellschaft beeinflußten Kunstübung ist. Wenn es schon heute in der allgemeinen Geschichte ein fast überwundener Standpunkt ist, die zeitlichen Einschnitte einzig nach Regenten vorzunehmen, so kann in der Geschichte der Künste schon gar nicht die Rede davon sein. Allein einzelne markante Herrscherpersönlichkeiten übten einen machtvollen Einfluß auf die Kunstausübung ihrer Zeit, und so kann man nicht uneben von einer Kunstblüte und künstlerischen Eigenart sprechen, die sich mit dem Namen eines oder des andern regierenden Mäcens verbinden läßt, so z. B. Maximilian I., Elisabeth von England, Ludwig XIV., Friedrichs des Großen und der deutschen Kaiser, die im 17. und 18. Jahrhundert in Wien eine in den Annalen der Kunstgeschichte beispiellose Musikbetätigung entfalteten, so Ferdinand III., Leopold I., Josef I., Karl VI., Maria Theresia und Josef II. Am markantesten, weil in die Stilentfaltung am tiefsten eingreifend, ist die Periode der französischen Musik unter dem Sonnenkönig. Man kann direkt von einem Stil Louis Quatorze sprechen, dem sich der naturalisierte Italiener Lully einordnete, dem er trotz Einordnung seinen Stempel aufzudrücken vermochte. An dem Wiener Hofe gelangt die von Italien, besonders von Venedig einziehende neue Kunstrichtung zur Eigenentfaltung und erhält eine stilistische Ausgestaltung, die auch die von Frankreich kommenden Beeinflussungen und in weiterer Folge die von Neapel eindringenden stilistischen Momente zu verarbeiten vermochte — alles auf dem Boden der österreichischen Volksstämme, die ihren Knotenpunkt in Wien, ihre künstlerische Konzentration in der Wiener klassischen Schule fanden. Stilistische

11*

Eigenbildungen lassen sich zeitweilig an verschiedenen Höfen verfolgen, gegenüber den angeführten allerdings nur in schwächerem Maße, in Stufen absteigend bis zur Beschäftigung der von Regenten und fürstlichen Mäcenen berufenen auswärtigen Künstler, die den Stil ihrer heimatlichen Künste *pur et simple* auf neuen Boden versetzten. Dies war in der Zeit etwa von 1450—1550 mit Niederländern, im 17. und 18. Jahrhundert mit Italienern der Fall. Oder es werden heimische Künstler ins Ausland geschickt, um den Stil an Ort und Stelle kennen zu lernen. So ließ Karl II. begabte junge Künstler in Frankreich ausbilden, die die dortige Stilrichtung nach England brachten und mit autochthonen und italienischen Elementen verbanden.

Als Seitenstück zum Prunkstil bezüglich der Anwendung von reichen Klangmitteln erscheint die überreiche Entfaltung solistischer Geschicklichkeit im Virtuosentum. Benjamin Franklin vergleicht es mit den »Künsten des Seiltänzers«. Äußerlich kann dies so scheinen und ist auch wirklich in den Exzentrizitäten des Virtuosentums der Fall. Zeitlich, chronologisch tauchen Prunkstil und Virtuosentum nebeneinander auf — in fast ununterbrochener Kette seit dem Anfang des 17. Jahrhunderts. Die Geschichte der griechischen Musik verknüpft mit dieser Erscheinung den Verfall der Kunst. In der Geschichte unserer Musik werden die vom Virtuosentum übernommenen Mittel je nach ihrer stilistischen Tauglichkeit in den Dienst der Stilgattungen der einzelnen Perioden genommen. Die Violinvirtuosität des 17. Jahrhunderts, die Gesangsvirtuosität des 17. und 18. Jahrhunderts, die Klaviervirtuosität seit dem Ende des 18. Jahrhunderts werden je nach Eignung in das Bett der eigentlich musikalischen Stilentwicklung übergeleitet. Die durch den Selbstzweck des Virtuosentums hervorgerufenen Überwucherungen werden von der ernsten Stilrichtung abgestoßen und finden vorzüglich in halbmusikalischen Kreisen

Bewunderung und klingenden Lohn, welch letzterer neben der Eitelkeit ein Antrieb für das eifervolle Exerzieren des Virtuosen bildet. Für jedes Instrument, gespielt oder gesungen (die Kehle), bildet sich ein eigener Virtuosenstil aus, der bei den geübtesten Spielern und Sängern eine eigene Ausführung erfährt. Für die Geschichte der Technik, für die Bewältigung technischer Ausführung ist das Virtuosentum von nicht geringer Bedeutung. Man kann deshalb von Stilarten des Virtuosentums sprechen, vorzüglich im Sinne der technischen Behandlung der Instrumente, und alle zusammen kann man als virtuosen Stil bezeichnen. Er birgt große Gefahren in sich. Wie im Prunkstil, so im virtuosen im besondern ist eine gewisse Verflachung, Verseichtung derjenigen Kunstgattung verbunden, in den sich diese Ausführungsarten einnisten, besonders als Folge der den Eigenstil einer Gattung verletzenden Überfütterung der Mittel.

Solche Entartung kann auch durch Entziehung der wahren, echten Kunstmittel in Führung und Haltung des Werkes innerhalb einer Stilgattung erfolgen und durch den Versuch, äußere, äußerliche Reizmittel an ihre Stelle zu setzen. An Stelle der Kammermusik in Solo und Ensemble tritt dann die Salonmusik, bei der die Ausdrucksqualität ins äußerlich Gefallsame, Oberflächliche gerät und der Schwerpunkt in die dem bloßen Ohrenkitzel dienende Geschicklichkeit der Ausführung fällt. Das letztere Moment, das Tongeklingel, tritt dann in der virtuosen Orchestermusik besonders hervor, in der Instrumentation, die sich als Selbstzweck hinstellt und gerade der Musik der zweiten Hälfte des 19. Jahrhunderts mit Hinblick auf Störung und Gefährdung organischer Fortführung der klassischen Orchestermusik zum Nachteil gereicht. Man sollte da wie bei den Solovirtuosen extravagantester Art eigentlich von Stilentartung sprechen, um die Stellung im großen Gebiete der Stilarten richtig zu kennzeichnen.

Die Menge der Produkte in der Salonmusik und dem

virtuosen Orchesterstil, welch letzterer seinen Ausgang von einzelnen Werken von Berlioz genommen hat — war doch Paris um 1830 die Brutstätte des instrumentalen Virtuosentums, das auf den Stil der Romantik eine nachhaltende Einwirkung übte —, ist nach den statistischen Zusammenstellungen eine geradezu erschreckende, im Verhältnis zu den stilhaften Werken niederschmetternd! Dies Mißverhältnis zeigt sich schon in der Zeit der Wiener Klassiker, da die seichte Modekomposition wucherte, den Tagesbedürfnissen, dem Geschmack der tauben Masse fröhnend. Ob solches Verhältnis auch in früheren Epochen bestanden hat, kann vorläufig nicht konstatiert werden. Wir kennen vorzüglich nur die Werke der Großmeister, und unsere stilkritischen Untersuchungen haben sich demgemäß fast nur diesen zugewendet. Es sind Anzeichen da, daß auch zur Blütezeit der a cappella-Musik im 16. Jahrhundert dieses Verhältnis bestanden habe, wie die damals mit Vorliebe publizierten Stücke niederen Genres zeigen. Diese bieten gleichsam ein Analogon zu der Liedertafelmusik des 19. Jahrhunderts. Die Stücke *ad voces aequales* der älteren a cappella-Literatur gehören dieser Stilentartung, der Verflachung nicht an. Sie bildeten auch nicht eine eigene Gattung, sondern waren nur temporär Beschränkungen in der Verwendung der Mittel mit der besonderen Absicht zur Anbringung von Stimm-, bzw. Farbenkontrasten oder behufs Charakterisierung einer düsteren oder hellen Stimmung in tiefen oder hohen Tönen, manchmal zur Kennzeichnung der Engelstimmen, die dann von Knaben vorzutragen waren. Die besonders im 18. Jahrhundert in England beliebten Männer-Soloensembles, wie die Glees, sind eine Gesellschaftsmusik, die ob der Verwendung der Brust- und hohen Falsettstimme eine stilistische Eigenart in historischer Kontinuität der mittelalterlichen *Alti naturali* erfährt. Die für Männergesang bestimmte Literatur des 19. Jahrhunderts nahm wohl unter englischem Vorbild in der Schweiz ihren Ausgang und stand im Dienste der Geselligkeit, in weiterer Folge auch der Politik als Ausdruck des nationalen Patriotismus. Bei der Beschränktheit ihrer künstlerischen Mittel, ihrer massenhaften Verbreitung und dem starken Konsum verflachte sich immer mehr die ursprünglich auf Volkstümlichkeit hinzielende Richtung, und die gleichzeitig von Berlin (Fr. Zelter) inaugurierte ernstere Richtung konnte dieser Hochflut nicht standhalten. Der in unserer Zeit von Schweizer Komponisten (Hegar u. a.) gemachte Versuch, in den Dienst des Männergesangvereins eine Verstärkung und Erweiterung künstlerischer Machtmittel zu stellen, mußte notwendig eine Sprengung und Alterierung der natürlichen Anlage und Haltung des Männergesanges zur Folge haben, eine Überkraftstellung, die stilistisch fast noch schädlicher wirkt, als die Simplizität, die im Rahmen des natürlich Verfügbaren bleibt. So sind bis auf den heutigen Tag die Männergesangschöre der ersten Blütezeit (in den zwanziger Jahren des 19. Jahrhunderts) Paradigmen geblieben. Neuerlich wurde gleichsam in Anhalt an den Vorgang Zelters der Versuch gemacht, die Literatur des Männerchors wieder in das Bett richtigen Gesangsflusses zu leiten.

Im Rahmen der Betrachtung über die durch Ort und Zweck bestimmten Stilarten sei noch ein Wort dem Tanz gewidmet. Am Tanzboden entstand eine schier unübersehbare Reihe von Typen, und aus ihnen im Anschluß daran bildeten sich in den verschiedenen Stilperioden Stilisierungen, die auf den originären Typus rückwirkten. Ich habe absichtlich diese Gruppe an den Schluß gestellt — die meisten Historiker unserer Zeit stellen sie an die Spitze der weltlichen Musik. Dies geschieht unter dem Einfluß einer These, die von Romantikern wie Wackenroder, Novalis u. a. aufgestellt wurde; besonders Richard Wagner trieb sie auf die Spitze mit der Behauptung, daß unsere ganze Instrumentalmusik vom Tanze, von der Geste abzuleiten sei und betrachtet sie überhaupt als Vorstufe der Gestenmusik für sein musikalisches Drama. Nichts ist für die Stilbetrachtung schädigender als diese Aufstellung. Alles was rhythmisch in irgend einer Beziehuug, ob nah oder fern, mit einem Tanze steht, wird von vornherein dem Ursprung nach diesem zugewiesen. Aber auch wo für den Unvoreingenommenen, Voraussetzungslosen keine innere Verwandtschaft zu merken ist, werden solche Unterschiebungen vorgenommen. So führt Hugo Riemann in seiner großen Kompositionslehre (I, 107) das Thema der Variationen der Klaviersonate As-dur op. 26 von Beethoven auf das Menuett zurück, und sogar das *Andante con moto* der C-moll Symphonie desselben Meisters erinnert ihn »an das Menuett oder den Marsch«!

Die ganze Geschichte der Musik bietet Illustrationen zur Verwendung weltlicher Musik in der Kunstmusik höherer Art, stilistische Einarbeitungen und Umstilisierungen. Als ob alles Weltliche der Musik nur im Tanz charakterisiert oder enthalten wäre! Wenn aus früheren Stilperioden die dem Tanz angelehnten Stilbildungen eingänglicher sind als andere, so gibt dies keinen Grund zu einer solchen Verallgemeinerung. Zwei- und Dreiteilung begegnet uns nicht nur in Tanztypen, wohl aber beschränken sich diese zumeist in Bequemlichkeit auf die einfachsten Rhythmen. Mit dem Eindringen in die ethnographischen Grundlagen der Musik erweitert sich der Blick, und wir dürfen uns in Zukunft nicht von Behauptungen fesseln lassen, die nur aus »kunstpolitischen« Motiven aufgestellt worden sind, so wenig wie vom konfessionell-politischen Standpunkt Kunstwerke für sich zu betrachten und stilkritisch zu behandeln sind. Solche Erwägungen können mancherlei in den Stilerscheinungen erklärlich machen, aber die methodische Arbeit hat sich an die eigentlichen Kunstkriterien zu halten. Mancherlei hat einen dem Tanz analogen Charakter, ohne auch nur entfernt je mit dem Tanzzweck in Zusammenhang gewesen zu sein. Das fröhliche Gemüt kann sich einer ähnlichen Stimmung ergeben, wie das tanzende Paar, das Herz kann in solchen Rhythmen pochen, die Pulse können so schlagen, ohne daß die Füße beteiligt sind oder der ganze Körper mitgestikuliert. Über allem steht die Phantasie des Finders der Weise, die sich durchaus nicht an die Tanzvorstellung bindet, sich nicht mit ihr assoziiert und doch einen ähnlichen Rhythmus in seiner Weise fördern kann. Die »unbewußten« Vorstellungen überlasse man in diesem Falle dem, der vom Tanze voreingenommen ist. Auch die physische Arbeit fördert, wie K. Bücher zeigte, Rhythmen zutage, die denen des Tanzes adäquat sein können. Und welche Fülle von Regungen aller Art solche Formen zutage schaffen können, haben wir bereits wenigstens im allgemeinen berührt (S. 141). Lassen wir von dem Wahne des Tanzes als Prototyp der weltlichen Musik in allen höheren Arten der Instrumentalkunst. Auch zu religiösen Zwecken wurde der Tanz verwendet, ohne daß jemand behaupten könnte, daß auch für die religiöse Musik der Tanz der Ausgangspunkt sei und sie durch alle Stadien ihrer Entwicklung geleite und führe. Solche Erkenntnis wird dann auch klärend auf Stilbetrachtungen und Erörterungen wirken. Im Dienste des Tanzes stand von jeher sowohl Gesang- als Instrumentalmusik, wie die Vereinigung beider. In der Volksmusik hat sich dies bis auf den heutigen Tag erhalten. In der Kunstmusik beschränkte sich die Begleitung des Tanzes seit dem 17. Jahrhundert fast ganz auf Instrumente, die heute ausschließlich in den stilisierten Tänzen verwendet werden. Nur in der Oper werden noch Tanzchöre geschrieben. Wie weit in den primären Tanzformen das vokale oder instrumentale Moment überwiegte, läßt sich für das ganze Gebiet noch nicht nachweisen. Sie sonderten sich wohl von vornherein in Singtänze und Instrumentaltänze, bei den letzteren anfangs beschränkt auf Schlaginstrumente, in weiterer

Folge primitive Pfeifen und sodann Saiteninstrumente heranziehend.

Vokal- und Instrumentalmusik.

Sing- und Klingmusik standen sich in ihren originären Verwendungsarten, die den Menschen in allen Gemütsäußerungen, bei festlichen und privaten Anlässen begleiteten, von vornherein gegenüber und wurden dort und da in mannigfachem Wechsel der Arten ihrer Verbindung vereinigt. So sind seit dem Erstehen wirklicher Kunstmusik Vokal- und Instrumentalmusik zu scheiden. Eine jede derselben hat ihren Eigenstil in zahlreichen Abarten hervorgerufen, sei es durch die Eigenerfordernisse der ein- und mehrstimmigen Stilarten, die in die Vokal- oder Instrumentalmusik eingeordnet werden, sei es durch ihre gegenseitigen Beeinflussungen im Austausch ihrer Mittel und zur entsprechenden Ausführung in den aufeinanderfolgenden Etappen der Stilentwicklung. Wir haben schon einiges von den Unterschieden ihrer Eigenart berührt (s. oben S. 113, 119 u. a.).

Es gibt unabänderliche Gesetze und Normen für die Stimmführung im Vokalsatz, die sich aus der Eigenart ihres Mittels, der menschlichen Stimme, ergeben. Diese Normen werden aber in den verschiedenen Stilperioden verschieden angewendet und ausgelegt. Die Behandlung entspricht mehr oder weniger den vokalen Forderungen oder setzt sich auch in einzelnen Zeiten darüber hinaus. Als Mustervokalstile der Tonkunst haben wir nach dem gegenwärtigen Stande unserer historischen Kenntnisse anzuerkennen: den Choral (Gregorianisch und Protestantisch), die a cappella-Musik (geistlich und weltlich) des 15. und 16. Jahrhunderts, den *Bel-Canto* der italienischen Oper und der von ihr beeinflußten anderen Nationalopern und des Oratoriums und der Kantate einschließlich der im monodischen Stile von Anfang an danach strebenden Richtung, die Chorlyrik der altklassischen Schule, die deutsche Liederlyrik des ausgehenden 18. und der ersten Hälfte des 19. Jahrhunderts und die mit ihr im genetischen

Zusammenhang stehenden Vorgänger und Nachfolger, in weiterem Zurückgehen die Minnesinger und ihre romanischen Kunstbrüder, die Troubadours. Vokal ist von all diesen Stilarten eigentlich ausschließlich nur der Choral und die strenge reine a cappella-Musik. Die anderen sind entweder wahlweise oder obligat mit Instrumentalmusik verbunden. Nichts destoweniger ist auch bei diesen wie bei Choral und a cappella-Musik das vokale Stilprinzip in der Behandlung der menschlichen Kehle das herrschende.

Es gibt eine Reihe von Mischungen, in denen das Vokale vom Instrumentalen schwer zu scheiden ist, in denen weder das eine noch das andere als bestimmendes Stilprinzip zu erkennen ist; sie sind, man könnte sagen, *neutrius generis*, weder vokal noch instrumental, oder können beides vorstellen. Die ganze älteste Stilgruppe der Mehrstimmigkeit, das *organum* in seinen verschiedenen Abarten hat Stimmführungen, die, sei es instrumental geführt, sei es vokalen Prinzipien wohl entsprechend, bei der Ausführung den Instrumenten überlassen werden konnten. Das Verhältnis der Instrumente zu den Vokalstimmen in den Werken dieser Stilperiode ist bis heute nicht genügend aufgeklärt, hier ebensowenig wie in der *ars nova* des 14. Jahrhunderts, für die neuerlich von Hugo Riemann die Behauptung aufgestellt wurde, daß bei der Anlage, und Ausführung »der Instrumentalmusik der Löwenanteil zufalle« — eine Behauptung, die in dieser Allgemeinheit weder dokumentarisch belegt, noch durch die innere Stilbeschaffenheit der Stimmführung bisher erwiesen werden konnte.

Da uns aus der ersten Zeit der Mehrstimmigkeit ausschließlich für instrumentale Ausführung bestimmte Denkmäler fehlen, bis zum 15. Jahrhundert überhaupt nur einige wenige Instrumentalstücke, die ausdrücklich als solche bezeichnet wären, zugänglich sind und deren Doppelverwendung auch mit Text, also als Vokalmusik nicht ausgeschlossen ist, können wir den originären Charakter der älteren Instrumentalmusik nur durch Rückschlüsse erörtern, die eben aus den Werken der späteren Zeit und der Beschaffenheit der erhaltenen oder beschriebenen Instrumente gewonnen werden. Hierfür ist bisher so gut wie nichts geschehen. So wie wir in der ältesten vokalen Stilperiode des Chorals zwischen Sologesang und Choralvortrag stilistische Unterschiede konstatieren können und dieser Unterschied sich auch in der älteren Mehrstimmigkeit auf dem Gebiete der liturgischen oder außerliturgischen kirchlichen Musik allerdings mit großen Schwierigkeiten, die bisher noch nicht überwunden wurden, beobachten läßt, so steht in der Vokalmusik, besonders seit dem 17. Jahrhundert, wieder Solovortrag dem Chorvortrag stilistisch gegenüber, und dieser Gegensatz wird eigentlich nur in der Chorlyrik der altklassischen Schule zur Seite gestellt. Die Grundnormen der gesanglichen Stimmführung erfahren auch in dieser Beziehung eine passende Akkommodation, eine temporäre Alteration, da bei aller Unüberschreitbarkeit der Grundnormen vokaler Behandlung gerade beim Sologesang eine reichere Verwendung der der Vokalmusik zu Gebote stehenden Mittel, wie üppigere Melismatik und Koloratur, möglich ist. Doch gibt es Chöre in der Barockzeit, die darin fast die gleichen Ansprüche erheben, wie die Sologesänge — immer aber im Rahmen eigentlicher Sangbarkeit. Und dies ist der Prüfstein für die richtige Stilbehandlung im Zusammenhalt mit der Unterlegung des Textes. Denn es gibt Stilperioden der Vokalmusik, in denen nicht der Text allein melodieerzeugend ist, sondern die melodische Tradition, die Konivenz, melodiebestimmend ist, in denen das Rein-melodische über dem Sprachlichen steht, oder weder das eine noch das andere in den Vordergrund tritt, gleichsam das Musikmachen in sich Genüge findet und sich einer eigenen Stilbehandlung unterzieht. Solche Beispiele finden sich in der deutschen und niederländischen

Musik selbst zur Blütezeit der a cappella-Musik. Lassos »*magnum opus musicum*« enthält Stücke, die, aus dem Geiste der Vokalmusik erzeugt, der Worte entbehren, während andere Kompositionen der gleichen und vorangegangenen Zeit, die in dem Aufbau an sich Genüge finden könnten, mit Text verbunden sind, der ebensogut fortgelassen sein könnte, wie bei den Lassoschen zweistimmigen Stücken.

Bezüglich des Melodischen und Deklamatorischen treten bedeutende Stilunterschiede in einzelnen Perioden hervor (vgl. S. 104 ff.). Besonders in die mehrstimmige Vokalmusik dringt das melodiebildende Stilprinzip der betreffenden Zeit ein. Ein und dasselbe Wort, ein und dasselbe Satzglied, derselbe Satzteil, dieselbe Phrase wird in den verschiedenen Stilperioden nicht nur kraft der freien Erfindung abweichend vertont, wie dies innerhalb einer und derselben Periode der Fall ist, sondern die Melodiebildung wird auch nach dem stilistischen Grundzuge mitbestimmt, der von der mehrstimmigen Führung und den Grundanlagen der betreffenden Stilperioden beeinflußt ist. Man vergleiche etwa eine Reihe von Kyrie-Einsätzen der verschiedenen Perioden, ja blicke nur auf die Vertonungen eines Gedichtes, wie des »Erlkönigs« innerhalb eines Lebensalters, so sehr diese vom Stilprinzip der betreffenden Zeit zusammengehalten werden. Dieses »Inmusiksetzen« kennzeichnet die stilistische Eigenart der Zeit. Gesang ist also nicht bloß »gesteigerte Rede«, sondern in Musik gesetzte Sprache. Bald tritt das erstere, bald das letztere mehr in den Vordergrund je nach den stilistischen Forderungen der Zeit und der Eigenanlage des Komponisten.

Zu allen Stilperioden gibt es Tonsetzer, die mehr vokal denken, neben solchen, denen der rein musikalische Gedanke mehr vorschwebt, fast ausschlaggebend ist. Die größten Vokalkomponisten vermögen diese beiden Arten in einer dem Stil ihrer Zeit adäquaten Weise zu vereinen. Wenn Carissimi zur Charakterisierung seiner Gesangskomposition als »guter Redner« bezeichnet wird, so wird die eine Seite seiner Gesangsbehandlung emporgehoben, er war aber ein ebenso richtiger und guter Sänger. Andere sind mehr Redner als Sänger, wieder andere rücken das Gesangliche in den Vordergrund, und dann gibt es Vokalkomponisten, die sich über die Vokalforderungen mehr oder weniger hinwegsetzen, die Grenzen des Sangbaren überschreiten, außer acht lassen, mehr instrumental denken und dieses Stilprinzip ihrer vokalen Stimmführung oktroyieren. Bach war ein »guter Redner« im Rezitativ, während in den geschlossenen Formen für Solo- und Chorgesang seine stilistische Eigenbehandlung in Anlehnung an Orgelmusik hervortritt. Händel war an sich ein besserer Sänger bei aller Beobachtung und Einhaltung der textlichen Forderungen. Haydn und Mozart schreiben in einem vollendeten Gesangsstil, während Beethoven, sich über mancherlei vokale Forderungen hinwegsetzend, nur »seine Weise« (wie er sagt) zur Geltung, zum vollen Ausdruck bringen will. Man könnte da sagen, es ist die Weise der Musik an sich, weder an Gesangsstimmen noch an Instrumentalstimmen sich haltend und Forderungen stellend, die bisher nicht erhoben und entweder erfüllbar oder schwer ausführbar sind.

Es werden manchmal Ansprüche erhoben, die weder der Eigennatur des Instrumentes noch der Kehle entsprechen, wie dies nicht selten in Zeiten des Werdens einer Kunstrichtung, des Neuentstehens eines Kunststiles der Fall ist, z. B. in der Violinmusik des anfangenden 17. Jahrhunderts (um nur ein Beispiel von den nicht seltenen anzuführen). Das Verhältnis von Vokal- und Instrumentalmusik und ihrer beiderseitigen stilistischen Behandlung ist ein hin- und herziehendes, kreuz- und quergehendes, einander bald fördernd, bald hemmend, sich begegnend, sich vereinigend, sich wieder abstoßend, dann sich anziehend. Instrumentalstücke werden in die Vokalmusik übertragen, Vokalstücke werden instrumental »abgesetzt«, eingerichtet, in manchen Stilperioden könnte man sagen: zugerichtet. Vokalformen werden für Instrumentalmusik verwendet und umgekehrt.

Der konsolidierte mehrstimmige Vokalsatz ist seit dem 16. Jahrhundert ein fester Fels trotz der in dieser Zeit nachgewiesenen Vereinigung der Vokalstimmen mit Instrumenten (so bei strengen a cappella-Werken von Vittoria und Meistern anderer Schulen) — ein Fels, an dem alle Brandungen polyphoner Stilentwicklung brechen. Er bleibt es auch zur Zeit, als alle Schleusen von der Hochflut der mehrstimmigen Instrumentalmusik weggerissen wurden. Das in der Instrumentalpolyphonie sich emporringende Streben nach schier unbegrenzter Erweiterung des Umfanges der Stimmen, der kaum zu stillende Drang nach Beweglichkeit der Tongänge und Verkleinerung der Notenwerte, das willkürliche Hinaussetzen über harmonisch faßbare Intervallfortschritte findet im Gegenüberhalt der strengen Vokalpolyphonie seine natürlichen Schranken. Selbst in die Vokalmusik einzelner Etappen zog solch tolles Verfangen ein, wie dereinst am Ende des 16. Jahrhunderts (zur Zeit der höchsten Blüte der Vokalpolyphonie), so am Ende des 19. und Anfang unseres Jahrhunderts. Die Erbsünde der Unsanglichkeit in der Vokalmusik macht sich nach tugendhaften Zeiten immer wieder geltend. Sie greift wohl in ferne Zeiten zurück, die wir noch nicht historisch genau konstatieren können. Es gibt Blütezeiten der Vokal- und solche der Instrumentalmusik. Es gibt Stilperioden, in denen ein Ausgleich gezogen wird. Unleugbar wurde im Mittelalter die ganze Musik vom Standpunkt der Vokalmusik betrachtet. Die Definition des hl. Augustinus »*musica est ars bene movendi*« hätte schon zu seiner Zeit so lauten können, wie sie durch das ganze Mittelalter bis einschließlich zum 16. Jahrhundert gegeben wird: *musica est ars bene cantandi.* Der Umfang der Skala wird traditionell nach den der menschlichen Stimme regulär erreichbaren Tönen bestimmt, vom großen *G* bis zum zweigestrichenen *e*, im Anhalt an das »vollendete System« der Griechen. Die künstlerische Instrumentalmusik hat sich darüber hinausgesetzt, wie uns die ältesten Instrumentenfamilien zeigen, und wo tiefere Töne vorkommen, da besteht von vornherein die Vermutung, daß die betreffende Stimme einem Instrument zugedacht war.

Die Vokalmusik hielt sich mit wenigen Ausnahmen fast bis zum 17. Jahrhundert an diese Schranken. Sie arbeitete vorerst die vier Individualitäten der menschlichen Stimme nicht heraus und begnügte sich, innerhalb des normalen Gesamtumfanges die einzelnen Stimmen des mehrstimmigen Verbandes zu verteilen. Sie kümmerte sich nicht um den Eigenklang der vier Grundcharaktere, mutete den Männerstimmen auch hohe Lagen zu. Die von *Alti naturali* mit dem Falsett zu singenden Stimmen bewegen sich, nach natürlichen Prinzipien der Stimmenteilung bemessen, für Männer in zu hoher, für Knaben oder Frauen in zu tiefer Lage. Erst das 16. Jahrhundert brachte mit seinen stetig steigenden individualistischen Bestrebungen die ästhetische Stimmencharakteristik und die definitive Scheidung nach den vier Stimmtypen. Die Einführung der Entmannten war eine Begleiterscheinung in dieser Zeit, um die Gesangskünste virtuosester Art auch bei hohen Stimmen zu sichern, besonders dort, wo Frauen nicht zugelassen wurden. Aus diesem Gebrauch nistete sich die zwei Jahrhunderte währende Unsitte des Kastratentums ein. Es ist aber nicht richtig, wie mannigfach behauptet wird, daß die Stimme dieser »*Musici*« die Frauen- oder Knabenstimmen an Wohllaut überträfe — wohl an Tragfähigkeit, Stärke und Dauerhaftigkeit. In weiterer Folge wurde die Altstimme von Frauen vorgetragen (der Zeitpunkt ist nicht ganz sichergestellt) und sogar die Tenorstimme durch Frauen verstärkt.

Wenngleich sich ein immerwährender Um- und Austausch zwischen den Mitteln der Vokal- und Instrumentalmusik vollzieht, so erhielten sich doch gewisse Formen und Gattungen als der einen oder andern zugehörig, und die Blüteperioden werden auf den beiden Gebieten abwechselnd erreicht, ausnahmsweise in gleichzeitiger Gegenüberstellung und Vereinigung. Die Motette ist von den mehrstimmigen Vokalgebilden solch eine, wie wir sahen, alle Jahrhunderte der Kunstentwicklung überdauernde Form in abwechselnden stilistischen Behandlungsarten. Die weltlichen mehrstimmigen Vokalformen unterliegen mehr dem Wechsel — doch zieht sich durch das mehrstimmig gearbeitete Lied der verschiedenen musikalischen Kulturnationen und Stilperioden auch ein Verbindungsfaden. Nur wechselt eben da in getrennten Stiletappen vokale Polyphonie oder Homophonie mit instrumental begleiteter, vokaler Ein- oder Mehrstimmigkeit. Die Einflüsse der Motette auf die Ausbildung der Instrumentalmusik im 16. Jahrhundert, die Einflüsse des Madrigals und der italienischen und französischen Kanzone auf die weltliche Instrumentalmusik der gleichen Zeit befördern die Ausbildung der letzteren, die von dieser Zeit an ihren Eigenweg geht. Im 16. Jahrhundert sind mehrstimmige Vokalstücke vielfach »auch für Instrumente aller Art tauglich«, wie es am Titel der betreffenden Werke heißt. Dies findet sich wohl nicht mehr auf den Titeln der Werke im 17. und 18. Jahrhundert. Trotzdem trifft ausnahmsweise das gleiche zu. Wenn selbst Händel und Bach ein oder das andere Instrumentalstück eigener oder fremder Faktur in einen Vokalsatz herübernehmen oder verwenden, so basiert dieses umgekehrte Vorgehen auf dem gleichen Grunde. Einzelne Instrumentalfugen dieser und anderer Meister der gleichen Zeit lassen sich ohne weiteres singen, andere sind dazu nicht geeignet. Man vergleiche z. B. aus dem ersten Teil des »wohltemperierten Klavieres« die Themen von den Fugen *Cis-moll* und *D-dur*, denen die ganze Behandlung der betreffenden Fugen entspricht:

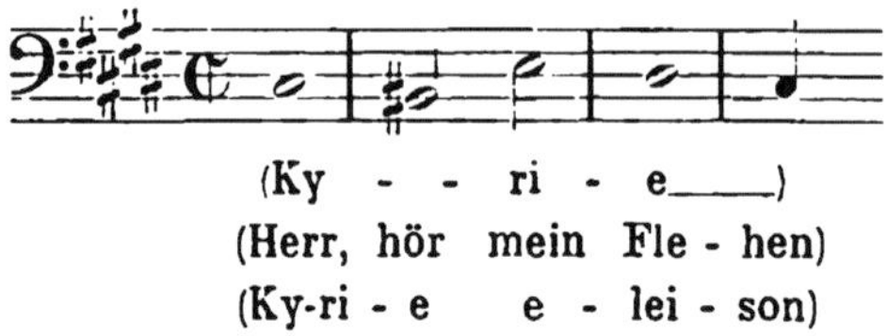

Die eine vokal, die andere instrumental. Und doch war zu dieser Zeit die Trennung vollkommen vollzogen. Die Instrumentalmusik hatte ihre eigene Behandlungsart, die sich für die einzelnen Instrumente individualisierte und hatte ihre eigenen Formen: Präludium, Tokkata aus dem 16. Jahrhundert, Suite, Ouvertüre, Konzert und alle die Arten der Sonata aus dem 17. Jahrhundert, letztere gegenüber der stilistischen Generalgattung der „Cantata« in der Vokalmusik. Allerdings hatte diese im Gegensatz zur rein-vokalen a cappella-Musik des 16. Jahrhunderts manche Bestandteile von der Instrumentalmusik mit herübergenommen, deren Verwendung auch den Eigencharakter der Vokalteile mit beeinflußte — sofern der Komponist nicht selbst die mit der Sprache in ein richtiges Verhältnis tretende Sangbarkeit unversehrt zu erhalten vermochte. Die Generalform der Polyphonie dieser Zeit, die Fuge (ontogenetisch mit Ricercar und Kanzone des 16. Jahrhunderts verbunden), mit ihren Vorformen des 17. Jahrhunderts stand sowohl der Vokal-, als der Instrumentalmusik zur Verfügung und ordnete sich den Erfordernissen beider nach Bedarf ein. Dies änderte sich gründlich mit der Vorherrschaft der Sonatensatzform in der Instrumentalmusik, die, seit dem 17. Jahrhundert vorbereitet, in der zweiten Hälfte des 18. Jahrhunderts in ihre vollen, ausschließenden Rechte trat. Von da an war ein Um- und Austausch ausgeschlossen.

Die Instrumentalmusik hatte seit ihrem selbständigen Hervortreten in der Geschichte der Musik zweierlei Arten der stilistischen Behandlung: die strenge, die sich an die Stimmführung der Vokalmusik anschloß, dabei aber den gegenüber der menschlichen Stimme sich geltend machenden freieren Regungen der instrumentalen Äußerungen dort und da, allerdings vorerst nur wie im zufälligen Ausgreifen Rechnung trug. Dieses Verhältnis verschob sich allmählich und änderte sich erst völlig mit der neuen Satzart, die um die Mitte des 18. Jahrhunderts zur Vorherrschaft gelangte. Diese die ältere Vokal- und Instrumentalmusik gleicherweise umfassende Stimmbehandlung bezeichnen wir als »gearbeiteten, gebundenen Stil«. Demgegenüber besteht speziell für die Instrumentalmusik der »*stile sueto*«, der unabhängige freie Stil, der gewöhnliche, der für Instrumente taugt (besonders Klavier und Laute). Da ist die Arbeit mehr äußerlich, der Stil geht aus dem Bestreben hervor, dem Eigenklang der Instrumente Rechnung zu tragen. Schon im 15. Jahrhundert (und vielleicht noch früher) begegnen wir diesen beiden Stilrichtungen in der Instrumentalmusik, die dann in den folgenden Perioden ihre besonderen, im einzelnen sich unterscheidenden »Behandlungsarten« erfahren. Im 15. Jahrhundert war die Scheidung der Instrumente nach ihrer künstlerisch markanten Behandlungsart nicht vollzogen. Man besetzte noch im 16. Jahrhundert mehrstimmige Stücke wahllos mit Instrumenten verschiedener Art oder mit Instrumenten, die einer Familie angehören: Flöten vom Sopran bis zum Baß, Posaunen vom Diskant bis zum Baß, Geigen und Violen in allen Lagen usw. Wohl diente auch in dieser und der vorangegangenen Zeit der koloristische Eigenklang einzelner Instrumente zu bestimmten Zwecken, für gewisse Stände: Geige und Harfe für Troubadours und Minnesinger, Zinken für die Türmer, Hörner für die Jäger, Trompeten, Posaunen und Pauken für fürstliche Empfänge und Feste, Querpfeife und Trommel für Krieger, die Leier (Organistrum) für Jongleurs und Bettler. Die künstlerische Einordnung für ästhetische Spezialzwecke wurde erst in der Folge, besonders seit dem 17. Jahrhundert, vorgenommen. Vorläufig richtete sich die Verwendung nach der Tauglichkeit für den Raum, in dem Kunstwerke vorzutragen waren. Das Positiv (die kleine aufstellbare Orgel), die Arten des Klavichords und Spinetts, die Geigen aller Art für das Haus, die kräftiger klingenden Instrumente, so die große Orgel, denen sich auch im Hause verwendete Instrumente für die Kirche und in der Folge für die Säle der Vornehmen gesellten. Daß sich beim Üben und Vortragen auf Instrumenten der »Spieltrieb« (in des Wortes engster Bedeutung) betätigen wollte, förderte in weiterer Folge die Spezialausbildung der Instrumentisten und fand noch ein weiteres Mittel der Beförderung in der freien Entfaltung der Individualität durch den Geist der Renaissance. Da konnte sich die Gedankenäußerung den Anforderungen der Eigenart und des Instrumentes einordnen, und es entstehen melodische Wendungen, akkordische Zerlegungen, Figurationen, die, aus der differenzierenden technischen Behandlung, förmlich aus dem Eigenklang und der Mechanik der betreffenden Instrumente hervorgegangen sind.

Besondere Stilarten entstanden durch die Mischung vokaler und instrumentaler Mittel. Das gesunde Verhältnis besteht in dem Dominieren der Vokalgruppe über der instrumentalen. Die erstere hat vor allem ihre stilistische Eigenart zu wahren, die zweite muß sich der ersteren einordnen und kann gleichwohl eine freiere Behandlungsart anstreben. In den verschiedenen Stiletappen tritt ein mannigfacher Wechsel dieses Verhältnisses hervor, von der adäquaten Behandlungsart in mannigfachen Schattierungen bis zur Umkehrung des natürlichen Verhältnisses. Die richtige und unrichtige, die gute und schlechte Behandlungsart folgt durchaus nicht chronologisch aufeinander, sondern in buntem Wechsel. In den ersten Perioden der Mehrstimmigkeit ist das Verhältnis ungeklärt. Die Musik seit der zweiten Hälfte des 19. Jahrhunderts hat wohl in dieser Beziehung die ärgsten Exzesse gebracht. Die Klagen hierüber reichen bis ins 18. Jahrhundert. Dieser Mißbrauch hängt zusammen mit der Außerachtlassung der für die reine Vokalmusik notwendigen und aus dem sich allmählich klärenden Wechselprozeß endlich gewonnenen Grenzen und Schranken, besonders auf vokalpolyphonem Gebiete. Die Störungen, Hemmungen, Verwirrungen stilistischer Behandlung sind diesfalls mannigfacher Art. Auch aus der Absicht, die Lizenzen des gesanglichen Solovortrages in die vokale Mehrstimmigkeit zu übertragen, entsteht eine Unreinheit stilistischer Behandlung, die endlich einen Riegel durch die Unaufführbarkeit erhält. Dieser Grad ist heute erreicht. Die Zurückweisung ergibt sich schon aus der richtigen Erkenntnis der Stileigentümlichkeiten und Stilgrenzen zwischen Vokal- und Instrumentalmusik. Auch in anderer Beziehung wird heute eine Stilverwirrung vollzogen, wie sie schon in den Anfängen der Vereinigung vokaler und instrumentaler Mittel zu beobachten ist, vor der Scheidung und ebenmäßigen Vereinigung der beiden Stilgruppen: die Vokalstimmen werden schlechtweg wie instrumentale Stimmen ohne Rücksicht auf die Wortunterlegung verwendet. In dem mehrstimmigen Verband werden dann die Gruppen wohl im Notenbild, aber nicht in der Stimmführung geschieden. Im normalen Satze der Vereinigung vokaler und instrumentaler Stimmen sollten die letzteren die ersteren verstärken oder ihnen stützend zur Seite treten oder durch Gegenbildungen das Gefüge vervollständigen; sie gewinnen jetzt so weit das Übergewicht, daß eine Umkehrung des natürlichen Verhältnisses eintritt und alle oder einzelne vokale Stimmen nur wie klangliche

Verstärkungen zu den instrumentalen erscheinen. So entsteht eine Überwucherung des Klanglich-Instrumentalen, in das die Träger des Textes mit hineingezogen werden, indem sie die Worte beliebig wiederholen, ohne durch solche Wiederholung die Ausgestaltung des Ganzen zu einer abgeschlossenen Form zu erheben, wie es in der Blütezeit der Chorlyrik und ihren Folgeerscheinungen mit Recht üblich ist. Dieser Übelstand ist nicht mit den Silbenwiederholungen in den *Falas* des 16. und 17. Jahrhunderts zu verwechseln, in denen sie nur vokal angewendet waren. Eine allerdings unbedeutende Nebenerscheinung sind besonders die im Männergesang beliebten »Brummstimmen«, bei denen die tiefen Stimmen klanglich-harmonische Funktion haben — eine Spielerei, die auch gelegentlich im Einzelgesang (*a bocca chiusa*) vorkommt und stilistisch bedeutungslos ist.

Lyrik und Dramatik. In der dramatischen Musik ist das in der Geschichte der Oper zutage tretende Mißverhältnis zwischen Vokal- und Instrumentalmusik die äußerste Konsequenz des Prinzips, das in dem *stile rappresentativo* oder *stile imitativo* gelegen ist. Es stehen sich reine musikalische Lyrik, als dem Worte beigeordneter musikalischer Stimmungsausdruck und musikalische Dramatik gegenüber, welch letztere zur Kennzeichnung des Vorganges, der inneren und äußeren Vorgänge, alles ergreift, um »darzustellen« und »nachzuahmen«. Diese zwei grundverschiedenen Stile werden in der Geschichte der Oper nicht selten vereinigt; sie bietet das Auf und Ab, das Mit- und Gegeneinander dieser zwei Richtungen, ihres Kampfes, ihres Ausgleiches, dann der Besiegung der einen durch die andern, einander wechselweise ablösend und sich wieder assoziierend. Auch bei der Lyrik wird volle Verwertung der zu Gebote stehenden Mittel nicht ausgeschlossen, nur verfolgt sie nicht das Ziel, welches das musikalische Drama auf das Äußerliche, auf das Theatralisch-Schauspielerische führt und daher nicht genug der Machtmittel ergreifen kann. Die Lyrik hat demnach Verinnerlichung, die Dramatik Veräußerlichung zur Folge. Nur Auserwählte vermögen auch in der Dramatik die erstere voll zu wahren — daher das Versinken der massenhaften musik-dramatischen Literatur der Vergangenheit bis auf wenige Ausnahmen.

Musik im Dienste von dramatischen Aufführungen, dramatischen Spielen weltlicher und geistlicher Art hat es im historischen Rahmen unserer Musikentwicklung seit dem frühen Mittelalter gegeben. Allein die hier verwendete Musik unterscheidet sich stilistisch weder von der geistlichen (kirchlichen) noch von der weltlichen in ihren verschiedenen Arten. Eigentlich dramatische Musik im Sinne einer selbständigen Stilbehandlung gibt es erst seit dem 16. Jahrhundert, da sich der Stil vorbereitet, der dann bezeichnenderweise »*rappresentativo*« oder »*imitativo*« genannt wird: Darstellung und Nachahmung der in der Handlung gelegenen Seelenregungen und ihrer körperlichen Äußerungen durch die Mittel der Musik. Schon die Griechen kannten eine solche Behandlungsart. Speziell auch bei den monodischen Gesängen bezeichneten sie mit dem gleichen Namen »*μιμητικον*« und sagen, diese »*μονωδιαι μιμητικαι ἐγενοντο*« — Monodien wurden mimetisch, darstellend. Unser Wort »*imitativo*« ist natürlich von dem »*stile imitativo*« im engsten Sinne zu trennen, der die Nachahmungsarten der Polyphonie und ihre Behandlung in Eintritt und Fortführung der einander folgenden Stimmen umfaßt. Der *stile imitativo* im ästhetisch-dramatischen Sinne ist ein Nebenausdruck für *stile rappresentativo* und bedeutet die musikalische Projizierung aller Vorgänge auf der Bühne, der äußeren und inneren, in sprachlicher Melodiebehandlung mit Verwendung aller zu Gebote stehenden sonstigen musikalischen Mittel in Mehrstimmigkeit und Instrumentalkoloristik. Im 16. Jahrhundert traten diese Bestrebungen besonders im Madrigal auf, das wirklich *μιμητικον* wurde, wie wir aus zahlreichen Beispielen, am markantesten vielleicht bei Orazio Vecchi ersehen. Auch in der Chanson des 16. Jahrhunderts machte sich diese mimetische Stilrichtung stark bemerkbar, noch früher als im Madrigal. Sodann rückt die rein solistische Behandlung in den Vordergrund. Neue Versuche begnügen sich vorerst mit einer melodisch dürftigen Behandlung, um den natürlichen Tonfall der Sprache und sodann das, was von ihrer Leidenschaftlichkeit mit den zu Gebote stehenden Mitteln ausdrückbar war, musikalisch wiederzugeben. Der *Stile recitativo* erhebt sich in aufsteigender Linie vom *Parlante*, *Secco* in verschiedenen Mittelgraden, Verzweigungen und Vereinigungen zum *Accompagnato* und *Arioso.* Das letztere ist wohl vom rein musikalischen Standpunkt das Endglied, allein in Hinblick auf die Steigerung der Leidenschaftlichkeit wird im *Accompagnato* die höchste Stufe erreicht. Alles in taktischer Behandlung, wie es sich in dem aus der weltlichen Musik herübergenommenen Madrigal als rhythmisch-absolutes Prinzip herausgebildet, vielmehr stilistisch befestigt hatte.

Die instrumentale Begleitung diente teils als Stütze der Intonation, teils als rhythmische Bestärkung der taktischen Gliederungen und Zäsuren, und endlich bildete sie sich aus Versuchen aller Art zu einer wirklichen musikalischen »Rappresentation« oder »Imitation« der Vorgänge. Die dramatischen Komponisten der Frühzeit wechseln mit den Bezeichnungen, sie rücken bald das Drama, bald die Komposition in den Vordergrund der Werke und der Titel. So war es damals und so ist es bis heute in den »musikalischen Dramen« mit dem wechselnden Hervortreten von Drama und Musik. Erst um die Mitte des 17. Jahrhunderts seit dem zunehmenden Überragen des Musikalischen über dem Dramatischen wurde die Generaltitulatur »*opera*« üblich, im richtigen Gefühl für die Bezeichnung von Werken, in denen die Musik doch immerhin im Vordergrunde steht, wie man auch musikalische Stücke schlankweg als *opera*, als *opus* bezeichnete. Am Anfang des 17. Jahrhunderts sind die Bezeichnungen abwechslungsreich: »*Le musiche di* (Name des Komponisten) *sopra* (das Werk z. B. Euridice) ... *rappresentate*« ... oder »*Dafne rappresentata*« oder »*La favola d'Orfeo rappresentata in musica*« oder schlechtweg »*Orfeo in musica*«, dann »*Drammatodia overo canti rappresentativi di* (Komponist) *sopra* (Titel des Werkes) *recitati*« oder »... (Titel) *composta in musica in stile rappresentativo*«, endlich kurzweg »*dramma per musica*« oder »*dramma musicale*«. Titel sind nur äußerlich zu nehmen, allein in dieser Beziehung zeigen sich die Bestrebungen der verschiedenen Opernschulen auch in der äußeren Fassung bis auf den heutigen Tag, wo »Handlung« im Gegensatz zur Oper gebraucht wird, oder »Komödie für Musik« oder gar nichts weiter als »... (Titel) in 3 Akten« — nebst sonstigen sonderbaren Titelbezeichnungen.

Die nähere Kennzeichnung im Titel eines musikdramatischen Stückes ist nicht gleichgültig: jede musikdramatische Familie hat ihre eigene stilistische Behandlung, so die auf volkstümlich nationalem Boden stehenden: Singspiel, *Balladopera*, *Vaudeville*, *Zarzuela*, *opera buffa* in ihren stetigen stilistischen Steigerungen zu den betreffenden höheren Stilgattungen, von denen einzelne besondere Namen erhielten, prinzipiell oder zufällig, wie die *opéra comique* der Franzosen, das romantische Singspiel der Deutschen; von vornherein erhielten ferner folgende, gleichfalls auf nationalem Boden stehende, musikdramatische Arten eine feste stilistische Verankerung: *tragédie lyrique en musique*, *opéra héroïque*, *grand opéra*, *opéra fantastique*, *opéra lyrique* bei den Franzosen, *opera seria*, *semiseria* bei den Italienern. Wir begegnen da einer großen Zahl von Gattungsnamen, denen gegenüber die Deutschen in Erfindung neuer Stilnamen für musikdramatische Darstellungen zurückhaltend waren. Eine Bezeichnung, wie die der »romantischen Oper«, enthält zwei romanische Wörter

— instinktiv auf den Ursprung der ganzen Gattung weisend, ohne Rücksicht auf die originäre Anteilnahme und die nationalen Verdienste bei der Ausbildung der in die neuere Geschichte des musikalischen Dramas tief einschneidenden Werke dieser Art. Man kann einerseits nicht alles genau der Bezeichnung nach trennen, was sich stilistisch gegenübersteht, manchmal schroff entgegenstellt, anderseits ist es ebenso unmöglich, das allen stilistischen Arten des musikalischen Dramas Gemeinsame bei der Mannigfaltigkeit ihrer Erscheinungsarten in einer Gattungsbezeichnung zu einigen. Wagner findet, wie wir sahen (S. 128), »in der Übereinstimmung der dramatischen und musikalischen Tendenz den Stil der Oper«. Aber in der Flucht der Erscheinungen trennt sich nicht selten die eine von der andern. Sie sind nicht wie die Regenbogenfarben, die durch Regen oder Prisma getrennt, als einer Grundfarbe zugehörig erkannt werden.

Die Auffassungen über Divergenz von Musik und Drama, über Vereinheitlichung von »dramatischen und musikalischen Tendenzen« und ihre Vereinigungs- und Behandlungsarten sind so verschieden, daß, wie die Geschichte lehrt, kein alleinseligmachender Glaube über die Stilhaftigkeit der Oper besteht. Die Geschichte der Oper, des eigentlichen musikalischen Dramas, setzt überhaupt erst ein, als unsere Musik einen anderthalbtausendjährigen Entwicklungsgang genommen hatte und dramatische Darstellungen mit Musik oder mit Musikeinlagen geboten worden waren, die von der gleichen Wirkungsfähigkeit waren, wie die gepriesensten und vollendetsten Opern der späteren Zeit und sogar diese ihre Wirkungskraft, getragen von nationaler Begeisterung, an einzelnen Orten heute noch bewähren. Allerdings die Schilderungen der ekstatischen Wirkungen der ersten Florentiner Oper werden auch heute von den Beobachtungen über Eindrücke der musikdramatischen Literatur seit der zweiten Hälfte des vorigen Jahrhunderts nicht erreicht, im Gegenteil, die letzteren stehen da weit zurück. Wie verhältnismäßig ärmlich kommen uns von der musikalischen Seite aus betrachtet die Leistungen dieser ersten wirklichen Oper vor! Fast erbärmlich! Und doch lag in ihnen der Keim zur Hochentwicklung des der ganzen Gattung zugrunde liegenden Stilprinzipes des »*Rappresentativo*« oder »*Imitativo*«, das fortzeugend wirkte, in mehrfacher Beziehung das Tonreich erweiternd und bereichernd. Hier konnte sich die freiere formale Behandlung bis zur vollständigen Sprengung der Form zur Geltung bringen. Von diesem Standpunkt aus war diese Oper ausgegangen, und dazu kehrte sie nach mancherlei Etappen der Einkehr zu abgerundeter Formbehandlung von Zeit zu Zeit wieder zurück und gewann die Möglichkeit neuer Regungen. Schon in dieser ältesten Oper stehen sich diese beiden Richtungen gegenüber, die sprachlich-rezitativisch freie und die melodisch-geschlossene. Immer aber sind auch in die letztere Elemente der ersteren mit herübergenommen, wenn anders das Drama als Ganzes oder zum größeren Teil »in Musik gesetzt« werden soll und sich nicht mit musikalischen Einlagen begnügt, wie etwa das Liederspiel. Dieses liegt eigentlich außerhalb der Grenzen der Musikdramatik und bringt nur eine Verwertung von Liedern als Einlagen oder sinkt als »Dramatisierung« von Liederzyklen zur gänzlichen Stillosigkeit, Stilwidrigkeit herab, wie dies z. B. mit den Müllerliedern von Schubert und ihrer Übertragung auf die Szene geschehen ist.

Die Übergänge, die Mittelarten von freien musikdramatischen Formungen zu geschlossenen und die Vermittlungsglieder zwischen den beiden bilden eine historisch-kritisch bisher nicht übersehene Reihe von Erscheinungen innerhalb der Opernliteratur. Schon bei den sogenannten geschlossenen großen Arienformen ist ein reicher Wechsel der Gestaltungen zu beobachten, der in der Literatur des 18. Jahrhunderts eine erkleckliche Zahl von Artenbezeichnungen zur Folge hatte, wie: *Aria cantabile*, *di portamento, di mezzo carattere, di bravura* bis zu den den *stilo imitativo* mehr bezeichnenden und sich ihm mehr nähernden *Aria parlante, agitata, infuriata, d'agilità, d'imitazione,* wobei neben der regulären Dreiteiligkeit auch Zwei- und sogar Einteiligkeit vorkommt. Von allen diesen Ariengebilden geht eine ununterbrochene Reihe von Zwischenformen und Gestaltungen bis zum *Recitativo accompagnato* in, man kann sagen, absteigender Linie — im musikdramatischen Sinne müßte man sagen: in aufsteigender Linie. Von knappen Formen ausgehend, hatte die Arie durch Erweiterung der Phrasen und Instrumentalritornelle immer breitere Formen angenommen. Die Ansätze zur Vielgestaltigkeit der Arienform, richtiger der ein-, zwei-, dreiteiligen geschlossenen Sologesangsformen liegen schon in den ersten Stadien des musikalischen Dramas, wie überhaupt des monodischen Stiles in seinen verschiedenen Erscheinungsarten. Ihre Stellung war mannigfach verschieden. In der neapolitanischen Oper wurde sie der Gipfelpunkt der Szene. Die hier zur vollen Ausbildung gediehene *Da Capo*-Arie hatte trotz der äußerlichen Dreiteiligkeit eine so abwechslungsreiche Innengliederung, daß wie bei allen großen Formen, so auch hier jede Arie für sich Eigenbestand aufweist. Von vollkommener Geschlossenheit bis zur vollständigen Auflösung gibt es unübersehbar viele Zwischen- und Übergangsbildungen, die die einzelnen Arienteile fast beliebig unterteilen und vermehren konnte, wie dies auch bei den weltlichen Formen des 14. Jahrhunderts und fast zu allen Zeiten mehr oder weniger hervortritt, da künstlerische Organismen in Ausbildung und Umbildung begriffen sind. Als außerhalb der dramatischen Richtlinie fallend und doch als eine der reichsten Begleit- und Nebenerscheinungen ist die *Aria concertata* anzusehen, die, dem konzertanten Stil angehörig, auch in der Oper reiche Verwendung fand und mancherlei Anregung für die Satztechnik brachte. Hier wie überhaupt in den vollbesetzten Arien und begleiteten Rezitativen hatte das Orchester jene Mission zu erfüllen, die ihm in der späteren Zeit musikalischer Hochdramatik im allgemeinen zuerkannt wurde bei Ausführung, »Nachahmung«, »Darstellung« aller Vorgänge und Triebfedern (»Motiven«) der Handlung. Diese Aufgabe fiel ihm auch als Begleiterscheinung der Mimik und des Tanzes in den »dramatischen Balletten« zu, der Absicht nach in noch höherem Maße als im gesungenen Musikdrama — gewöhnlich nicht mit der gleichen hohen ethischen Tendenz, denn das Ballett ist von diesem Standpunkt aus doch niederer einzuschätzen, geradeso wie wegen der Verstummung der darstellenden Personen auch in rein ästhetischer Beziehung. Die französischen Singballette, wie das köstliche »*ballet comique de la Reine*« vom Jahre 1584 verbanden Gesang und Tanz in einer ebenbürtigen Vereinigung, erhielten aber doch den bezeichnenden Gattungsnamen von der orchestischen (mimischen) Seite. Nicht dem Gang der Handlung folgte da die orchestische Musik, sondern die Tänze und die Art ihrer Verwendung und Einlegung bildeten das die Folge der Instrumental- und Singtanzeinlagen bestimmende Moment.

Dafür bot die durch den *stile imitativo* mitharanguierte Instrumentalmusik und die allmähliche Bereicherung ihrer koloristischen Mittel die Möglichkeit einer stetigen Vervollkommnung. So wie im 16. Jahrhundert die Madrigale und die mehrstimmigen Chansons, dann die Villanelle die Ansätze für musikdramatische Verwendung und programmatische Behandlung boten, also vorzüglich auf vokalem Gebiete die Übergänge zum neuen Stil der Dramatik betreten wurden (wie besonders die Übertragungen der mehrstimmigen Vokalsätze für eine Solostimme mit begleitartiger Instrumentalexekution der andern Stimmen), so setzte sich in der Folge der *stile rappresentativo* besonders auch in dieser Instrumentalbegleitung fest und wurde in das Gebiet der Instrumentalmusik übergeleitet. In diesem wurden alte Schwärmgeister neu belebt und führten zu einer eigenen Gattung, der Programmusik. Ihre Stilbehandlung wollen wir vorläufig außer acht lassen, aber schon jetzt betonen, daß die Programmusik im eigentlichen Sinne nur eine Übertragung des *stile rappresentativo* und *imitativo* auf das instrumentale Gebiet ist. Lesueur, der Lehrer des Hauptvertreters der modernen Progammatik, H. Berlioz, spricht von der »*art imitative déscriptive*«, die er auch in die Kirchenmusik zur Begleitung aller Bewegungen der Zelebranten während der heiligen Handlungen (Festmessen usw.) einführen wollte. Infolge der fortwährenden inneren und innigen Beziehungen zwischen dramatischer und programmatischer Musik wurde die Bezeichnung der Programmusik nicht nur auf instrumentalen Verfolg von Begebenheiten und Bewegungen, soweit sie sichtlich hervortreten, sondern auch auf musikalische Ausdruckserscheinung innerer seelischer Vorgänge übertragen; ohne diese bleibt Instrumentalmusik ein Zählen und Messen von Tönen und Formen. Die Wiedergabe seelischer Regungen ist in der reinen Tonkunst nicht an den Wechsel von Stimmungen gebunden, wie sie im Anschluß an Erlebnisse, an äußere Vorgänge in der Seele aufeinanderfolgen, sondern wird nach ästhetischen Normen für die formale Ausgestaltung vollzogen, die vom Schaffenden notwendig berücksichtigt werden, wenn anders ein Kunstwerk entstehen soll, das auf Eigenexistenz Anspruch erheben kann. Dagegen wird in der dramatischen Musik diese programmatische Tendenz entsprechend den Bedürfnissen nach instrumentaler Schilderung oder Begleitung solcher Vorgänge nicht nur geduldet, sondern liegt im Grundprinzip des *stile imitativo* und wird nur durch die Rücksichten auf den Fortgang der Handlung und die in jeder Oper notwendige Aussprache lyrischer Stimmungen begrenzt. Darin liegt mit ein Angelpunkt der musikdramatischen Behandlung, der von verschiedenen Schulen und Meistern verschieden angelegt wurde.

Von der einen Seite wird die Anlage formal abgerundeter Stücke angestrebt und der Platz ihrer Verwendung als den lyrischen Momenten entsprechend, als eine Art Ruhepunkt innerhalb des dramatischen Vorganges angesehen. Von der andern Seite wird die Arie als ein Höhepunkt der leidenschaftlich erregten Stimmung und als eine Schlußfolge des *Recitativo accompagnato* angesehen, daher *Aria agitata* usw. Unzweifelhaft ist der musikalische Verfolg der durch den dramatischen Fortgang leidenschaftlich erregten Stimmungen und der sie hervorrufenden Vorgänge am geeignetsten im begleiteten Rezitativ und seiner möglichst freien, d. h. in diesem Falle dem Vorgang möglichst eng sich anschließenden formalen Behandlung zu erreichen. Daraus und aus den ähnlich geführten Durchführungsteilen der Sonatensätze und den ebenso frei geführten Mittelteilen mancher Arien gingen in allmählicher Lösung und Zerlegung der Teile der letzteren im Anschluß an die Finales der Opern des 18. Jahrhundertes die großen musikdramatischen Formungen des 19. Jahrhunderts hervor. Sie unterscheiden sich äußerlich bezüglich der Ungebundenheit in der Folge der Teile nicht von den ältesten Ausgestaltungen des *Dramma musicale.* Diese wurden durch die textlichen und musikalischen Zäsuren rhythmisch und harmonisch gegliedert, ohne festes melodisches Prinzip, jene werden durch die fortrotierende Motivik und Thematik der Instrumentalmusik zusammengehalten, über welcher der Gesang sich hält oder anhält, wenn eine detailliertere Aussprache nötig ist, die vom Worte nicht gegeben wird, sei es weil es der Sprache auszudrücken nicht möglich ist, sei es weil die Musik diese Aufgabe eindringlicher erfüllen kann, sei es daß beim Schweigen und Verschweigen Bewegungen, Blicke durch die Musik ausgelöst werden.

Um all diesen Anforderungen nachzukommen, bedurfte es jahrhundertelanger Entwicklung. Nur darf man nicht zweifeln — und die Geschichte lehrt dies dem im Hören und Heraushören Geübten — daß dies etwa innerhalb der verschiedenen Etappen nicht jeweilig in der Weise, im Stile der Zeit vollauf gelungen wäre. Der Stand der dramatischen Musik einer Epoche ist dem der reinen Tonkunst homogen. Manchmal greift die eine, manchmal die andere vor oder weiter aus. Bald steht die eine, bald die andere im Vordergrunde künstlerischer Betätigung. In seltenen Fällen ist die Rangstellung strittig. Zumeist scheiden sich die Talente je nach ihrer Begabung für die eine oder die andere. Nur bei Einem Meister ist die Wahl nicht zu treffen: bei Mozart, diesem größten, reichsten Musikgenie aller Zeiten. Damit ist nicht gesagt, daß er entwicklungsgeschichtlich in beiden Stilrichtungen gleich bedeutend ist; da steht er in der Instrumentalmusik hinter Haydn, in der dramatischen Musik hinter Gluck, seinen Zeitgenossen. Allein in künstlerischer Beziehung, in der positiven Leistung, überragt er beide. Dieses künstlerisch-persönliche Verhältnis ist hier bei der Behandlung der musikdramatischen Stilfragen deshalb berührt, um anzudeuten, daß für den Fort- und Höhergang stilistischer Ausbildung einer Gattung nicht allein die Begabung, und sei sie höchster Art, ausschlaggebend ist.

Manche Künstler haben in Beziehung auf Stilbehandlung mehr fördernd gewirkt, als sie in ihren Leistungen in bezug auf künstlerischen Gehalt positiv bieten. Dies gilt nicht nur von der reinen, auch von der angewandten, besonders der dramatischen Musik. Daraus erklärt sich die dauernde stilistische Wirkungskraft der Florentiner Dramatiker trotz des Mangels an Kunstgehalt ihrer Werke. Darin liegt auch die Stärke der traditionellen französischen Opernschule seit dem 17. Jahrhundert bis auf unsere Tage. Die rein musikalische Leistung tritt da förmlich zurück. Die Technik muß geebnet sein. In der Wahl der Mittel und in der Art ihrer Verwendung ist die musikalische Dramatik durchaus nicht so peinlich, so sorgfältig wie die Musik, die auf sich gestellt ist. Wie das Landschaftsbild zur szenischen Landschaftsdekoration, so verhält sich die reine Musik zur dramatischen Musik, wenn diese im eigentlichen *stile rappresentativo* behandelt ist. Nun gibt es Stadien, in denen die musikalische Gewissenhaftigkeit sich auch auf die Opernkomposition überträgt (wie etwa bei Rameau, noch gesteigert bei J. J. Fux), allein nicht immer zum besten der dramatischen Wirkungsfähigkeit. Fast scheint es, als ob sich Wirkungskraft und musikalischer Gehalt, die beide im Dienste der Musikdramatik stehen, durchaus nicht deckten.

Am auffallendsten tritt dieses Verhältnis in jenen Teilen der Oper hervor, die als »lyrische« bezeichnet oder in denen lyrische Formen angewendet werden. Es gibt Opernperioden, in denen der Stil der lyrischen Gesänge ihrer Zeit *pur et simple* auf die betreffenden Stellen in den Opern übertragen, einbezogen werden. Es ist dann zumeist nicht der einfache Liedstil vorzufinden, sondern eine in die allgemeine vokale Stilisierung der Zeit einbezogene Behandlung der Gesänge. Das gleiche ist zur Zeit der durch Instrumentalweisen beeinflußten Stilrichtung des Liedes zu beobachten. Alles das findet im Drama Verwendung. Die Hauptfrage geht dahin, ob damit eine Stilrichtung in musikdramatischer Beziehung gewonnen und erarbeitet wird. Das deutsche Lied, wie es im zweiten und dritten Jahrzehnt des 19. Jahrhunderts in der deutschen Oper verwendet wird, unterscheidet sich gar sehr von der Liedweise Franz Schuberts. Die Lieder und liedartigen Gesänge in seinen eigenen Opern und Singspielen sucht Schubert instinktiv abzurücken, ohne daß es ihm gelingt — dies war einer der Gründe für das Versagen seiner dramatischen Werke. Noch mehr als etwa die Lieder der ersten romantischen Schule, die in der Oper verwendet werden, entfernen sich die geschlossenen Gesänge der folgenden Periode der romantischen Oper von dem deutschen lyrischen Lied; sie sind trotz ihrer lyrischen Haltung Theatergesänge. Es sei auf die »Lieder« in der »Walküre« und selbst in den

Meistersingern verwiesen. Alle diese Fragen bedürfen einer weiteren Behandlung, um zu den Details der stilistischen Unterschiede von Lyrik und Dramatik in der Musik vorzudringen. Ausgangs- und Endpunkt ist der Maßstab des »*stile imitativo* und *rappresentativo*« — der Wendestil zur wirklichen musikalischen Dramatik. Manche Art Bezeichnungen von Opern (besonders französischen) vermengen absichtlich das Lyrische mit dem Dramatischen und wollen dadurch das Schwergewicht der Musik in das erstere verlegt wissen: »*Opéra lyrique*«, »*drame lyrique*« und die ältere »*tragédie lyrique en musique*«. Die Deutschen hatten die Generalgattung des Singspiels, in dem diese Bestrebung sich breit entfalten konnte. Hier sind es die Lieder und liedartigen Gesänge, dort bei den Franzosen die »Chants«, »Chansons«, dann die »Romances« und wie alle die lyrischen Formen der verschiedenen Nationen lauten mögen, in denen das Lyrische in seinen unendlichen Schattierungen zum Ausdruck gelangte.

Der Bezeichnung des »Melodrama« im älteren ursprünglichen Sinne (nicht in dem der zweiten Hälfte des 18. Jahrhunderts als instrumental begleiteten Deklamationsvortrag) liegt auch diese lyrische Auffassung zugrunde, als ein Musikdrama mit melodisch geschlossenen und melodisch behandelten Formen, die vorzüglich dem Lyrischen Rechnung tragen. Die Arien und geschlossenen Formen der Oper sind vorwiegend lyrischen Inhaltes, der ja das ganze Gemütsleben des Menschen umfaßt, den das Vorstellungsleben begleitenden Gefühlsanteil des einzelnen oder einer Gemeinschaft. Ihr Komplex ist so überreich, selbst in der Beschränkung auf den Zusammenhang mit der Handlung, daß die Zusammenstellung verschiedener Teile in den von den geschlossenen Formen sich entfernenden Formungen dieser Art kaum eine Bereicherung bedeutet, und in der Tat streben die Opernkomponisten nach Perioden der Formzersetzung immer wieder nach neuen Formen und Gestaltungen.

Auch die Lyrik selbst ist solchen Wandlungen unterworfen und hat in ein- und mehrstimmiger Bearbeitung ihre Höhen- und Verfallzeiten. Sie verfügt über die gleichen Mittel, nur verwendet sie diese vornehmer und zurückhaltender. Die Kunstäußerung kommt dabei nicht zu kurz, auch die Technik gewinnt dabei. Solo- und Chorlyrik finden wir im Choral, sie ist göttlichen, theosophischen Inhaltes. Ensemblelyrik in höchster Blüte bietet die a cappella-Musik des 16. Jahrhunderts, sie umfaßt irdische und göttliche Liebe als ihr Hauptgebiet neben manchen anderen Stoffgebieten, sie breitet sich gleichsam episch aus. Subjektiv ist die Lyrik der Monodisten des 17. Jahrhunderts, während im Zentrum des Liedgesanges die Erotik ist, wie früher so jetzt. Alle zusammen vereinigte in einer, in der Geschichte der Kunst bisher unerreichten Vollendung die *Chorlyrik* der Altklassiker, die in der gediegensten Weise alles verarbeitete, was von hierzu geeigneten Elementen bisher in der alten und neuen Kunst hervorgetreten war und in einer stilistisch einheitlichen Weise zusammengefaßt werden konnte. Auch in das Drama, seine verschiedenen Abarten und Seitentriebe war sie eingedrungen. Bei den Franzosen durch die Tanzchöre, bei den Italienern in das Entwicklungsglied der neuen Oper, die speziell Choroper (der Florentiner) genannt wurde, später bei den reicher dotierten Hofinstituten als Begleiterscheinung der Prachtentfaltung. Einer Gattung stand sie als Patin zur Seite: dem Oratorium.

Oratorium.

In dem Wirrwarr der künstlerischen Erscheinungen, die der Kunstgattung des Oratoriums als zugehörig angesehen werden, sei es, daß sie direkt als Oratorium bezeichnet oder mit mannigfach anderen Gattungsnamen im Laufe der historischen Entwicklung belegt wurden, läßt sich nur durch geschichtlichen Einblick eine Läuterung der Anschauungen gewinnen und zu einer richtigen Erkenntnis vordringen. Der Komplex der verschlungenen Fragen über dieses vielerörterte und bisher noch nicht geklärte Thema hängt mit der Wesensanschauung über das musikalische Drama zusammen, wurde aber irrtümlich mehrfach mit ihr identifiziert. Die theoretischen Auffassungen, die seit dem 17. Jahrhundert fast ununterbrochen bis auf unsere Zeit aufgestellt worden sind, entbehren einer tieferen Einsichtnahme in die historischen Ereignisse. Erst in neuester Zeit ist durch die Forschungen zweier Italiener, G. Pasquetti und D. Alaleona, sowie des Spaniers R. Carreras einiges Licht in die Entstehung des Oratoriums gebreitet worden*).

Wir übersehen nunmehr die historischen Etappen und die vielfachen Verschlungenheiten all der Erzeugnisse, die Oratorien sind, ihnen nahe stehn oder davon getrennt werden müssen. Das letztere ist bei all jenen geistlichen Dramen der Fall, die für die Bühnenaufführung bestimmt sind und von denen z. B. zwei Werke, »Mosé« von Rossini und »Josef und seine Brüder« von Méhul auch heute noch auf Bühnen dargestellt werden. Sie gehören in die Kategorie der Oper im weitesten Sinne. Solche Werke, sowie überhaupt die *opere spirituali*, in früherer Bezeichnung *rappresentazioni spirituali* oder *azioni sacre*, *azioni devote*, *dramme sacre per musica*, *poesie sacre drammatiche*, *opere sacre* sind durchaus nicht mit den »liturgischen Dramen des Mittelalters« zu identifizieren, besonders nicht stilistisch. Im 11. und 12. Jahrhundert wurden in Frankreich in die feierlichen Ämte solche Stücke eingegliedert. Die Priester im Ornate trugen sie in der musikalischen Sprache des Chorales vor, der einem

*) Während der Drucklegung erschien in der Serie der von Hermann Kretzschmar herausgegebenen »Kleinen Handbücher der Musikgeschichte« eine »Geschichte des Oratoriums« von Arnold Schering, eine weitgreifende und umfassende Arbeit, die, wie der Autor selbst sagt, »auf gleichen Wegen zu annähernd gleichen Resultaten« gelangt, wie die drei angeführten Arbeiten. Schering ist auch mehrfach auf Stilfragen eingegangen, deren Erörterung sich teilweise mit der hier vertretenen Auffassung deckt, teilweise entgegengesetzt ist.

eigentlich dramatischen Stile gänzlich ferne steht. Alles was vor dem 17. Jahrhundert in dieser Gattung musikalisch geschaffen worden ist, hat mit dem musikdramatischen Stile nichts gemein, denn dieser kam erst Ende des 16. Jahrhunderts auf.

Wir müssen da eine Feststellung des Wortes »dramatisch« vornehmen. Dieses wird nicht nur dann angewendet, wenn das Kunstwerk wirklich dramatisch auf der Szene durch Personen handlungsmäßig aufgeführt wird, sondern ganz allgemein zur Bezeichnung der Belebtheit des gesteigerten, erregten Ausdruckes. Zum Teil erklären sich aus dieser Unterschiebung die einander widersprechendsten Grundauffassungen bei der historisch-kritischen Betrachtung des Oratoriums. Wie wenig die spezifisch dramatische Absicht bei der künstlerischen Erfassung von Werken, die unserer Anschauung nach in die Vorstadien des Oratoriums gehören, vor dem 17. Jahrhundert zum Durchbruch kam, ersieht man aus der sogenannten Motetten-Passion des 16. Jahrhunderts, bei der die ganze Passion motettenmäßig, mehrstimmig im Wechsel der Zusammensetzung der Stimmen vorgetragen wurde. Diesen beiden stilistischen Grundarten der choral- oder motettenmäßig vorgetragenen Historien folgen im 16. Jahrhundert vielfältige Versuche von Vortragsarten, die von den genannten Historikern mit Recht als Ausgangspunkt des Oratoriums im engeren Sinne angesehen werden. Die sogenannten Dialoghi, die im 16. Jahrhundert auf dem Boden der mehrstimmigen Setzart entstanden, näherten sich immer mehr und mehr dem neuen monodischen Stile, den *nuove musiche*, ohne jedoch dasjenige Moment außeracht zu lassen, welches ich als den Grundpfeiler des wirklichen Oratoriums ansehe: den Chor. Auch die »*Laude spirituali*«, die in das 12. Jahrhundert zurückreichen, wurden in der *Congregazione del oratorio* des Philippo Neri vorzugsweise im einfach homophonen Stile vorgetragen, führen in der Abart der Dialog-Lauden in das allmählich erstehende neue Kunstgenre über, das erst 1640 als eigentliches »Oratorio« bezeichnet wird. Das Produkt ist eine Kreuzung der Musik mit dem Drama, der Monodie und Polyphonie mit Dialogen oder szenisch behandelten Vorgängen. Je nachdem der eine oder andere Teil der Erzeuger in dem Charakter des Kindes mehr hervortritt, zeigen sich die Unterschiede der Geartung nach der einen oder anderen Seite. Dieses Oratorio im eigentlichen Sinne ist nicht von vornherein für die bühnenmäßige Darstellung bestimmt, wurde aber im Laufe der Zeit dort und da in dieser Art verwendet und dadurch entstand das Mißverständnis, daß das Oratorium ein musikalisches Drama sei.

Das Oratorium ist nicht eine Verbindung musikalischer und dramatischer Momente schlechthin, sondern ein Neuprodukt *sui generis*, bei welchem die Musik als das Mitbestimmende in ihre vollen Rechte tritt, ohne dem Stofflichen der dichterischen Vorlage in der Weise Gewalt anzutun, wie dies bei jenen Opern der Fall ist, bei denen die Musik selbstherrlich auftritt, wie etwa in der sogenannten Konzertoper. So ist es begründet und erklärlich, daß im Oratorium entsprechend seiner Entstehung und seinem organischen Fortgange die Musik in den Vordergrund rückte, besonders im Chorteil, wie wir dies gerade bei jenem Meister sehen, der dem italienischen, mehr dramatisch veranlagten Oratorium die Krone aufgesetzt hat — bei Händel. Bei Meistern, in deren Werken das Drama von vornherein in den Hintergrund gestellt ist, tritt dieses Moment noch viel stärker, mächtiger auf, so in den Mysterien von J. S. Bach. Deshalb stelle ich die Chorlyrik als den wichtigsten Bestandteil, als das Ausschlaggebende im Oratorium hin. Das stilistisch Zusammenhaltende des Oratoriums vollendeter Art ist die Chorlyrik. Nicht die Ereignisse, nicht das Geschehen tritt da in den Vordergrund, sondern die Anteilnahme an den großen Ereignissen, die sich in den

Betrachtungen und Äußerungen von Kollektiv- und Einzelpersönlichkeiten (mehr oder weniger irrelevant unter welchem Namen und ob überhaupt von individueller Geartung) um die »Handlung« schlingen.

Der Chor des Oratoriums hat eine ganz andere Bedeutung als etwa der Chor des antiken Dramas. Dort ist er Einbegleitung, Ausbegleitung, Mitgehen am Drama, das im Vordergrund steht; hier ist der chorlyrische Teil im mehr- oder einstimmigen Gesangsvortrage das Zentrum. Das Chororatorium ist nicht nur eine besondere Art des Oratoriums, sondern steht im Mittelpunkt der ganzen Gattung in ihren vielverschlungenen Einzelarten. So wie in den Laude Erzählung und Dialog vom Chor übernommen werden, so ist es im Oratorium der Fall oder kann der Fall sein. Auch Gott kann rezitativisch oder chorisch in Töne gesetzt werden: Er kann vom Männerchor unison oder mit Begleitung von Instrumenten, vom Frauenchor oder auch von einer Stimme unbegleitet vorgetragen werden, wie wir alldem in der Oratorienliteratur begegnen. Christus kann ein- oder mehrstimmig gesungen werden oder, wie Spontini es will und für das Passendste erklärt, sich nur im Choralton halten. Der Chor ist betrachtend, teilnehmend, er spricht den Epilog, er wechselt als Coro pieno mit dem Solo-Ensemble, er vertritt ideale Personen oder — wie der Jurist sagen würde — juristische Personen, die gläubige Seele, die Tochter Zion (die Idealgemeinde der Chorlyrik), die Frommen, die christliche Kirche und sonstige Allegorien. Er benutzt auch den evangelischen Choral und alle Formen der Choralbearbeitungen sind besonders in den deutschen Oratorien verwendet. Um den Choral als Gemeindelied, als Chorkomposition, als Choralarie kristallisiert sich bei Bach Passion und Weihnachtsoratorium. Im Choral liegt nicht allein das Gebet des einzelnen, sondern der Gemeinde*). Der litera-

*) Es ist mir nicht verständlich, wie A. Schering (l. c. S. 330) im

rische Streit wegen Verwendung des Chorales im Oratorium scheint mir deshalb gegenstandslos. Sogar Händel, der vom italienischen Oratorium ausgegangen war, hat Choral und Choralthematik verwendet. Der Chor greift im Oratorium auch »handelnd« ein (handelnd in der Vorstellung) — ausnahmsweise bei Stellen, die aus der Oper genommen sind, wie bei den Rufen »Vittoria!« usw. oder der »Historie«, wie »Laßt ihn kreuzigen!«, »Er ist des Todes schuldig!«

Selbst in dem Oratorium der neapolitanischen Schule können einzelne Künstler sich einer relativ ausgiebigeren Verwendung des Chores nicht begeben, wenngleich er dort an den Schluß verbannt war, wie in den oratorischen Textbüchern von Apostolo Zeno und Metastasio in Wien, wo gerade die Neigung bestanden hatte, die Chöre in reicherer Ausstattung zu verwenden. Nicht immer war im italienischen Oratorium der Chor so arg zurückgedrängt, wie zur Zeit der Oberherrschaft des virtuosen Sologesanges. Noch bei Carissimi fällt dem Chor die Hauptanteilnahme zu; er bildet hier im richtigen oratorischen Sinne das Zentrum. Und neuerlich steht auch in Italien, wie fast in allen Ländern, in denen das Oratorium gepflegt und neu geschaffen wird, das Chororatorium im Vordergrunde. Auch der »Testo« wurde in italienischen Oratorien mehrstimmig vorgetragen. Dieses ist das zweite wichtige Begleitmoment in der Evolution des Oratoriums.

Der »*testo*« »*textus*« oder »*historicus*« »*storico*«, »*racconto*«, der Evangelist oder allgemein mit dem deutschen Worte der

Choral (evangelischen) kein eigentlich oratorisches Moment sieht, »weil er die Objektivität der oratorischen Handlung durch Herausforderung subjektiven Stimmungsanteiles durchbreche« — im Gegenteil, auch er verleiht der oratorischen »Handlung« jene objektive Gemeinde- oder Gemeinstimmung, die ein wichtiger unentbehrlicher Bestandteil des Oratoriums höchster Art ist.

Erzähler, ist nicht wie der Bote im Drama, der von Dingen erzählt, die den Fortgang der Handlung bestimmen, sondern er berichtet das Geschehen der Handlung selbst. So sind die Boten im »Tod Jesu« von Ramler-Graun nur Vertreter des Testo, des Racconto, der die Ereignisse berichtet. Das unmittelbare Eingreifen von Vorgängen und die Verbildlichung eines Geschehnisses wie das »Mene Tekel« im »Belsazar« oder das Wurfgeschoß von Saul sind eben Begleitvorstellungen, wie der ganze Vorgang nur vorgestellt wird — alles könnte vom Gesichtswinkel des Erzählers aus betrachtet werden, ohne das Wesen des Oratoriums zu alterieren. Der Testo ist der Repräsentant des Oratoriums im engeren Sinne, wie schon im Dialog der Anfang mit dem Testo gemacht wird, wie bei Carissimi der Historicus der Kitt der Teile ist, die zusammengesetzt werden, und wie auch sonst im italienischen Oratorium des 17. Jahrhunderts dieser Erzähler von konstitutiver Bedeutung ist. Wenn er im 18. Jahrhundert durch die fiktive Versetzung der neapolitanischen Solo-Oper in das Oratorium verdrängt wird, behauptet er sich trotzdem da und dort bis auf den heutigen Tag. Auch in den außerdeutschen großen Oratorien unserer Zeit findet er vielfach Verwendung, sowie manches Oratorium im Verlauf der Geschichte wie eine Berichterstattung gehalten ist. Händel hat im »Alexanderfest« Testo-Arien und auch im »Messias« tritt dort und da der Erzählerton hervor. In gar vielen Oratorien Händels wäre die Unterschiebung dieser oder jener Arie an den Testo möglich, ohne dem Kunstwerk irgendwie Gewalt anzutun. Dies steht im diametralen Gegensatz zu den Erfordernissen des wahren Dramas, auch des gesungenen.

Die Einzelpersonen in den Oratorien des 17. Jahrhunderts sind, soweit mir die Literatur bekannt, mehr oder weniger auf den Ton der Chöre mit eingestimmt. Solo und Chor lösen einander ab, nehmen sich mit den gleichen Phrasen das Wort aus dem Munde und dies hatte auch in der französischen Choroper ein Analogon gefunden.*) Auch Hermann Kretzschmar (Führer durch den Konzertsaal II. 2. S. 14), der im Anschluß an Friedrich Chrysander die Dramatik der Oratorien in den Vordergrund stellt und danach die Einrichtungen vorgenommen sehen möchte, kann nicht umhin hervorzuheben, daß »Händel mit den Anthems den Weg betreten hat, der das Merkmal seiner Oratorien bildet« (Führer durch den Konzertsaal II. 1. S. 418).

Die Absicht, das Oratorium ganz von dem Gesichtspunkte des Dramatischen anzusehen und zu beurteilen, läßt sich also in Berücksichtigung der hier vorangestellten zwei Momente, Testo und Chor (Chorlyrik) nicht durchführen. Hierzu kommen noch folgende Gründe: der Ort, richtiger die Orte, an denen oratorische Aufführungen stattfinden, sind die Kirche (innerhalb und außerhalb der Liturgie), das Oratorio, (das Bethaus, ein Nebenraum der Kirche), das Haus (zu gleicher Erweckung der Andacht), der Konzertsaal, der Theatersaal ohne Verwertung seiner Bühneneinrichtung, ausnahmsweise mit Benützung von Dekorationen. Nur das italienische Oratorium neapolitanischen Stiles, das außerhalb der hier verfolgten oratorischen Richtlinie steht und daher in das Gebiet der Oper übergeht, ist dort und da, immerhin ausnahmsweise im 18. Jahrhundert szenisch dargestellt worden. Im 19. Jahrhundert kamen die Aufführungen der Oratorien bei Musikfesten dazu, für die eigens eine ganze Reihe großer Oratorien, auch »Trilogien« und »Tetralogien«, komponiert wurden, aber immer sowohl der dichterischen Anlage, wie

*) Es erscheint mir nicht notwendig und auch nicht historisch entsprechend, die Einstreuung von Solis in Chorensembles, wie es sich etwa in Händels »Athalia« und vielen anderen seiner Werke findet, auf das Vorbild der französischen Oper zurückzuführen, wie dies A. Schering annimmt. In den Anthems und Oden, die Händel zum Vorbild für seine chorzyklischen Kompositionen in den Oratorien dienen, ist dieses Stilmoment vorgebildet, ebenso wie in den Motettenkompositionen der gleichen Zeit.

der musikalischen Ausführung nach für den Konzert- (Fest)-Saal bestimmt. Die kirchlichen Aufführungen fanden besonders zu Weihnachten, Ostern, Pfingsten, an den Feiertagen während der Fasten, an Namensfesten der Heiligen, bei Profeßablegungen statt und nur bei den sogenannten *Sepolcri* in der Charwoche ist eine pseudodramatische Aufführung nachweisbar.

Der Unfug, Oratorien, die außerhalb der Opernrichtung liegen, »dramatisch« darzustellen, wie er in einem Düsseldorfer Künstlerverein geübt wurde, sogar mit dem »Messias« von Händel, ist eine Folgeerscheinung der Absicht, musikalische Kunstwerke überhaupt, wie z. B. die Pastoralsymphonie von Beethoven, (wie Otto Jahn sagt) »im Malkasten aufzufangen«. Immerhin pulsiert in einem oder dem anderen Oratorium soviel dramatische Kraft, daß solche Experimente im Einzelfall eine gewisse Scheinberechtigung für sich haben, wie dies z. B. bei der »heiligen Elisabeth« von Franz Liszt zutrifft. Solche Absichten treten dann besonders zutage, wenn das musikalische Drama oder die Oper im Vordergrunde des Tagesinteresses steht. Da läuft alles in dieses Lager, ob geeignet oder ungeeignet, sowie auch Anton Rubinstein sein Oratorium »Das verlorene Paradies« mittels dreimaliger Streichung der Worte »und Gott sprach« in eine »geistliche Oper« umzuarbeiten suchte und in dieser »Einrichtung« für die szenische Aufführung geeignet erachtete.

Die Einteilung des Oratorienstoffes wurde denn auch nicht nur nach dessen innerer Beschaffenheit vorgenommen, sondern auch in einzelnen Perioden mit Akt- und Szenenteilung der Oper der betreffenden Zeit und des betreffenden Kreises in äußeren Zusammenhang gebracht. So wird anstatt der Zweiteilung, die manchmal im Stoff gelegen wäre, die Dreiteilung im Oratorium der neapolitanischen Schule vorgezogen. Für die innere Ausgestaltung des Oratoriums ist dies von nebensächlicher Bedeutung, ebenso für die Wesensbeschaffenheit, für seinen Stil. Wir haben ein- bis fünfteilige Oratorien. In ihnen allen kann das oratorische Stilprinzip zur vollen Geltung kommen oder zurückgeschlagen werden. Es erscheint mir auch nebensächlich, ob dort Akte — hier Teile, dort Szenen — hier Bilder als Bezeichnung verwendet werden. Bei »Israel«, »Messias«, der »Schöpfung«, den »Jahreszeiten« — um nur die Haupttypen zu nennen — wird eine Einteilung in Akte und Szenen überhaupt unmöglich sein. Die Einteilung richtet sich nach dem Inhalt, der ja gelegentlich auch im dramatischen Sinne ein Stoff sein kann.

Zur Zeit der Geburt des Oratoriums war das Bibelwort besonders beliebt. Betrachtungen über Sünde und Tugend, über Flüchtigkeit des Lebens, Selbstgespräche, die von mystischen, wunderbaren Begebenheiten Mitteilung machen und die ganzen legendarischen, mythischen, historischen und allegorischen Stoffkreise wurden allmählich mitherangezogen. Während aller Zwischenstadien des zum Drama hinneigenden Oratoriums treten immer wieder Neigungen hervor, das heilige Wort der Bibel und der Gebete hervorzustellen. Für die christlichen Stoffe wird auch in Anlehnung an das alte Testament die Erlösung, der Heilsgedanke mit Vorliebe herangezogen. Es ist natürlich, daß das alles mit den dichterischen Anschauungen und den religiösen Stimmungen der betreffenden Zeit im Zusammenhang steht, besonders auch im 19. Jahrhundert.

Unübersehbar, mannigfaltig ist die Behandlung der Stoffe und so kommen denn auch im Verlaufe der drei Jahrhunderte, da das Oratorium gepflegt wird, die verschiedensten Bezeichnungen und Namen für die einzelnen Arten der Behandlung auf. Die »Historia«, »Historie« in Deutschland, ist eine der ersten Bezeichnungen des wirklichen Oratoriums. Sie ist charakteristisch für die Grundauffassung; sie ist den Evangelien entnommen oder trägt wie bei Carissimi, der die Stoffe dem alten Testament entlehnt, nur den Namen einer

Person der Historia. (Im ersten Falle »*historia divitis*«, im zweiten Falle »Jephtha«). Im 17. Jahrhundert wird seit dem Aufkommen des Namens »Oratorio« diese Bezeichnung dort und da verwendet, ausgesprochen im Sinne eines außerhalb des Dramas gelegenen Kunstwerkes. Minato scheidet in der Ausgabe seiner Libretti (1700) ausdrücklich Oratorien von *Rappresentazioni sacre.* Man darf sich durch die Bezeichnung des Dramas bei der Zuerkennung eines oder des anderen Kunstwerkes nicht irre machen lassen. Hat doch Bach weltliche Kantaten »*dramma per musica*« genannt! Man versuche sie dramatisch aufzuführen! So werden Bezeichnungen verwendet, die gar nicht für das Oratorium eigens eingeführt sind, wie »Pastorale«, »Serenata«; im Englischen »*story*« oder »*masque*«; im Deutschen Verlegenheitsbezeichnungen, wie »lyrisches Drama«, »Singgedicht«, »biblisches Gemälde«; im Französischen »*légende sacrée*«, »*ode-oratoire*«, »*scènes religieuses ou bibliques*«, sodann »*poème-symphonie*«, »*symphonie biblique*«, »*ode-symphonie*« und dementsprechend im Italienischen »*poema sinfonico-vocale*«. Diese letztgenannten stellen das symphonische Moment schon in dem Titel heraus. Es ist die neue Zeit der Erstarkung der Instrumentalmusik im 19. Jahrhundert. Die Anwendung des Wortes »Mysterium« auf das Bachische Oratorium, auf Kantatenzyklen und Passionen deutet symptomatisch den Zusammenhang mit den mittelalterlichen Mysterien an. Der Stilunterschied bedarf nach dem Gesagten keiner weiteren Auseinandersetzung. Die gleiche Bezeichnung »*mystère*« finden wir wiederholt in der Geschichte des französischen Oratoriums. In diese Gattung gehört die in Frankreich seit altersher gepflegte Weihnachtslegende, bei der eine Art Pantomime üblich war; sie bleibt also etwas abseits von dem Weihnachtsoratorium, das fast ganz auf musikalischem Boden steht.

Kirchen- und Konzertoratorium unterscheiden sich eigentlich nur durch den Ort ihrer Verwendung. Denn die mit ihnen im organischen Zusammenhang stehende Kantate gehört ebenfalls bald dahin, bald dorthin, ohne innere Stilunterschiede aufzuweisen. Ob Solokantate, Solo-Oratorium, Chorkantate, Chor-Oratorium — sie unterscheiden sich nur durch die darin verwendeten Mittel des Solo- und Chorgesanges unter der Voraussetzung, daß die stoffliche Unterlage sich in den Grenzen hält, die für die hier angegebene Hauptrichtung des Oratoriums im allgemeinen maßgebend sind. Es kommt da nicht in erster Linie auf ein Geschehen an, sondern auf Äußerungen, Betrachtungen, Gefühlsergüsse, moralisierende Ermahnungen. Diese können wie vom Chor, so von Solisten in Formen vorgebracht werden, die dem Sologesang originär in Rezitativen und Arien zukommen, geradeso wie Rezitative und Arien vom Chor oder dessen Repräsentanten vorgetragen werden können (Chor-Rezitative und Chor-Arien). Begegnen wir sogar in späterer Zeit Arien, die textlich auf ein Wort beschränkt sind — für je ein Wort Christi am Kreuze eine Arie oder ein Duett.

Die Einzelgesänge, die religiösen Betrachtungen oder Stimmungen sind dann auch eine Art Untergestell für die Kantaten, die in größerer Ausdehnung gehalten oder in Zyklen verbunden in das Gebiet des Oratoriums überleiten. Sie mögen in Dialogform gehalten sein, wie einzelne »Kirchenkantaten« von Buxtehude — es verschwimmen dann die Grenzlinien von Oratorium und Kantate. Aus einer Reihe von Kantaten entsteht ein Oratorium. So das bekannteste Beispiel im »Weihnachtsoratorium« von Bach, sowie Bach auch rundweg einzelne Kantaten als »Oratorien« bezeichnet. Da wechseln die Anschauungen je nachdem, ob von dem einen oder dem anderen das Dramatische, Dialogisierende oder das Betrachtende, Erzählende, Lyrische mehr in den Vordergrund gestellt wird. Dieser Zwiespalt, diese Freiwahl setzt sich bis auf unsere Zeit fort, da z. B. der Engländer Sullivan seine »goldene Legende« (1886) als Kantate bezeichnet. Andere wollen die geistliche Kantate in das Lager der Oper überführen, wie der Librettist Erdmann Neumeister (1705). Auch auf weltlichem Gebiete begegnen wir solchen Schwankungen, Überführung der dialogischen Kammerkantate in das Gebiet des Oratoriums, so wenn Händel sein weltliches Oratorium »Acis und Galathea«, das bald die Bezeichnung »*masque*«, bald »Pastoral«, bald »*serenata*« trägt, über die Musik einer Kammerkantate »Aci, Galatea e Polifemo« vom Jahre 1708 aufbaut*). Händel bezeichnet die in das Grenzgebiet des Oratoriums gehörige »kleine Caecilien-Ode« schlankweg als Kantate. Bei den Kantaten ist nur der ästhetische Ausdruck, der subjektive Stil des Empfindungslebens jeweilig ein verschiedener, während Kirchen- und Konzertoratorien sich eigentlich auch darin nicht unterscheiden. Denn beide haben jene tief-ernste, dem Erhabenen zuneigende oder direkt in das Gebiet des Erhabenen gehörende Stilhaltung, wie sie etwa der großen Passion zukommt, die sich aller Mittel des konzertanten Stiles bedient.

Man kann sagen, daß das Oratorium in seiner Art alle Stilwandlungen durchmacht, welche den darin zur Verwendung kommenden musikalischen Stilmitteln jeweilig unterworfen sind. Einen sich gleich bleibenden oratorischen Stil gibt es ebensowenig, wie einen sich gleich bleibenden dramatischen Stil oder Motetten- oder Instrumentalstil. Der »*style oratorio*«, den Schütz in den »kleinen geistlichen Konzerten« von 1636 verwendet, ist die zweckgemäße Einrichtung des Choralstiles für den Evangelisten, die in dem Suchen nach einer richtigen Behandlung verschiedene Wandlungen erfahren hat. Mit dem Choraltone alter Art war in dieser

*) A. Schering weist darauf hin, daß der Zwiegesang von Acis und Galathea in Thema und Durchführung dem ersten Chor der Kantate »Ich hatte viel Bekümmernis« von Bach entspricht — ein Zug von symptomatischer Bedeutung für die Analogie des Ausdrucksgebietes der Chorlyrik mit dem des Sologesanges.

Umgebung des konzertanten Stiles nicht mehr das Auslangen zu finden. Es mußte eine Stilübertragung vorgenommen werden, die der Würde des Evangelisten entsprechend, doch eine gewisse Steigerung und Belebung des Ausdrucksvermögens gemäß den Anforderungen der neuen Zeit dokumentieren sollte. Mit der Einführung des *stile recitativo* für den Testo im zweiten Viertel des 17. Jahrhunderts war die Notwendigkeit gegeben, auch für den Evangelisten eine entsprechende Behandlungsart einzuführen. Der *stile rappresentativo* war zu leidenschaftlich, zu erregt. So kristallisierte sich eine Art »*stile misto*« heraus, der etwas melodischer war als der Rezitativstil, den schon S. Bonini in den »*affetti spirituali*« (1615) angewendet hatte und den dann Carissimi nach der Seite des Melodischen weiter vervollkommnete. Die Deklamation stand in dem Vordergrund des Stiles der damaligen Zeit. Das »*Arioso*« und »*Espressivo*«, für welch letzteres G. B. Doni einen eigenen Mittelstil zwischen Rezitativ- und Rappresentativ-Stil aufstellt, kam hier zur Geltung. So hat sich im Oratorium für die verschiedentlichen Bedürfnisse eine eigene Stilbehandlung für den Redevortrag eingestellt, »*stile oratorio*«, der in der Folge verschiedenen Wandlungen unterzogen war. Das bereits zitierte Fragment aus der Erzählung des Evangelisten in der Matthäus-Passion kann als eines der vollendetsten Beispiele für den *stile oratorio* — *espressivo* — *misto* in deutscher Sprache angesehen werden.

Eine ganze Skala von Mittelstufen zwischen ausdrucksvollem Rezitativ, Arioso und Arienbildungen, Verschränkungen von einfachem Rezitativ und Arioso kommen hier wie in der Kantate und in der Oper zur Verwendung. Die vornehmste Haltung beobachten die im großen Stil geschriebenen Kirchenoratorien und Passionen. Eine analoge Haltung wird von allen Solo- und Chorgesängen verlangt und die Extravaganzen und Ausfälle in dem italienischen Solooratorium mit ihrem zeitweisen Übergreifen in das Gebiet der *opera buffa*, überhaupt des Burlesken, werden von dem Strome der Zeit weggeschwemmt. Dauernd behaupten sich nur die dem Urwesen des Oratoriums entsprechenden Behandlungen in ihren verschiedenen historischen Erscheinungsarten. Diese Haltung kommt auch dem »weltlichen« Oratorium zu, das zum Unterschied vom kirchlichen, geistlichen Oratorium sozusagen weltliche Stoffe verwendet, die aber in ihrem Kern von der gleichen oder ähnlichen Erfassung des Daseins erfüllt sein können, wie die ihr gegenübergestellte Gruppe. Gerade seit der Mitte des vorigen Jahrhunderts ist diese Literatur, besonders nach Schumanns »Paradies und Peri« im Aufstiege begriffen.

Im Streite der literarischen Meinungen über Wesen und Anlage des Oratoriums stehen sich zwei Hauptparteien gegenüber. Die eine, welche diese Kunstgattung in das Lager der

Dramatik überführen wollte, und die andere, die in Unsicherheit und Schwanken sie davon fernhalten wollte. An der Spitze der ersteren Richtung steht der Italiener A. Spagna (»*Oratorii overo Melodrammi sacri*« 1706, »*I fasti sacri*« 1720) und ihm folgten einige andere Italiener, wie die Wiener Hofdichter Zeno und Metastasio und einzelne Deutsche, die im 18. Jahrhundert mehr oder weniger von der Vorherrschaft der neapolitanischen Oper befangen waren. Zeno verlangt 1744, daß das Oratorium »*rappresentabile*«, also mehr oder weniger bühnengerecht sei. Daneben fordert er oratorischen Geist, ohne daß er ihn richtig erfaßte. Auch Metastasio fordert »*dramma*« oder »*azione*«, gebraucht aber auch neben diesen Namen die Gattungsbezeichnung »*componimenti sacri*«, die sich also auch dichterisch auf musikalischen Boden stellt. Auf der Gegenseite tritt der Engländer Brown (1763) hervor. Ihm folgt besonders ein Anonymus (1783 »über die Beschaffenheit der musikalischen Oratorien«)*).

Einer ganzen Reihe von theoretischen Konstruktionen über verschiedene Arten des Oratoriums begegnet man in der deutschen Literatur, deren Festsetzung mir nicht recht begreiflich ist. So die vom Ästhetiker Hand aufgestellten vier Arten, die er dann als »lyrisches, ernstes Drama in musikalischer Darstellung ohne Action« zusammenfaßt. Auch dies erscheint mir als ein Wechselbalg, der das Wesen des Oratoriums nicht in seinem Kernpunkte trifft. Ausgesprochene Dramatiker suchen das Oratorium entweder in ihre Arbeitsart hinüberzuziehen oder verwerfen es ganz, wie Richard Wagner (Gesammelte Schriften III. 119). Dieser Standpunkt ist begreiflich, wenn auch zu verurteilen. Einzig und allein der historische Einblick kann — wie schon bemerkt — die richtige Auffassung in den Werdegang, die Wandlungen,

*) A. Schering vermutet, daß der Verfasser dieses, im »Almanach für Deutschland« erschienenen Artikels der Herausgeber Forkel selbst sei.

die Höhenzüge des Oratoriums ermöglichen. Wir müssen in diesem Falle wie allenthalben das Gewächs betrachten, wie es aus dem Boden entstanden ist und alle Theoreme zurückschlagen. So gewinnen wir auch für die mannigfaltigen Kunsterzeugnisse, die von Händel Oratorien genannt werden, den richtigen Maßstab.

Händel war vom italienischen Oratorium ausgegangen und — wenn ich sein Wirken recht verstehe — suchte er es in das, deutscher und universaler Auffassung mehr entsprechende Oratorium überzuleiten. Er bemächtigt sich dazu vor allem aller Chormittel, die ihm besonders auf englischem Boden reichlich zur Verfügung standen. In den ursprünglich italienisch angelegten »*Trionfo*« setzte er bei der Umarbeitung Chöre ein; er verlangt bei der Komposition der »*Deborah*« dichterische Vorlagen für Chöre und nahm hierzu seine *Chandos-Anthems* herüber. So vertieft er den Ausdruck und führt ihn in die dem Oratorium entsprechende Erhabenheit über. In seinem »Alexander-Fest« verwendet er Testo-Arien (s. o.), stellt in seiner kleinen »Caecilien-Ode« das Recitativ zurück und die Chorlyrik in den Vordergrund. Nur dem Drängen der Sänger nachgebend und dem Zeitgeschmacke folgend, begünstigt er im »Saul« die Arien; sie sind numerisch zahlreicher, allein der inneren Bedeutung nach hinter den mit Chor vereinigten Solis und Ensembles zurückstehend. »Israel« und »Messias« sind gänzlich oder fast ganz auf den Chor gestellt oder auf Solisten, welche Chorrepräsentanten sind, Chorführer als Erzähler oder es ist wie im »Messias« der Erzählerton stillschweigend miteingeschlossen. Man wird weder »Samson« noch »Josef« als Dramen ansehen können, wenngleich Händel dem letzteren den Namen »*a sacred drama*« gibt. Wo findet man bühnengerechte Handlung im »Judas Maccabäus«, im »Salomo« oder gar in der »Jephtha«? Gänzlich bar der Handlung ist das »*occasional oratorio*«; relativ etwas bühnengerechter ist »Alexander Balus«.

Von den drei weltlichen Oratorien greift der »Herakles« in der Partie der Dejanira in das Dramatisch-Bühnenmäßige über. Nun schuf Händel gerade zu einer Zeit, da die Oper alles an sich zu reißen suchte, und im Kampfe gegen die Opernunternehmungen seiner nächsten Umgebung mußte er, der selbst als Opernunternehmer unterlegen war, auch im Oratorium Konzessionen machen, geradeso wie er zwischen den einzelnen Teilen der Oratorien Konzerte auf der Orgel vortrug oder auf anderen Instrumenten spielen ließ. In »Israel«, »Messias« und »Jephtha« sehe ich die Krönung seines Oratorienwerkes. Wenn die Arien in diesen und besonders in anderen seiner Oratorien oft entbehrlich sind, verschiedentlich versetzt wurden, so sind die Chöre fast nie entbehrlich. Und so hat denn auch die Nachwirkung seines Schaffens auf dem Gebiete des Oratoriums sich in jener Richtlinie bewegt, die ich als den Grundzug, als das eigentliche Rückenmark dieses Kunstorganismus' ansehe.

Sowohl Haydn wie Mendelssohn, die nach Händel die erfolgreichste und ersprießlichste Tätigkeit auf dem Gebiete des Oratoriums entwickelt und die größten Erfolge auf dem Gebiete des Oratoriums erzielt haben, richteten in unbewußter oder bewußter Anlehnung an dieses Grundwesen des Händelschen Oratoriums ihr Schaffen ein. Niemand wird »Die Schöpfung«, »Die Jahreszeiten«, »Paulus«, »Elias« in das Stromgebiet des Dramas gehörig anerkennen oder zuweisen wollen. Diese und besonders auch die erfolgreichsten Oratorien der letzten zwei Generationen sind in organischem Zusammenhange mit den Quellen und der Eigenart des historisch erstandenen Oratoriums Werke sui generis. Die dramatischen Oratorien müssen nicht gänzlich verworfen werden, nur stehen sie in der stilistischen Rangordnung zurück. Im einzelnen können sie wirksamere Partien haben. Die geistlichen Opern sind, streng stilistisch erfaßt, überhaupt nicht Oratorien im eigentlichen Sinne; sie könnten eventuell als Halboratorien, als Zwittergeschöpfe angesehen werden.

In der Oper, dem *dramma per musica* und der *azione sacra* scheiden sich am schärfsten die nationalen Schulen voneinander. Der Nationalismus ergreift gleichwohl das ganze Gebiet der Musik (vgl. S. 62 ff.). Die nationalen Stile sondern sich am klarsten und eindringlichsten in der Vokalmusik und spitzen sich in der Oper zu. Nur an der Gesangsmusik könnte die »*speech-theory*«, die Hypothese über die Ableitung der Musik von der Sprache bis in ihre Ursprünge verfolgt werden, wenn anders ihre Berechtigung überhaupt nicht zweifelhaft wäre. Es gibt eine Vokalmusik, in der, so innig die Weise mit dem Worte auch zusammenstehe, das nationale Moment nicht ausschlaggebend ist: der Choral (gregorianische). Die Speziesunterschiede des Ambrosianischen, Gregorianischen, Mozarabischen u. a. im Abendlande beruhen nicht auf sprachlichen (sind sie doch alle in lateinischer Sprache), sondern auf musikalischen und liturgischen Momenten. Anders ist das Verhältnis bei allen Arten von Vokalmusik, die auf spezifisch nationalem Boden stehen, wie Lieder und weltliche Gesänge aller Art. Da treten mit den verschiedenen Formen auch die Betonungsarten und tonalen Unterschiede hervor. Das Material kann rhythmisch, tonal und melodisch nach Nationen geschieden werden. Nicht alles, was da an primären Besonderheiten auftritt, wird in den Kunststil aufgenommen und verarbeitet. Es bilden sich im Verlaufe der Geschichte Gruppen, die, bei der Entwicklung und dem Höhenzuge der Mehrstimmigkeit dem jeweiligen Stande der Ausbildung entsprechend aufeinanderfolgend, mehr oder weniger ganz auf sich gestellt sind, ohne besondere oder ausschlaggebende Beziehung auf das nationale Moment; dieses tritt dann nicht so hervor, als die Art der Verarbeitung in der Mehrstimmigkeit. Es bedurfte jahrhundertelanger rein musikalischer Gedankenarbeit, bevor die nationale Eigenart sich da zu voller Geltung zu

Nationale Stilarten.

bringen vermochte. Nur eine Sonderbetrachtung kann diese Aufstellung begründen.

Vor dem 16. Jahrhundert traten Landes- oder Ortsschulen vorzüglich nur als Stilgruppen der Mehrstimmigkeit auf. Die einstimmigen weltlichen Musikübungen stehen von vornherein auf nationalem Boden. Sofern und sobald die Formen der weltlichen Musik in die Mehrstimmigkeit Einzug halten, nähern sich diese Bearbeitungen relativ mehr oder weniger den verschiedenartigen nationalen Grundzügen. Erst vom 16. Jahrhundert tritt der Nationalismus als stilbildendes Prinzip mehr in den Vordergrund, macht sich aber vorzüglich dann und dort geltend, wenn eine führende Gesangsstimme aus dem mehrstimmigen Verbande hervortritt und die anderen Stimmen zurückstehen. Dies trifft namentlich bei der Oper zu. Bei der Instrumentalmusik ist es insoweit bemerkbar, als ihre Themen aus dem nationalen Musikschatz übernommen werden und in ihrer Formbehandlung auf nationalem Boden stehen, was besonders in der Tanzmusik der Fall ist. Am freiesten und ungebundensten tritt der Nationalismus erst in der Musik des 19. Jahrhunderts hervor, da die »Stimmen der Völker« sich auch in der höheren Kunstmusik zur Geltung und zur freien Entfaltung brachten. Der Stilcharakter der verschiedenen Opernschulen vom 17. Jahrhundert an beruht vorzüglich auf der sprachlichen Eigenart der Gesänge und der der Sprache adäquaten melischen Behandlung. R. Wagner bezeichnet dies als »Melismus« und will von diesem aus zu den Stilarten der Opernschulen, ja der Musik überhaupt vordringen. Dies ist die Hauptseite der Stilbehandlung der Oper. Andere stilbildende Momente derselben liegen in der Ausführung des »*stile imitativo*« je nach dem Stande und der Reife der übrigen Kunstmittel, die herangezogen und in ihrem Dienste ausgebildet werden. Die Kantilene, die klare harmonische Gliederung in dem Gesange der Italiener ging in den *Bel-Canto* des ausgehenden 17. Jahrhunderts und zu seiner melismatisch-ornamental immer reicheren Behandlung, zum Überwuchern der Koloratur über, worauf ein Rückschlag erfolgte. In der italienischen Oper des 17. und 18. Jahrhunderts bilden die florentinische, römische, venetianische und napolitanische Schule Sondergruppen, im 19. Jahrhundert stehen einzelne Meister an der Spitze von Gruppen, deren Mitglieder sich auf das ganze Land verteilen, oder bestimmte Tendenzen führen die Komponisten aus verschiedenen Gegenden zusammen, so im »*Verismo*«.

Den Italienern gegenüber steht die rhetorisch zugespitzte Melodik der Franzosen, von Wort zu Wort gehend, von Phrase zu Phrase, die ihren Höhepunkt in einer pathetischen Akzentuation erreichte, von den Italienern mit dem Spottnamen »*urlo francese*« belegt. Die bittersten Kämpfe wurden geführt, die sich erst friedeten, als in Frankreich die einfachere Behandlung im Charakter der Chansons platzgriff. Hinter diesen beiden Hauptgruppen der älteren Oper stehen die nationalen Erzeugnisse der Deutschen, Engländer und Spanier vorerst zurück. Selbst die Werke eines Purcell in England, eines Reinhard Keiser in Deutschland — die zu den großen Meistern in der Geschichte der Musik gehören — konnten vorerst nicht dauernd wirksame nationale Opernschulen begründen. Dies erreichte die deutsche Oper erst im letzten Viertel des 18. Jahrhunderts. Da bricht der deutsche Nationalismus auch auf dem Gebiete der Oper in vollem Strome hervor und behauptet seinen Höhenzug bis auf den heutigen Tag. Ihm folgten im 19. Jahrhundert andere Nationen, so besonders die slavischen Völker in zeitlichem und künstlerischem Abstand. Nichtsdestoweniger gibt es auch da einzelne Künstler, die sich nicht so sehr auf nationalen Boden stellen, als vielmehr, ich möchte sagen, in einem völkerverbindenden Opernstil schreiben. Berlioz spricht von Opernkomponisten, die »nicht national schreiben«, und weist auf Herold, dessen Zugehörigkeit zur französischen Schule wohl kein Historiker bezweifeln dürfte.

Bei der Konstatierung von Orts- und Landesschulen ist demnach zu untersuchen, welche Momente eigentlich nationaler Art dabei mitwirkend, entscheidend waren und inwieweit der allgemeine Gang der Entwicklung hier und dort sich gefestigt, greifbare Gestalt angenommen hat. Diese Unterscheidung ist von einschneidender Bedeutung für die Stilerkenntnis. Sicherlich werden auch im letzteren Falle bei der Konzentrierung der Arbeitsprinzipien in einem lokalen oder territorialen Gebiete gewisse Anlagen mit entscheidend sein, die weniger auf die nationale Sonderung der Stilart gerichtet oder für sie bestimmend sind, als auf die allgemeine ästhetische Haltung. So scheiden sich etwa nord- und süddeutsche Arbeitsart in der Instrumentalmusik des 18. Jahrhunderts, richtiger gesagt, sie folgen zeitlich aufeinander: die strengere des Nordens und die freiere des Südens, im Zusammenhang stehend mit der Lebensauffassung der beiden deutschen Landstriche, wobei der Ernst sich mit der Heiterkeit im Süden gesellt, höchste Kunstvollendung mit Gefälligkeit und Eindringlichkeit paarend, auch erkennbar in der verschiedenen Technik. Es könnte sich im Hinblick auf die musikalisch-nationalen Momente ein eigenes Untersuchungsgebiet für die Völkerpsychologie ergeben. Von seiten der musikalischen Erwägung ist da soviel wie nichts geschehen. Wir können hier nur auf die Lücke hinweisen.

Charakterarten.

Die nationalen Scheidungen führen uns zu der Gegenüberstellung der Stilarten nach ihrem ästhetischen Charakter, nach ihrem Ausdruckgehalt und nach ihrer Eignung, auf die Empfangenden den gewollten Eindruck zu machen. Das ästhetische und das ethische Moment begegnen einander und zu manchen Zeiten, von manchen Schriftstellern wird dies ineinandergeschoben oder ganz verwechselt, ausgetauscht. Die Prinzipien wurden bereits erörtert (vgl. S. 8 ff.).

Da bei den Griechen die Tonkunst und ihre wissenschaftliche Betrachtung in der Melodie und der Melodiebildung ihr Grundwesen fand, so wurden die ästhetisch-ethischen Kategorien, die Stilarten, darnach eingeteilt: die *τρόποι μελοποΐας*, die Typen der melodischen Kunst, sind entweder systaltisch (weich), diastaltisch (aktiv energisch) oder hesychastisch (sich im Gleichgewicht haltend). Rhythmen und Skalen wurden nach diesen Kriterien geschieden; jede Tonart, jeder Rhythmus hatte den ihm eigentümlichen Charakter, der ihn für diese oder jene Art geeignet machte, wobei auch Stilwechsel (*μεταβολή*) platzgreifen konnte. Für den altchristlichen Gesang wurden solche ästhetische Unterscheidungen bisher nicht gemacht. Sie scheinen unausweichlich und sollten unabhängig von der antiken Lehre aufgestellt werden. Denn die willkürliche, irrige Übertragung der antiken Ethoslehre hat schon im Mittelalter genug Irrungen hervorgerufen. Wir sollten uns einzig an die Werke und an die wenigen uns erhaltenen Bemerkungen halten, die unabhängig von der antiken Lehre gemacht wurden. Es stehen sich da zwei Gruppen gegenüber: die eine mit dem heiligen Augustinus als Hauptvertreter, die, ich möchte sagen, auf Seite des guten, freundlichen Hirten steht und demgemäß die musikalische Übung der Gemeinde als eine Ausübung des Guten und Schönen, des Erfreuenden, die Musik als die Kunst der schönen Bewegung (*bene movendi*) ansieht. Die andere Richtung, die im Mittelalter für die kirchliche Tonkunst immer weitere Kreise ergreift, sieht in der *compunctio cordis*, in der Bußfertigkeit, das durch das musikalische Gebet zu fördernde Moment. Diese Gegenüberstellung wäre weiter zu verfolgen und die ganze Kirchenmusik von dieser Doppelseite aus zu betrachten und darnach »der innere Charakter der musikalischen Schreibarten« (um mich eines Ausdruckes von Forkel im 18. Jahrhundert zu bedienen) zu erwägen, nicht nur bei der Zusammenstellung der geistlichen und weltlichen Musik, sondern auch bei der Scheidung der verschiedenen in der Kirche verwendeten »Schreibarten«. Es läßt sich das ungeheure Gebiet der Kirchenmusik nicht ausschließlich nach der einen oder der anderen Richtschnur stilkritisch erfassen.

Gar manche Philosophen haben sich bemüht, »Gefühlstypen«, »Grundgestalten«, »Charaktertypen« aufzustellen, die als ästhetische Geleitkategorien der Stiltypen und historischen Stilarten erscheinen könnten. Für die Musik kommen da besonders Herbart, Zeising, Hartmann und Volkelt in Betracht Wir stoßen auf einen Wust von Namensaufstellungen seelischer Eigenschaften, untermischt mit Worten, die dem Ausdruckscharakter der den Autoren zugänglichen Kunstwerke einen bestimmten Begriff unterschieben sollen — bei aller Buntscheckigkeit unzureichend, nicht erschöpfend. Wie der schlichte Josef Haydn von seinen Symphonien als moralischen Personen spricht, je mit einem Sondercharakter, so könnte jedem wahren Kunstwerk eine Eigenpersönlichkeit zuerkannt werden, der ein besonderer Charakter zukommt. Die Zusammenfassungen, Verallgemeinerungen begegnen nicht geringen Schwierigkeiten. In jedem historischen Kunststile, in jeder Kunstgattung gewinnt die Behandlung, die Ausgestaltung, die stilistisch einheitliche Haltung ein Eigengepräge.

Von kleinen, die Töne rhythmisch reihenden Gebilden im »arithmetischen Stile«, kaleidoskopischen Tonbildern ohne bestimmten Affekt, fast in psychischer Gleichgiltigkeit, nur belebt durch den Vortrag geht in aufsteigender Linie bis zu den leidenschaftlich erregten Stilarten höchsten Affektes eine Stufenleiter in den mannigfachsten »Spielarten«, unübersehbar in den seelischen Schattierungen und der ästhetischen Haltung. Einige heben sich besonders hervor und für diese suchten einzelne Tonmeister feste Bezeichnungen zu gewinnen, die uns einen besonders wertvollen Anhalt bieten. So scheidet Claudio Monteverdi, einer der großen Novatoren musikalischen Ausdruckes, in der Vorrede seiner *Madrigali guerrieri ed amorosi con alcuni opuscoli in genere rappresentativo*« (1638) den *stile concitato,* der dem Zorn und der starken Leidenschaftlichkeit entsprechen soll, von dem *stile temperato,* der der Mäßigung, dem Gleichmut, der Selbstbeherrschung adäquat sein soll, und dem *stile molle,* der aus Demut, Ergebenheit hervorgehend, weich in Ausdruck und Haltung ist — eine Einteilung, die, aus dem Geiste der Renaissance hervorgegangen, den antiken *τρόποι* nahe kommt. Monteverdi sucht die Werke mit einer »*intitulazione*« anzudeuten als: *guerrera* (kriegerisch), *amorosa* (erotisch), *rappresentativa* (darstellend).

Weitergreifend ist die Gruppierung der »*genres*« bei Hector Berlioz: »*dramatique passionné* (dramatisch-leidenschaftlich), »*fouge entraînant*« (hinreißend feurig), »*joyeux délirant*« (hinreißend fröhlich), »*passionné violent expressif*« (heftig ausdrucksvoll in der Leidenschaft), »*chevaleresque terrible*« (furchtbar abenteuerlich), »*grave et triste*« (ernst traurig), »*gracieux voluptueux*« (anmutig wollüstig) bis zum »*stile énorme*« dem »*genre colossal*«. Diese Einteilung ist, man könnte sagen, »jenseits von schön und häßlich« »jenseits von gut und böse« getroffen. Für jedes *Genre* weist er auf ein oder das andere seiner eigenen Werke. Wir vermissen da besonders das »Feierliche«, das »Majestätische«, das »Pathetische«, das »Erhabene», das »Heroische«, das »Schwärmerische«, das »Pastorale«, wofür wir gerade in Werken der ihm vorangegangenen Klassiker der Tonkunst und der ihn begleitenden und nachfolgenden Romantiker sprechende Beispiele und typische Muster besitzen. Der »pathetische« Stil wird sogar von H. Riemann für die Pavane der deutschen Tanzsuiten um 1600 angesprochen. Titelbezeichnungen mit »Pathétique« begegnen wir erst im 19. Jahrhundert (Beethoven, Tschaikowsky), Vortragsbezeichnungen gleicher oder ähnlicher Art im einzelnen häufiger in derselben Zeitepoche.

Die sonderbarsten Bezeichnungen tauchen auf, um die Charakteristik einer Stilart mit Namen zu belegen. So spricht z. B. Mattheson vom »*stylo phantastico*« einer Triosonate von Förster jun., in der die freien Einfälle alle acht Takte wechseln. Berlioz hat den phantastischen Stil anders aufgefaßt!

In allen Erörterungen der Ästhetiker vermissen wir die grundlegende Scheidung des »großen« und »kleinen« Stils. Wohl finden wir dort und da einen Hinweis auf den einen oder den anderen; H. Kretzschmar behandelt in einem eigenen Aufsatz »die für das Konzert bestimmte Komposition großen Stils im Jahre 1896« (Jahrbuch Peters III, 1896). In jeder historischen Stilepoche, die zur vollen Ausgestaltung gelangt, ist dieser Unterschied zu konstatieren: im Choral die einfach gehaltenen Lektionen (man spricht da von »*stile simple*«) gegenüber den melismatisch reich und weitausgeführten Gesängen; im a cappella-Stil, als der Hochblüte der vokalen Mehrstimmigkeit, die in allen Teilen der Messe weitausgreifende Verarbeitung des *Cantus firmus* im Zusammenhang mit den Motetteneinlagen, aufsteigend bis zur vielchörigen Vereinigung vokaler und instrumentaler Mittel des ausgehenden 16. Jahrhunderts. Demgegenüber die »*missae breves*« sowie die im kleinen, knappen, kurzen Stil gehaltenen Vokalstücke geistlicher und weltlicher Art aus der gleichen Zeit. In der nachfolgenden Stilperiode braucht man nur auf einzelne Werke von Bach, Händel, Beethoven, Brahms hinzuweisen, die im »großen Stile« geschaffen wurden: Bachs Hohe Messe, Beethovens *Missa solemnis*, Händels Dettinger *Te Deum* und seine *Chandos Anthems*, Brahms Deutsches Requiem und große Motetten. Letztere scheiden sich von den geistlichen Chorliedern, die im »kleinen« Stile gehalten sind. In einem und demselben Werke sind gelegentlich Stellen oder Sätze, von denen einige im großen, andere im kleinen Stil gehalten sind; wie z. B. in Symphonien von Schumann und Chorwerken der Nachklassiker (Berlioz »Romeo und Julie«). Es gibt äußerlich groß angelegte Werke, die innerlich in Gedanken und Verarbeitung klein sind, ein innerer Gegensatz von nachteiligen Folgen auf die Wirkungskraft, den Gehalt durch die künstliche Zerrung herabmindernd. Beispiele solcher Art bieten etwa Messen von Michael Haydn, die gerade von einigen kirchlichen Beurteilern als der Tendenz der wahren Kirchenmusik mehr entsprechend angesehen werden, als die seines Bruders Josef. Ich möchte hierfür den Ausdruck »breiter Stil« im besonderen anwenden, während er von manchem als identisch mit »großem Stil« angesehen wird. In diesem decken sich innere und äußere Größe, in jenem überragt die äußere Breite die innere Größe. Hierher gehören besonders auch die Erzeugnisse der Manieristen, die sich äußerlich nach dem Vorbilde strecken und dehnen, innerlich versagen. Deren gibt es Legion. Der besondere Hinweis auf Werke des kleinen Stils, der Kleinkunst, ist wohl nicht nötig, wohl aber darauf, daß in einzelnen Kunstgattungen der Großstil erst nach langem Ringen aus dem Kleinstil herauswächst, wie dies am auffallendsten ein Vergleich der Frühsinfonien des 18. Jahrhunderts mit den Sinfonien Beethovens ergibt. In solch aufstrebenden, vorbereitenden Zeiten sind gerade die Werke des Überganges von besonderer stilbildender Bedeutung und werden zumeist nur durch die Werke, in denen diese Stilbildung zum Abschluß gediehen ist, in den Schatten gestellt — unverdienter Weise, denn die vorbereitenden Kleinkünstler sind historisch-kritisch ganz anders einzuschätzen, als die Nachahmer und Epigonen. An sich könnte der kleine Stil, der Stil der kleinen Formen eine gleiche Bedeutung beanspruchen, wie der große Stil, sofern in beiden Inhalt und Ausführung sich voll decken. Das kleinste Lied ist in dieser Beziehung der größten zyklischen Gesangskomposition gleichzustellen, die knapp behandelte Klaviersuite (etwa eines Froberger) der ausgedehnteren, reich besetzten orchestralen Suite (»Partie« eines J. S. Bach, Ouverturensuite eines J. J. Fux) — um von minderwertigen Produkten im größeren Stil beim Vergleiche abzusehen. Ich möchte da den Satz besonders hervorheben: besser groß (stark) im kleinen, als klein (schwach) im großen. In diesem Sinne ist es auch zu rechtfertigen und zu verstehen, wenn Berlioz den Stil der Etüden von Chopin als »groß« bezeichnet.

In der bildenden Kunst spricht meines Wissens zuerst Vasari von der »*maniera grande*« als von einer Steigerung der absoluten Größenverhältnisse und Michel Angelo ist sich des »Komponierens im Großen« bewußt. Dies bedeutet nicht nur eine relative Steigerung, sondern liegt von vornherein in der Anlage eines Werkes mit der Tendenz zum »Erhabenen«. Innerhalb der weit und groß angelegten Werke können aber verschiedene Ausdrucksarten platzgreifen. Die »Pastorale« von Beethoven ist wie die sie umgebenden Schwestern ins Große geführt, bewahrt trotzdem den Grundton des Pastoralen, der sogar in einzelnen Stellen bis zur künstlerischen Wiederspiegelung der Dorfmusik herabsteigt. Da werden Intimitäten, wie sie sich in einer Dorfschenke abspielen, eingestellt und künstlerisch verklärt. Das intimste Bild des am fließenden Bach träumenden Künstlers wird zu einem Weltbild der Idylle erhoben. Die Kunstmittel sind hier in der gleichen Weise angewendet wie bei der Schilderung der Geschicke eines Helden in der »Eroica«, der Weltgeschicke in der »Fünften«. Man kann auch in der »Pastorale« nicht von einem »intimen Stil« sprechen, eine Bezeichnung, die von Hugo Riemann nicht mit Unrecht auf die instrumentale Kleinkunst des 18. Jahrhunderts angewendet wurde. Man kann einen Durchgangspunkt dieses intimen Stiles in der kleinen Kammerkantate des 17. Jahrhunderts, ja in manchen Stücken der Opernmusik, so besonders von Reinhard Keiser u. a. finden. Gerade in der Musik der Deutschen macht sich dieser Zug geltend und gelangt mit der zunehmenden Verselbständigung der deutschen Instrumentalmusik in der ersten Hälfte des 18. Jahrhunderts zummer wachsender Bedeutung.

Dem gegenüber kommt in der Musik der Italiener der bei ihnen stets wache Drang nach sinnlicher Schönheit in der unmittelbar vorhergehenden Zeit zum hellsten Vorschein. Der »sinnlich schöne« Stil ist demnach eine in die Kunst projizierte Charaktereigenschaft, die hier spezifisch ästhetische Eigenart erhält. So wie nach den Darlegungen der antiken Schriftsteller in der Geschichte der griechischen Musik mit dem Eindringen der Monodie in die klassische Chorlyrik das Graziöse, Schmachtende hervortrat, und ein Stil sich bemerkbar macht, den Aristoxenos *φιλάνϑρωπον ϑελτικόν* (bezaubernd, menschenberückend) nennt, so tritt mit den Neapolitanern der blühende, sinnlich schöne Stil in unserer Musik mit hinreißender Macht hervor, bezaubert alle musikalischen Kulturvölker Europas und gewinnt die Märkte. Der höchste künstlerische Gewinn wurde dann aus der Vereinigung des sinnlich schönen mit dem intimen Stil erzielt, wie sie von der Wiener Schule, besonders von Haydn und Mozart vollzogen wurde. Mit einer alles beherrschenden Kunsttechnik paarte sich da Anmut, Grazie und Liebenswürdigkeit. Dabei ging gleichzeitig der »große Stil« einer neuerlichen Vollendung entgegen. Auch für diesen finden wir Beispiele in der Musik dieser Meister. Bei ihren Zeitgenossen und Nachahmern machte sich gerade in der Kirchenmusik eine gewisse Harmlosigkeit, Bequemlichkeit breit und nicht mit Unrecht bezeichnet man einzelne dieser Werke als im »harmlosen« Stil geschrieben, der gerade bei Kirchenwerken eine Opposition erweckte, besonders von protestantischer Seite. Doch auch in die evangelische Musik war in der Mitte und der zweiten Hälfte des 18. Jahrhunderts der »weiche«, »empfindsame« Stil eingezogen, der tränenreich und tränenselig, sentimental war. Damit im Zusammenhang steht das Versiegen der evangelischen Kirchenmusik, wie die Degeneration eines Teiles der katholischen Musik. Aus diesem Stadium der Versumpfung erheben sich gerade die im »großen« Stil gehaltenen Kirchenwerke der Wiener Meister, wie z. B. das Requiem von Mozart. Durch die Beförderung des »schwungvollen« Stiles von seiten Beethovens drang auch in die Kirchenmusik ein neues Ferment, das zu den im »erhabenen« Stil gehaltenen Kirchenwerken dieses Meisters führte. Alle Einflüsse lassen sich da nicht verfolgen. Seitentriebe findet man in Frankreich bei dem naturalisierten Cherubini — »groß« und »klein« im Stil nebeneinanderstellend.

Solche Verquickung von großen und kleinen Stilmomenten ist der Stilvollendung abträglich. Ein »vollendeter« Stil verlangt in allen Teilen Reinheit, Ebenmäßigkeit, Kongruenz von Inhalt und Form, nicht aber, wie H. Taine sagt, Knappheit. Es gibt eine Vollendung im kleinen und im großen Stil. Dem gegenüber eine Unausgeglichenheit, ein Schwanken im Gebrauch der Mittel, eine Unvollkommenheit in der Ausführung, eine Inkongruenz von Gedanken und Gestaltung, bis zur völligen Regellosigkeit und Ausschweifung — »unvollkommener«, »schwankender«, »regelloser«, »ausschweifender«, »zerrissener« Stil. Diese Festsetzungen können erst durch historische Kritik getroffen, nicht als ästhetische Kategorien im allgemeinen aufgestellt werden. Im Entwicklungslauf einer Stilgattung kann ein Werk seinen Zeitgenossen als vollendet erscheinen, das nachträglich im Zuge der Hochentwicklung als Durchgangswerk erscheint. Umgekehrt kann eine Komposition den Zeitgenossen als ausschweifend erscheinen, das in Wirklichkeit in der Folge der Stilerscheinungen auf der Spitze der Pyramide steht. So erging es öfter — die auffallendsten Belege in den allergrößten Meisterwerken von J. S. Bach und Beethoven.

Mit diesen Aufstellungen im Zusammenhang, fast identisch

ist die Konstatierung des »klassischen« Stils. Er ist ein ästhetischer und ein historischer Begriff. Wir erkennen heute die Klassizität erstens den Meisterwerken der a cappella-Musik des 16. Jahrhunderts zu, zweitens der Vokal- und Instrumentalmittel vereinenden Chorlyrik der Zeit von Bach und Händel und ihren polyphonen Formen auf beiden Gebieten (vokal und instrumental) mit dem Zentrum der Fuge, der »klassischen« Fuge und drittens der Instrumentalmusik der Wiener Klassiker mit der Hauptform der Sonate, dem »klassischen Sonatenzyklus«. Die mittlere Gruppe möchte ich die altklassische, die letztere die neuklassische Schule nennen, ihren Stil den altklassischen, bzw. neuklassischen. Nicht »in der Übertragung streng thematischer Arbeit als des wichtigsten Prinzips des Stils der Bach-Händel-Epoche auf den freien modernen Stil« liegt, wie H. Riemann hervorhebt, die Verbindung der beiden Schulen, sondern gerade ihre Unterscheidung: so besonders in der eigenartigen Ausgestaltung thematischer Arbeit nach ihren Stilbedürfnissen, ferner in der grundverschiedenen melodischen Anlage, wie sie schon in Themen hervortritt und endlich in der verschiedenartigen Beteiligung der Stimmen an der Textur des mehrstimmigen Verbandes. Die Klassizität der Werke dieser drei Stiletappen (a cappella, Alt- und Neuklassisch) besteht in der Kongruenz der Teile und Teilchen, und Ebenmäßigkeit der Gestaltung, der Beherrschung im Gebrauch und der Ökonomie der Mittel, ferner in der relativen Ausdruckskraft bei innerer Zurückhaltung, um eine gewisse Schönheitsgrenze nicht zu überschreiten, endlich in der Vereinigung der für die betreffenden Kunstgattungen tauglichen Errungenschaften, die nur auf Grund einer vorbereitenden Zeit zu erreichen waren und in diesen Hochwerken zu harmonischem Ausgleich gelangten.

Trifft nur ein Teil dieser Erfordernisse zu (Kongruenz der Teile, Ebenmäßigkeit der Gestaltung, Ökonomie und Beherrschung der Mittel), so möchte ich diesen Stil als »akademisch« bezeichnen — er entbehrt eines Hauptattributes der klassischen Kunst, der wahren Ausdruckskraft, der tiefen Lebenswahrheit und sein Schönleben ist nur äußerlich. Klassisch kann eine Kunst sein, einerlei ob ihre Werke im großen oder kleinen Stile gehalten sein mögen. Allerdings sind die ersteren Werke (im großen Stile) die maßgebenden, führenden, ausschlaggebenden. Inwiefern wir dem Choral Klassizität zusprechen können, hängt von der Möglichkeit inneren Erlebens dieser Kunst ab. In einer beträchtlichen Formengruppe dieser Kunstperiode sind die Bedingungen der Klassizität enthalten, insofern als sie vollkommen sind. Nur ist diese Kunst zu sehr in Abhängigkeit von dem Zwecke, dem sie dient; sie steht nicht für sich ein. Derselben Schwierigkeit begegnet man bei den anderen Arten der »angewandten« Musik, so auch beim musikalischen Drama. In der a cappella-Musik des 16. Jahrhunderts tritt bei allem innigem Zusammengehen mit dem Text das Spezifisch-Musikalische in seine vollen Rechte, gerade so wie bei den vollendeten Liedern, etwa von Schubert, dort mehr in der polyphonen Ausgestaltung hier in der anderweitigen künstlerischen Ausführung und Haltung.

In gewissem Sinne kann nur die reine Musik als solche Anspruch auf vollkommene, absolute Klassizität erheben, Musik, die für sich besteht, unabhängig von begleitenden und mitbestimmenden Momenten oder die das Begleitende, Mitbestimmende in sich verarbeitet hat. Dies trifft in der altklassischen Chorlyrik zu. Nichtsdestoweniger könnte man auch bei der Oper von Klassizität im übertragenen Sinne sprechen, sofern als das Kunstwerk in der Art der Verbindung der angewandten Künste und in dem oben angegebenen Sinne vollendet ist. Der Historiker begegnet bei der Beurteilung nicht geringen Hemmnissen. Einer der größten Musikdramatiker, R. Wagner ist nach seiner inneren Richtung nicht als Klassiker, sondern als Romantiker zu bezeichnen, so vollendet seine Werke, angefangen vom »Lohengrin« auch an sich seien und so stilistisch einheitlich in der Behandlung jedes Werk in sich sei. Das gleiche gilt von den letzten Meisterwerken seines Zeitgenossen G. Verdi, die in sich einheitlich geschlossen, von der bunten Reihe seiner früheren Werke sich absondernd, unabhängig von der »romantischen« Richtung ihre Eigenexistenz führen, als angewandte Musik jedoch in Abhängigkeit von den dramatischen Vorlagen sind, nicht aus einem Gusse in gleichzeitiger Entstehung von Wort und Weise. Und so gibt es der Beispiele und Fälle viele, auch bei Gluck, bei Rameau, den mannigfachen dramatischen Gestaltungen eines Mozart. Sein »Don Giovanni«, ein Werk von höchster Vollendung, ist im Sinne der italienischen Oper nicht klassisch, weil vieler Erfordernisse der Oper ihrer Zeit entbehrend, ist nicht ein Abschluß im Höhenzuge der spezifisch italienischen Oper, wohl aber ein stilhaftes Werk *sui generis*, ein Musterwerk seiner Art. Im Sinne der *opera buffa* erscheint »*Le nozze di figaro*« viel eher als ein klassisches Werk, weil mehr in der Gattung bleibend, mit allen ihren Vorzügen. Im Grunde genommen erschiene es von minderer Bedeutung, ob solch ein Werk »klassisch« im absoluten Sinne genannt werden kann und die Aufwerfung dieser Frage ist nur von dem Standpunkt aus zu rechtfertigen, welche objektiven Bedingungen für eine klassische Schule, für eine klassische Stilrichtung gefordert werden.

In diesem Sinne wäre die Oper von Lully als klassisch vollendet zu bezeichnen, wie H. Taine dies im allgemeinen für die Bühnenkunst unter Louis XIV. in bezug auf Sprache, Versbau anspricht. Diese Bezeichnung ließe sich auf die »*tragédie lyrique en musique*« übertragen. Für uns ist die letztere nichtsdestoweniger eine abgestorbene dramatische Kunst — nicht etwa nur in musikalischer Beziehung, sondern gerade ob der Art ihrer Verwendung antiker Stoffe. So steht die dramatische Musik nicht für sich, ist vielmehr in Abhängigkeit von der Art der Verwendung ihrer Mittel und dem Gegenstand ihrer Dienstbarmachung. Wir begegnen in der Geschichte der Oper einzelnen klassischen, d. i. vollendeten Meisterwerken, aber wir können keine geschlossene klassische Opernschule konstatieren, wie dies auf dem Gebiete der Instrumentalmusik widerspruchslos geschehen kann. Die romantische Opernschule unterscheidet sich von den vorangegangenen Opernschulen vorzüglich durch die Stoffwahl der Handlungen. Ich habe dies zusammenfassend in der zweiten meiner Vorlesungen über »Richard Wagner« behandelt und es sei gestattet, darauf hinzuweisen. Die romantische Opernschule ist aber nur ein Ausschnitt aus der Stilgruppe der romantischen Musik und liegt innerhalb der Romantik im Allgemeinen.

Die romantische Schule wird überhaupt in einen gewissen Gegensatz zur klassischen Schule gestellt. Es tritt in der ersteren eine Verschwemmung der Formen ein, ein bewußtes Hinwegsetzen über die strengeren Normen der klassischen Kunstformen, ein Sichgehenlassen bis zur Regellosigkeit und Ausschweifung, eine Begünstigung der Koloristik und Tonmalerei — Erscheinungen, denen man schon in gewissen Richtungen früherer Stilperioden begegnet. So beginnen zur Zeit der Hochblüte der a cappella-Musik solche Tendenzen, die sich rasch steigern, z. B. in der Verwendung der Chromatik bei den Madrigalisten in stetig zunehmender Weise fast bis zu jener Exzentrizität, wie man sie bei einzelnen der Neuromantiker des 19. Jahrhunderts wiederfindet. In allen Perioden tauchen solche Elemente und Neigungen auf, gewöhnlich zur Zeit des Alterns einer Kunstgattung, ausnahmsweise auch während der Ausbildung, dann gleichsam als ein Versuchsfeld für neue Errungenschaften, richtiger für Neuzuerringendes.

Damit im Zusammenhang stehen die dort und da auftauchenden Neigungen zur Programmatik, die die reine Instrumentalmusik in Abhängigkeit von äußeren Vorgängen stellen, sie zur angewandten Musik herabsetzen, um Abwechslung und Buntfarbigkeit anzubringen und zu rechtfertigen, insofern als solche außerhalb des streng logischen Gedankenganges gefesteter Formen liegen (vgl. S. 190). Die Programmchansons des 16. Jahrhunderts, die programmatischen »Sonaten« des ausgehenden 17. Jahrhunderts und die seit dem Ende des 18. Jahrhunderts stetig anwachsende Programmatik der Romantiker sind solche Eingriffe und Begleiterscheinungen im historischen Entwicklungsgang. Ihren Höhepunkt erreichte sie im 19. Jahrhundert. Die Musikdramatiker haben aus ihr den größten Nutzen und Vorteil gezogen; die reine Musik bedient sich der dort gewonnenen Bereicherungen der Mittel, sofern sie ihr dienlich sein können, ohne von ihrer Richtlinie abzuweichen. Einige in ihren Zielen unklare Tonsetzer schwanken in ihren Neigungen und werden so zu typischen Vertretern des »schwankenden« Stils. Andere geraten ganz in den »ausschweifenden« Stil. Da ist der kritische Punkt, an dem die Halbtalente scheitern, so groß auch sonst ihre »tonpoetische« Begabung sein möge. Die Individualitäten sondern sich in dieser Beziehung am klarsten von einander und stehen sich wie innere Feinde gegenüber. Darob eine unüberbrückbare Kluft zwischen einzelnen in der gleichen Zeit; so etwa zwischen Brahms und Liszt, ein tief innerer Gegensatz. Der Klassizist sondert sich von dem Romantiker, wie im 19. Jahrhundert, so fast zu allen Zeiten. Nicht als ob bei den Klassikern der Tonkunst nicht gewisse Neigungen zu einer Übertretung der Normen, ein Bestreben nach Befreiung von überkommenen Fesseln sich bemerkbar machte. Gerade in der Geschichte der Musik sind die Verbindungsglieder von der klassischen zur romantischen Richtung besonders bemerkbar. Die Selbstherrlichkeit des Klassikers ist dennoch verschieden von der des Romantikers. Haydn ist sich genau bewußt, »wo er von der Regel abweicht« und weiß, daß auch er »Gesetze geben kann«. So Mozart und Beethoven. Bei den Romantikern extremer Richtung ist das Sichstellen außer der Regel das Reguläre, die Selbstherrlichkeit höchstes Streben. Die Individualität will zu allen Zeiten zur unbeschränkten Machtentfaltung gelangen. Der Klassiker strebt die volle Kraftentfaltung bei Beobachtung der immanenten Gesetze der von ihm geübten Stilrichtung an. Er schafft innerhalb, der extreme Romantiker außerhalb der Regel. So war es im 16., so im 19. Jahrhundert. Die Persönlichkeit kann sich nach dem Wunsche Goethes auch beim Klassiker innerhalb der notwendigen Grenzen frei entfalten. Der Irrwahn, daß der Künstler ungebunden, seiner Willkür freien Lauf geben könne, wiederholt sich in verschiedenen Stilperioden.

Individualstil. Die organische Fortführung der Kunst liegt bei jenen, die die Zügel straff in den Meisterhänden halten. So findet man den echten Individualstil bei den Klassikern der Tonkunst, deren Eigenpersönlichkeit kraftvoll genug ist, um sich innerhalb der von ihnen eingehaltenen Stilgrenzen einer Kunstgattung zur Geltung bringen zu können. Innerhalb des Rahmens der großen Stilperioden treten die geistigen Physiognomien einzelner bedeutender Tonsetzer hervor. Die gewaltigsten hat man nicht mit Unrecht Tonheroen genannt. Früher wurde die Musikgeschichte nach den führenden Künstlern in Perioden geteilt, wie noch bei R. G. Kiesewetter (1834). Die Biographen der führenden Geister der Musik haben fast ausnahmslos die gleiche Auffassung. Auch jetzt spricht man noch von »Palestrinastil« nicht nur als dem Individualstil dieses Meisters, sondern als dem die Meisterwerke der a cappella-Musik in der Hochblüte (16. Jahrhundert) allgemein umfassenden Stil. Das Verhältnis ist gerade umgekehrt: jeder Individualstil vollendetster Art ist von den allgemeinen Bedingungen der Zeit abhängig, wie sie sich aus dem organischen Verlauf ergeben. Je bedeutender der Künstler, desto vollkommener, selbständiger, ausgeprägter seine Schreibweise. Und so vermögen wieder die gewaltigsten Künstler ihrer Zeit den Stempel ihres Individualstiles aufzuprägen. Aus der historischen Reihung und der Gegenüberstellung der Künstler einer Periode erkennt man entweder die Zusammengehörigkeit und stilistische Gesetzmäßigkeit ihres Wirkens oder es ergibt sich die Verschiedenheit der Stilschulen einer und derselben Zeit.

In einzelnen Perioden gelangt die künstlerische Persönlichkeit nicht zur selbständigen Entfaltung, so mächtig auch ihre Anlage sein möge. Dies ist besonders in den Zeiten der Entwicklung einer Stilperiode der Fall, da die Künstler von der vorbereitenden Arbeit, von der Bewältigung des sich neu einstellenden Materiales und den Versuchen seiner Verarbeitung in Anspruch genommen sind. In dem Geschichtsbilde der ältesten Kirchenmusik tritt überhaupt der Erfinder hinter die Autorität der Kirche und ihrer Oberhirten zurück. Die große Epoche des mittelalterlichen Chorals hat ihre Benennung nach dem Instaurator Papst Gregor dem Großen, der selbst keine Melodie erfand, sondern nur all das sammelte, sichtete oder sammeln und sichten ließ (»*centonizavit*«), was die religiöse Begeisterung innerhalb der vorangegangenen Jahrhunderte geschaffen hatte. Dieser Kunststil behielt den Namen auch dann (oder wurde wohl erst später mit diesem Namen belegt), als, wie die Historie feststellt, noch weitere vier Jahrhunderte unter gleicher oder ähnlicher Beteiligung einzelner Oberhirten an dem Ausbau dieses ehrwürdigen Kunstwerkes arbeiteten. Das Individuum trat hier ganz in den Hintergrund. Bei den zumeist außerliturgischen Hymnen und bei den Sequenzen der Folgezeit tritt der Inventor mehr in den Vordergrund. Der Choral hatte in diesem weitumspannenden Zeitraum wieder selbst einige Stilwandlungen und Übergänge erfahren. Wir können heute nicht mehr genau die Differenzen zeitlich bestimmen und können sie nur schwer stil-chronologisch ordnen. Es geht uns mit den großen Zeitintervallen ähnlich, wie in den folgenden Stilperioden mit den kleineren, einander näherliegenden. Nur ist das Verhältnis ein anderes: je weiter entfernt wir von den vorangegangenen Stilperioden sind, desto leichter verlieren oder (besser gesagt) desto schwerer gewinnen wir den Maßstab für die Erfassung und Beurteilung der Stilgruppen und der Individualerscheinungen innerhalb einer und derselben Stilepoche. Es bedarf großer Übung und längerer Studien, inniger Vertrautheit, um diese Erkenntnis, dieses differenzierende Stilgefühl zu erwerben. Das Hervortreten des Individualismus im 17. Jahrhundert, besonders des Subjektivismus im 19. Jahrhundert hat viel beigetragen zur Verschärfung der Individualitäten und Verselbständigung der Individualstile. Andererseits begünstigten die älteren Arbeitsmethoden in der Faktur der Werke die relativ mehr vereinheitlichende Stilbehandlung. Hier wirkt das objektive Moment der Kunstgattung immer einigend, dort das subjektive Moment der Künstlerindividualität, die sich in allen ihren Werken als der Ausdruck ihrer Persönlichkeit wiederfindet, trennend, absondernd gegenüber den Werken der Zeitgenossen.

Selbst unter den einzelnen Werken eines und desselben Künstlers wird leicht eine Gruppierung vorgenommen, ergibt sich vielfach von selbst aus der Betrachtung der Werke, die einer Schaffenszeit des Künstlers angehören. Hierbei kommen verschiedene Ergebnisse je nach der Betrachtungsweise zutage. So unterscheidet Baini bei seinem Abgott Palestrina nicht weniger als zehn Stile in chronologisch-biographischer Folge und diese Anzahl könnte man wohl bis zum Einzelstil jedes Werkes vermehren. Baini übersieht die Stilforderungen jeder von Palestrina geübten Stilgattung, und der verschiedenen Satzarten, wie sie zu seiner Zeit in der Mehrstimmigkeit gehandhabt wurden. Die Individualität kann sich gleichwohl innerhalb dieser Satzarten einer Zeit zur Geltung bringen, nur darf man Satzart und Individualstil nicht verwechseln. Die geistige Physiognomie, das Wesen eines großen Künstlers gelangt in allen seinen Werken und seiner ganzen Produktion zur stilhaften Erscheinung und so kann man jedem führenden Geist einen stilistischen Grundzug zuerkennen, wie dies in der Literatur in bald zutreffender, bald gänzlich unzutreffender Weise geschieht. Da kann es auch geschehen, daß eine und dieselbe Bezeichnung auf die Stilhaltung mehrerer Künstler angewendet werden kann. Treffend bezeichnet Berlioz den Stil Glucks als »einfach grandios«, Schumann den von J. S. Bach als »kühn labyrinthisch«. Ließen sich diese Bezeichnungen nicht auf den Stil eines oder des anderen Tonheroen übertragen? Die Individualität kann sich in verschiedener Weise entfalten, kann zum Abschluß gelangen, zur Hochreife oder vorher durch den Tod, durch ein plötzliches oder mähliches Erschlaffen zum Stillstand kommen. In tausendfältigen Arten kommt dies zum Vorschein. Bei den bedeutenden Meistern, deren Schaffen nicht vorzeitig unterbrochen wurde, sind nach Goethes Ausspruch im allgemeinen drei Perioden zu beobachten: die der ersten Bildung, die des eigentümlichen Strebens und die des Gelangens zum Ziele. Und wiederum kann man bei weniger bedeutenden, wenngleich schulmäßig geübten und tüchtigen Tonsetzern keinen Individualstil beobachten und nur die Zusammengehörigkeit mehrerer feststellen, die innerhalb einer Kunstübung in einer Anschauungsweise schreiben, in einem »konventionellen« Stile. Nur wenigen ist es vergönnt, sich zu einer voll ausgesprochenen Individualität emporzuringen. Erschreckend gering ist ihre Zahl im Laufe der Geschichte, erschreckend groß die der Unselbständigen.

Neben den im konventionellen Stile einer Zeit Schreiben- **Manieristen**
den gibt es noch andere in gleicher oder ähnlicher Art

Schaffende: die in der Manier großer Meister oder vorangegangener Schulen schreiben. Die »Nachkommen« — die »Nachahmenden« könnte man sagen — oder »Epigonen« übernehmen das Erbe ihrer Vorfahren, und bewirtschaften das übernommene Gut. Da gibt es unendlich verschiedene Nüancen der Beackerung und Bearbeitung in den mannigfaltigsten Schattierungen der Anschmiegung und Gefolgschaft: von bloßer Annäherung, von Herübernehmen und selbständiger Übertragung bis zur äußerlichsten Nachäfferei. Das größte Gefolge haben die führenden Geister, von denen der Abstand der Manieristen noch klaffender ist. So hat z. B. der Stil Haydns zur Zeit seiner Vollendung und auch zur Zeit seiner mäligen Ausreifung eine Legion Nachahmer gefunden, die geradezu auf den Fortgang der Instrumentalkomposition nachteilig und hemmend wirkten. Anders aufzufassen und zu beurteilen ist die im historischen Werdegang notwendige Herübernahme und organische Fortführung. Wenn der dreißigjährige Beethoven im Finale seiner ersten Symphonie ein Rondo in Haydns Art aufbaut, so tut er dies in notwendiger Anlehnung als ein auf dem Gebiete der Symphonie junger Meister, in Erarbeitung des großen Stiles und mit der Kraft der selbständigen Fortführung. Wenn Rubinstein und Volkmann sich in der Symphonie an Beethoven anschließen, so vermögen sie dabei in der Zeit ihrer Reife eine selbständige Erfindung zur Geltung zu bringen, allerdings ohne über das Vorbild hinauszukommen, ohne es zu erreichen. Wenn Brahms im Schlußsatze der zweiten Symphonie ein Thema in der Art Haydns verwendet, so vermag er der Arbeit ein ganz selbständiges Gepräge zu geben, so sehr die Anlage sich an Beethoven anschließt. Wenn dagegen Spohr eine »Historische Symphonie im Stil und Geschmack vier verschiedener Zeitalter« schreibt, so vollzieht er damit eine bewußt äußerliche Nachahmung in der Art von Meistern, von deren Stilarten nur einer ihm innerlich relativ näher stand: Mozart, während er in den anderen nur äußerliche, manieristische Nachahmung zu erreichen vermag. Dies steht an der äußersten Grenze der Nachahmerei, die diesfalls bewußt ist und in ihrer Ungeschicklichkeit das Groteske streift. Die meisten Manieristen suchen in einem inneren Verhältnis zum Vorbild zu stehen — mit größerem oder geringerem Gelingen.

Das äußerliche Hinarbeiten auf den Stil eines anderen, oder auf den Stil einer Gattung, deren Wesen sich dem darauf Hinarbeitenden nicht erschließt oder für die Stelle der Verwendung überhaupt nicht geeignet ist, bringt immer Unzukömmlichkeiten mit sich. Davon haben wir erschreckend viele Beispiele in den letzten drei Jahrhunderten. Vorher hatte man dafür weniger Empfindung und Empfindlichkeit. Nicht nur Anlehnungen, sondern Herübernahmen waren in älteren Stilperioden gang und gäbe und sogar Stilvorschrift. Seit der Zeit der Individualisierung, seit dem 17. Jahrhundert werden sie immer seltener. Noch um 1700 finden sich solche Fälle, z. B. bei Händel, die nicht als Plagiate (wie behauptet wurde) noch als Zitate anzusehen sind, sondern als Eingliederungen und Verarbeitungen in die eigene Arbeitsweise, in den eigenen Stil. Ein Künstler kann auch selbst in seine eigene Manier verfallen, wenn er eine von ihm eingeschlagene Richtung mechanisch äußerlich verfolgt und seine aus dem Geiste stilhaft geschaffenen Werke nachahmt, wenn er im Stile stecken bleibt. So war es der Fall bei Spohr, Marschner und vielen anderen, die vorerst einen Aufstieg zur Eigenentfaltung genommen haben und alsdann trotz quantitativ beträchtlicher Produktion darüber nicht hinausgekommen sind.

Im großen Werdegang der Tonkunst gewahrt man ganze Gruppen von Tonsetzern, die im bewußten Gegensatz zu einer neu erstehenden und sich vervollkommnenden Richtung am übernommenen Stile festhalten, vielleicht nicht so sehr aus Mangel an Eignung, in neuen Stilen zu schaffen, als aus Überzeugung, in berechtigter Erkenntnis oder vermeintlicher Annahme, daß für die betreffende Kunstgattung die neue Stilrichtung nicht tauge. Das war bei den sogenannten Traditionalisten des 17. Jahrhunderts der Fall, die eine Fortsetzung im 18. Jahrhundert und eine Wiedererstehung im 19. Jahrhundert fanden: sie hielten an den Grundprinzipien des Kirchenmusikstiles der Blütezeit der a cappella-Musik fest und so kennt die Geschichte unter den vielen Traditionalisten einen »Palestrina des 17.« und »einen Palestrina des 18. Jahrhunderts«. Im 19. Jahrhundert hat meines Wissens keiner der Nachahmer diesen Ehrentitel erworben, mit Recht, denn der Versuch der Wiederaufrichtung dieses Stiles vermochte keinen Nachahmer zu völliger Homogenität in Beobachtung der Stileigenschaften zu bestimmen; wohl beherrschte einer oder der andere den »alten« Stil in so vollkommener Weise, daß Ergänzungen von unvollständig erhaltenen Palestrinastücken vorgenommen werden konnten, wie dies Michael Haller im Einzelfalle in trefflicher Art vollzog. Das Neuaufleben älterer Stile ist je nach der Geartung der daran Beteiligten mit Umwandlung, Umänderung verbunden, wie etwa der neue a cappella-Stil bei Mendelssohn, dann bei Brahms. Er ist verschieden von der Behandlung des a cappella-Stiles bei Padre Martini im 18. Jahrhundert, wenngleich auch dieser in rhythmischer Beziehung sich von seinen Vorbildern entfernte; noch mehr ist dies der Fall bei J. J. Fux, dem »österreichischen Palestrina«, der auch in harmonischer Beziehung von seinem Vorbild abweicht. Fux hat ebensowenig wie sein großer Zeitgenosse Alessandro Scarlatti (er starb 16 Jahre vor Fux) auf anderen Gebieten als dem der A-Capellamusik dem Traditionalismus gehuldigt. Auch die mit Instrumenten begleitete Kirchenmusik dieser beiden Tonsetzer liegt außerhalb dieses Terrains. Wir treffen so bei einem und demselben Meister Verwendung verschiedener historischer

Stilarten, von denen jede für eine bestimmte Gattung angewendet ist.

Das bewußte Archaisieren, die Verwendung und Herübernahme älterer Stile, hat im 19. Jahrhundert weit um sich gegriffen, begünstigt durch die Tendenz der Romantiker, die mittelalterliche Kunst zu neuer Geltung zu bringen. Die Verwendung von Choralmotiven und Themen, der einfachen und komplizierten liturgischen Formen, ferner das Einhalten diatonischer Herbe der Kirchentöne in der modernen Mehrstimmigkeit sind mehr aus der Sucht nach Abwechslung und erborgtem Kontrast, als aus innerem Drange hervorgegangen. Der Zug der Präraffaeliten in der bildenden Kunst fand ein Widerspiel in der modernen Tonkunst und hatte einen Vorgänger und Geleitmann in dem Kapellmeister an der Peterskirche, Pietro Raimondi (1786—1853), der nicht nur 15 Bände Psalmkompositionen im Stile Palestrinas herausgab, sondern in anderen Kirchenwerken auf Okeghem zurückging und auch polychore Kompositionen ausschweifendster Art (so eine 64stimmige Fuge für 16 vierstimmige Chöre) schrieb. Tiefer und inniger wirkte die Befruchtung älterer Kunststile auf einzelne Schöpfungen von F. Liszt, Gounod, César Franck, H. Parry, Perosi u. a. Da verschlingen sich in einzelnen ihrer Werke ältere Stile miteinander und werden entweder von einer persönlich neuen Führung zusammengehalten oder fallen im einzelnen auseinander, wie dies bei einer beträchtlichen Zahl anderer Komponisten des letzten Halbjahrhunderts zu beobachten ist. Die Wiederaufnahme der Werke der Altklassiker förderte die Vervollkommnung der Stimmführung nach seiten der Polyphonie. Auch hier sind die Neumanieristen alter Kunstschulen von den wirklichen Verarbeitern älterer Stilmomente im Sinne einer organisch fortschreitenden Tonkunst zu scheiden.

Das Festhalten einer Stilrichtung innerhalb eines Kunstgebietes bei Annahme anderer Stilbehandlungen auf andern Eklektizismus.

Kunstgebieten gehört nicht unter den Begriff des Eklektizismus. Dieser besteht darin, daß ein Künstler in einem Werke verschiedenen Vorbildern folgt oder innerhalb einer Kunstgattung bald in einem oder dem andern Stile schreibt. Es ist eine äußere Verwendung verschiedener Schreibarten ohne die zusammenhaltende Kraft der inneren Verbindung und Verarbeitung. So sehr der Eklektizismus im allgemeinen zurückzuweisen ist, so steht mancher Eklektiker seiner Anlage nach durchaus nicht hinter dem Stilpuristen zurück. Schon in der Antike wurde der Vorwurf des Eklektizismus erhoben, besonders im Hinweis auf die Anbringung verschiedener Metren innerhalb eines Ganzen, ohne die Eurhythmie dadurch zu fördern. Nicht alles, was mit »Eklektizismus« bezeichnet wird, ist verwerflich. Manchmal sucht ein Künstler verschiedene Schreibarten zu verschmelzen, wie etwa die große Gruppe derjenigen, die im Anfang des 17. Jahrhunderts Versuche in der Vereinigung des neuen und alten Stiles anstellten, Versuche, die zu einer Hochblüte im konzertanten Stil führten. Dieser Verschmelzungsprozeß ist demnach ein historisch notwendiger Vorgang, nicht zu verwechseln mit einer Nebeneinanderreihung verschiedener persönlicher Stile, die entlehnt sind.

Mancher Künstler hat eine leichte Anpassungsfähigkeit an verschiedene Stilarten und zeigt dieses Geschick in der Produktion verschiedener Werke, von denen je eins in einem bestimmten Stil älterer oder neuerer Art gehalten ist. In andern Werken zeigt er eine volle Verarbeitung dieses oder jenes Stiles im Sinne der freien Entfaltung seiner Individualität, wie dies z. B. bei Mendelssohn zutrifft; er vermochte auch für die Fortführung der Romantik neue Stilelemente einzuführen. Gewöhnlich tritt der Eklektizismus bei der angewandten Musik hervor. Ein typisches Beispiel für die Möglichkeit, die kraftvolle Persönlichkeit bei starker Neigung zum Eklektizismus zur Geltung zu bringen, bietet Meyerbeer, in dessen Werken die persönlichen Stile von Mozart, Weber, Spontini, Rossini, Bellini, Herold und Spohr amalgamiert sind. In seinem Hauptwerke, den »Hugenotten«, hat Meyerbeer trotz des Mangels gänzlicher Verarbeitung gleichwohl einen Eigenausdruck zu erreichen vermocht. Wenn Wagner in seinen Jugendwerken sich »auf verschiedenen Sätteln« zurecht findet, so vermochte er in ganz anderer Weise sich zu einem Eigenstil emporzuschwingen und sein Schwert zu schmieden, wie Siegfried den »Nothung«. Aus innerer Not, aus innerem Zwang gelangen die Meister zum Eigenstil und zur stilhaften Ausarbeitung jedes ihrer Werke.

Werk- und Formstil.

In der Tat kann man jedem Werk als Resultat der Eigenbedingungen seiner Existenz seinen eigenen Stil zuerkennen; gerade bei den Großmeistern, bei den Großen ersten Ranges trifft dies zu. Im Sinne der historisch-wissenschaftlichen Erfassung ist mit dieser Konstatierung noch nichts erreicht. Man könnte so nur *disjecta membra* einer Pseudohistorie feststellen, während es gerade die Aufgabe der Geschichte ist, neben der Erkenntnis der Individualerfassung des Künstlers und seines Werkes die gemeinsamen Eigenschaften der künstlerischen Erscheinungen in richtiger Weise zusammenzufassen und zu beleuchten. Dadurch gewinnen wir erst die wahrhaften Stilkriterien. Bei der Apperzeption des einzelnen Werkes kann dann das stilistisch zusammenhaltende Band desto klarer, präziser erkannt werden. Es ergibt sich volle Klarheit erst durch das Eindringen in die Formensprache, die den Künstlern einer Periode gemein ist. Darin besteht eigentlich das Wesen in der Erscheinung des Stiles. Jede Kunstgattung, jede historische Form hat ihre eigene Stilbehandlung, die nach dem Werdegang, der Höhenentwicklung und dem Niedergang ihre Wandlungen erfährt. Mit Recht sagt Robert Schumann: »Der Sonatenstil von 1740 ist nicht der von 1840, da die Ansprüche an Form und Inhalt gestiegen sind.« Die Kennzeichnung der, jeder Form zukommenden Stileigenschaften ist Sache der Stillehre, für die bis heute noch wenig geschehen ist. Die stilistischen Eigenbedingungen der spezifisch musikalischen Hauptformen in ihrer historischen Folge, so auf dem Gebiete der Instrumentalmusik von Suite, Fuge, Ouvertüre, Konzert, Sonate sowie der zahlreichen Gattungen der angewandten (mit Dichtkunst verbundenen) Musik verlangen jede für sich Betrachtung und Feststellung — das »Objektiv« der Gattung neben dem »Subjektiv« des Künstlers, der darin schafft. So wie in der Antike jede Gattung ihren eigenen Stil, ihre eigenen Formen, ja sogar ihre eigenen Rhythmen und Tonarten hatte, besonders in der klassischen Epoche streng abgegrenzt war, und in dem so kurzen Verlauf der griechischen Kunstentfaltung nur insofern Modifikationen unterworfen war, als solche von dem in dem einzelnen Kunstwerk hervortretenden Ausdruck bedingt war, so gilt dies in weiterem Umfang auch von den Stilgattungen unserer Musik.

Stilarten der Mehrstimmigkeit.

Zu der Einstimmigkeit, die in der griechischen Musik Ausgangs- und Endpunkt war, kommt bei uns nach der ersten Stilperiode des Chorals die Mehrstimmigkeit als stilbildendes Moment besonders in Betracht. Und so seien am Ende dieser systematischen Aufstellungen die mehrstimmigen Setzarten einer zusammenfassenden Betrachtung unterzogen, zumal wir die Terminologie behufs präziser Verwendung der Begriffe bei den Stilperioden klar feststellen müssen. Der Begriff der Stilarten deckt sich da vollends mit dem der »Satzarten«, der mehrstimmigen Setzweisen. Vom 11. Jahrhundert an scheiden sich die Stilperioden nach der Art der mehrstimmigen Behandlung als einem der wichtigsten Stilmomente, sei es daß dieses ausschlaggebend oder mitbestimmend ist. In jeder Periode hat die Mehrstimmigkeit ihre eigene stilistische Anwendung. Von Anfang an traten zwei Strömungen hervor, die in der Folge von der Theorie als Gegensätze erfaßt werden, in gewissen Kunstformen einander gegenüberstehen, in Wirklichkeit miteinander organisch verbunden sind: die homophone (harmonische) und die polyphone. In der ersteren vereinigen sich die Stimmen des zwei- oder mehrstimmigen Verbandes als Geleite einer führenden Melodiestimme, mit der die andere oder die andern Stimmen als Folgen von Simultanklängen mitgehen — sei es in primitiven Gebilden, wie den parallelen Quinten- und Quartenorgana, sei es in einer relativ höheren Vereinigung der Simultanklänge, wie in den Sextakkordgängen, den Terzen und Sextengängen des Fauxbourdon, sei es als kunstvollendete Harmoniebegleitung einer Weise, als Akkordfolgen zu den Tönen der führenden Melodie. Diese Zusammenklänge sind vertikal aufzufassende und in Wirklichkeit auch so erfaßte Klangkomplexe, wenngleich in der theoretischen Auffassung der alten Organa und Fauxbourdons die Fiktion einer Eigenführung der von der »*vox principalis*« im Abstand der Quint oder Quart einsetzenden »*voces organales*« und ebenso der Terz- und Sextgänge im Falsobordone festgehalten wurde, die einzelnen Stimmen also gleichsam als selbständige Parallelstimmen aufgefaßt wurden. Theoretische Erfassung deckt sich da eben nicht mit praktischer Ausführung.

Der spezifisch harmonisch-homophonen Stilgruppe, recte Satzart, steht die ideell polyphone gegenüber, bei der jede Stimme in ihrer eigenen melodischen Bewegung, jede für sich in ihrem horizontalen Verlaufe verfolgt werden soll, keine Stimme einen Vorrang vor der oder den anderen Stimmen zu beanspruchen hat. Dabei treffen einzelne Töne der melodischen Komplexe in Konsonanzen, bzw. Dissonanzen zusammen, die in ihrer Gesamtheit, in ihrer vertikalen Zusammenstellung einen geregelten mehrstimmigen Satz geben. Auch hierzu finden sich die Ansätze in verschiedenen Arten des ältesten Organums, von denen das »schweifende« ein besonderer Ausgangspunkt für diese Behandlungsart gebildet haben möge. In Wirklichkeit liegen alle Keime der beiden

Grundsatzarten der mehrstimmigen Kunstmusik in den verschiedenen mehrstimmigen Übungen, von denen eine Art in der Antike beschrieben ist, andere bunt abwechselnde Arten in der primitiven und exotischen Musik heute noch üblich sind, die insgesamt vor der Schwelle eigentlicher mehrstimmiger Kunstübung in unserm Sinne stehen.

Eine große, mannigfache, heute noch nicht präzis zu bestimmende Zahl von Behandlungsarten läßt sich schon in den ersten Ansätzen beobachten und zusammenstellen, von den primitivsten bis zu solchen, die fast unmerklich in wirkliche Kunstübungen übergehen. Auch da ließen sich, wie wir dies in rhythmischer und tonaler Beziehung bei der Betrachtung des für die Kunst herangezogenen Materials beobachtet und auseinandergesetzt haben, Behandlungsarten konstatieren, die in unserer Kunstmusik, so reich und imponierend sie auch sei, keine, vielleicht »noch keine« Verwendung und Aufnahme gefunden haben. Ich bezeichne diese jenseits von geregelter homophoner (harmonischer) und polyphoner Stimmführung gelegene mehrstimmige oder nur schein-mehrstimmige Musikübung als Heterophonie im weiteren Sinne, d. i. »Verschiedenstimmigkeit«. Im engeren Sinne, entsprechend der Auffassung von Plato (leges VII, 812) als *ᾠδὴ ὑπὸ τὴν κροῦσιν* (Gesang über der Instrumentalbegleitung) ist die Heterophonie eine Ausführung, bei der die Instrumentalstimme die Gesangsmelodie mit Varianten bei einzelnen Tönen oder Wendungen begleitet, gleichsam zur klanglichen Verstärkung, Sättigung oder stellenweise zur klanglichen Vervollständigung die Hauptmelodie mit Fiorituren umspinnend. Solche Heterophonie finden wir auch heute noch in der Musikübung von Chinesen, Javanen. Die Methode der mehrstimmigen Gesangsübung der Russen steht auch damit im Zusammenhang, da nach den Zusammenstellungen der »Varianten« (»Podgolosky«) je einer Weise in den Sammlungen von Melgunow und Lineff (phonographische Aufnahmen) die Zusammenklänge vielfach daraus hervorgehen und sich dann stellenweise zu harmonischem Geleite oder abgebrochenen melodischen Gegenführungen mit gelegentlichen fragmentarischen Stimmwiederholungen, bzw. Nachahmungen erheben — alles ohne künstlerische Satzregelung, »freischweifend«. Auch in den südlichen Distrikten Österreichs trifft man solche regellose und regelwidrige Mehrstimmigkeit, bei den in Sekundgängen singenden, in Sekunden trillernden jungen Serbokroatinnen (vgl. hierüber meine Studie »Heterophonie« im Jahrbuch Peters XV, 1908). Eine Gruppe in diesen mehrstimmigen Vorformen, rekte »Vorübungen« sind Weisen mit Begleitung eines oder mehrerer ruhender Töne, gleichzeitig oder abwechselnd, oder mit beharrlicher Wiederholung eines Motivs, Vorgebilde des Ostinato. Daß auch die nach der von mir aufgestellten Umgrenzung der Heterophonie neuerlich (von Hornbostel) vorgenommenen Eingrenzungen und Beengungen dieser Gruppe bei der Heterophonie im antiken Sinne nicht stehen bleiben können, zeigt die Einbeziehung der »heterophonen Behandlung der Quintenparallelen« und sogar des »Überganges zum Diskant« in die Heterophonie *).

*) Während der Korrektur dieses Buches erhalte ich die Schrift »Anfänge der Musik« von Carl Stumpf, in der der Begriff der Heterophonie auf die eine antike Art einzuschränken versucht wird. Die Einteilung der Musik nach Stimmenzahl wird hier in sechs Gruppen vorgenommen: 1) Homophonie (Einstimmigkeit, nach dem Vorgang von Helmholtz), 2) Organum (Parallelfortschreitungen, besonders in IV und V), 3) Bordun (ruhende Töne), 4) Heterophonie (Varianten einer Melodie), 5) Polyphonie (gleichzeitiger Vortrag mehrerer verschiedener Melodien), 6) harmonische Musik (»die schon im gleichzeitigen Erklingen mehrerer unterschiedener Töne und in der Aufeinanderfolge solcher Tonkomplexe Quellen ästhetischer Lust und Unlust findet«). Es ist dies der dritte Versuch systematischer Zusammenstellung von seiten der Berliner musikpsychologischen Schule; zwei von Hornbostel (s. o.) waren vorangegangen. Abgesehen davon, daß die Erklärung der letzten Gruppe sich ohne Zwang auch auf andere mehrstimmige Satzarten

Für die historische Betrachtung und die Begründung der Aufstellung einer für sich bestehenden Stilperiode der Mehrstimmigkeit unserer Musik ist es von wesentlichem, ausschlaggebendem Belang, daß das neue »*organicum melos*«, die »*organica cantilena*«, Bezeichnungen, die von Scotus Erigena und dem Mönch von Angoulême im 9. Jahrhundert gebraucht werden, als eine für sich gehende Stimme

---

übertragen ließe, muß wohl vom gewohnheitsmäßig musikalischen Standpunkte aus »Homophonie« als Bezeichnung für Einstimmigkeit zurückgewiesen werden. Homophonie wird allgemein als harmonischer Stil der Polyphonie, dem polyphonen Stil entgegengestellt. Die antike Nomenklatur findet hier ebensowenig Anwendung, als dies meines Erachtens bei der Heterophonie der Fall sein muß. Im Einklang oder in der Oktav (»*repetitio ejusdem soni*« sagen mittelalterliche Schriftsteller von der Oktav, die bei den Griechen als »Antiphonie« bezeichnet wurde) geführte Weisen werden als »unison«, nicht als »homophon« bezeichnet. Stumpf irrt, wenn er meint, daß es bei uns keine »strenge Homophonie (soll heißen: exklusiv unisone Weisen) gäbe« — die ganze älteste Stilepoche unserer Musik ist unison und so ist es auch heute beim Gregorianischen Choral im wahren richtigen Sinne der Fall. Die Beschränkung der Heterophonie auf die Varianten einer Weise erfährt wie früher bei Hornbostel so jetzt bei Stumpf eine Erweiterung durch die Einbeziehung von Beispielen und Hinüberführung auf Beispiele, die im Unison (einfachem oder fioriertem) beginnend, in Quarten- und Quinten-Parallelen übergehen. Vielleicht darf ich darin ebenso eine Annäherung an die von mir vertretene Auffassung annehmen, wie in der bei einem mehrstimmigen Indianergesang (Nr. 47 der Beispiele) gemachten Beobachtung, daß »diese Sangesweise sich am füglichsten unter den Begriff der Heterophonie einordnen lasse und man dabei sogar einen schwachen Anfang von kontrapunktischer Stimmführung finden könne« (S. 181). Ich habe keinen Grund, von den von mir aufgestellten drei Arten der Mehrstimmigkeit abzugehen: Heterophonie (im weiteren Sinne als Vorart künstlerischer Mehrstimmigkeit in unserem Sinne), Homophonie (harmonischer Stil mit einer Hauptstimme und den anderen dienenden, harmonisch stützenden, ergänzenden Stimmen), Polyphonie (ideell intendierte und real ausgeführte Vereinigung zweier oder mehrerer selbständig geführter Stimmen). Die Geschichte und die Folge der historischen Stilperioden sind weitere Stützen und Belege dieser Aufstellung. In Wirklichkeit greifen sie alle drei in einzelnen Stilperioden ineinander.

betrachtet sein wollte. Diese Absicht, diese Tendenz nach Verselbständigung einer zweiten Stimme war von der größten Wichtigkeit. Erst nach jahrhundertelangem Ringen, nach Versuchen, Ansätzen verschiedenster Art gelangte dieses Stilprinzip zur ebenmäßigen Verwendung und Ausführung. Homo- und Polyphonie konnten erst dann in verständnisvoller Weise geschieden werden.

Innerhalb der mehrstimmigen Stilarten ist die Feststellung, bzw. Abgrenzung des monodischen Stiles von Wichtigkeit. Monodie wird nicht selten, auch in den Werken jüngsten Datums, als »Einzelgesang« schlechtweg angesehen, so im Choral der Solovortrag einzelner liturgischen Stücke oder Teile, ferner der unbegleitete einstimmige weltliche Gesang in seinen verschiedenen Erscheinungsarten und -Formen. In des Wortes ethymologischer Bedeutung ist dies wohl richtig. Im Sinne der historischen Stilarten dagegen bedient man sich besser des Wortes »monodischer Stil« in einer bestimmten Bedeutung: für den um 1600 in den »*nuove musiche*« eingeführten Sologesang mit Begleitung des Basso Continuo mit einem Akkompagnement. Diese Begleitung, welche ein unentbehrlicher Bestandteil des monodischen Stiles ist, hat Ausführungsmöglichkeiten in reicher Mannigfaltigkeit, immer auf Grund eines Basso Continuo. In der Vereinigung von Solo (in der Folge auch instrumentalem Solo) mit Begleitung besteht die stilistische Eigenart des Begriffes Monodie oder die Bestimmung des »monodischen Stiles«. Wir müssen darnach trachten, eine einheitliche Terminologie zu gewinnen und sollten uns bei dem Aufbau unserer Wissenschaft nicht abweichender Begriffe bedienen.

In der Homophonie wird auch eine Hauptstimme begleitet, speziell akkordisch. Da ist es gleichgültig, ob die führende Hauptstimme von einer Person, einem Instrument oder von einem Chor oder von vielen Instrumenten vorgetragen wird; sie ist die Oberstimme, während die andern hinzutretenden Stimmen dieser Hauptstimme als harmonische Füllstimmen dienen, einerlei ob von Einzelsängern, von einem Chore oder von Instrumenten vorgetragen. Anders im monodischen Stil, bei dem die begleitenden Stimmen nur Instrumenten überantwortet sind, deren Behandlung, wie wir sehen werden, in den konzertanten Stil übergreifen kann. Betrachtet man die begleitenden Stimmgänge harmonisch geführter Sätze, so erheben sie sich hier und da zu wirklichen Melodien, d. i. zu Stimmen, die als Ganzes oder in einzelnen Teilen eine selbständige melodische Haltung annehmen. Es ist im Verlaufe der einzelnen Stilperioden oder im Verfolg einzelner Stilformen nicht immer genau zwischen bewußt gewollter oder unbewußt sich ergebender melodischer Stimmführung zu unterscheiden. Unübersehbar mannigfaltig sind die Zwischen- und Übergangsstufen von homophoner zu polyphoner Stimmführung. Man könnte solche Stimmen als polyphonierend bezeichnen. Es gibt verschieden rhythmisch geführte Stimmen, die nicht eigentlich polyphon geführt sind, sondern nur rhythmische Belebungen homophoner Stimmführung sind. So nahmen schon im Fauxbourdon einzelne Stimmen eine bewegtere Haltung an und die Vereinigung der betreffenden Stimmen blieb trotzdem auf dem Boden dieser Musikübung, wobei der Schein einer polyphonen Führung, eine polyphonierende Stimmführung entstand. Im 18. Jahrhundert wurde für die Mischung homo- und polyphoner Stimmführung von Paolucci die Bezeichnung »*stile pieno legato moderno*« gebraucht; in Wirklichkeit reichen seine Wurzeln in die erste Zeit der Mehrstimmigkeit und er erfährt die mannigfachsten Wandlungsarten, Übergangsformen und Verwendungen — ein abwechslungsreiches Hin und Her, ein stetiger Austausch der beiden Grundarten von Homo- und Polyphonie. Manche Stilperiode, manche Schule, einzelne Meister gewinnen hierdurch eine eigenartige Physiognomie, ein bestimmtes Stilkriterium. Diese festzustellen wird Gegenstand künftiger Forschung sein. In einer der ältesten Grundformen der Mehrstimmigkeit, im Conductus (angefangen vom 12. Jahrhundert), »bei dem alle Stimmen einen Text von Silbe zu Silbe zusammen fortschreitend« vortragen, also ein gleichsam in Harmonien sich fortbewegendes Ganzes ergeben, ist die Eigenführung jeder Stimme intentioniert.

Zur Zeit der höchsten Ausbildung der Vokalpolyphonie im 16. Jahrhundert, da der innere harmonische Zusammenhang der in Akkorden fortschreitenden Stimmen klar zutage tritt, steht vielfach die Selbständigkeit der Einzelstimmen im Vordergrund der Setzart. Auf den äußeren Blick und bei oberflächlichem Hören erscheint die Folge von Zusammenklängen vorerst homophon, bei genauerer Erfahrung beleben sich die Stimmen und man begreift ihre Eigenführung. Solcher Beispiele gibt es besonders viele in der Blütezeit der a cappella-Musik, bei fast allen ihren Meistern. Eines sei als Paradigma gegeben:

Pierre de la Rue.

(Die von den Außenstimmen abweichende Textbehandlung der Innenstimmen ist an den betreffenden Stellen eingezeichnet),

So wie jede Stilperiode ihre eigene Art der Melodiebehandlung, ihre melodische Eigenart hat, so wechselt auch in der Zeiten Lauf die Haltung der mitgehenden Stimmen im Verbande. Es gibt in jeder Periode mannigfach wechselnde Zwischenarten von homo- und polyphonen Stimmen. Nichtsdestoweniger muß theoretisch wie auch in Rücksicht auf die Praxis und ihre jeweiligen Intentionen das Prinzip zur absoluten Geltung erhoben werden, daß bei der Polyphonie im eigentlichen Sinne jede Stimme des Verbandes ihr volles Recht auf selbständige Führung erhebt, sei es daß im Gange der Stimmen Note gegen Note steht (*punctus contra punctum,* daher der Name Kontrapunkt), sei es, daß jede Stimme in vollendetster Ausführung kontrapunktischer Behandlung ihre eigene rhythmische Ausgestaltung erfährt, sich über die Schuleinteilung der verschiedenen Gattungen des Kontrapunktes, wie sie in den Lehrbüchern geordnet erscheinen, erhebend. Das Ausschlaggebende ist, daß jede Stimme für sich erkennbar ist und eine in sich befriedigende melodische Führung aufweist. Entspricht diese Haltung den strengen Anforderungen geregelter Mehrstimmigkeit, dann spricht man vom strengen gearbeiteten Stil, vom *stile osservato*, der strikte alles beobachtet, was die Polyphonie nach hartem Ringen mit der Materie in vollendetster Ausführung, in ebenmäßiger Durchführnng der gegenseitigen Ansprüche der Einzelstimmen endlich erreichte. Die Stimmen, gegeneinander tretend, miteinander geführt, in ihren melodischen Ansprüchen, in ihrem harmonischen Zusammentreffen einen Ausgleich vollziehend, mit Bindungen das Zusammenstoßen mildernd, vorbereitend und auflösend, sind demgemäß im gebundenen Stil behandelt, von dem ein Beispiel gegeben sei:

Heinrich Isaak (aus dem »Choralis Constantinus«).

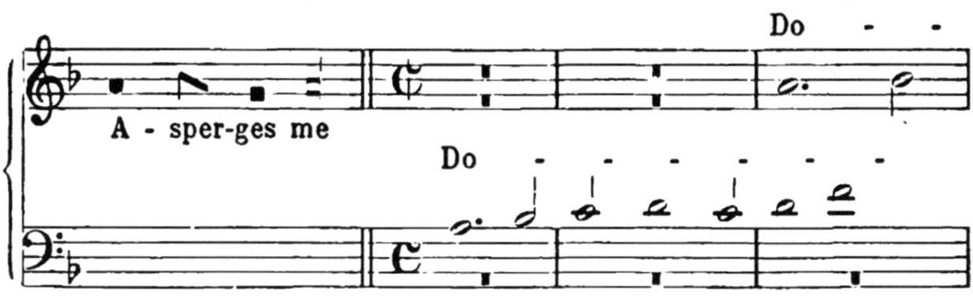

- - - mi - ne
Do - mi-
- - mi - ne
Do - - mi - ne hy - so - -
hy - - - - - - - so
ne hy - - so - -
hy - - - - - - so -
po et
po et mun - - - - - -
po, et mun - - - -
po, et mun - -
mun - - - - - - - - - - - - - - -
- - da - bor.
- - da bor.
- - da bor.
- - da - bor.

Jede Stimme, so sehr sie ihr Recht auf selbständige Führung geltend macht und je nach der Geschicklichkeit des Tonsetzers diesen Anspruch in einer den Stilgesetzen der Zeit entsprechenden Weise durchzusetzen imstande ist, erscheint von den andern Stimmen in Gang und Haltung mitgebunden, gerade so, wie der Bürger im Staate beim höchsten Streben nach selbständiger Bewegung und Betätigung der Freiheit durch sein Verhältnis zu den Mitbürgern als Staatsangehöriger (früher sagte man »Staatsuntertan«) an Normen staatlicher Ordnung gebunden ist und sich auch moralisch gebunden erachtet. Wie nun diese gesellschaftlichen, soziologischen Verhältnisse in verschiedenen Zeiten unter Beibehaltung gewisser Grundnormen verschieden sind, so ist auch der Gebrauch und die Ausgestaltung der Bewegungsfreiheit, bzw. Gebundenheit der Stimmen im Verbande eine verschiedene, mannigfach abwechselnde. Wohl heißt es auch in der strengen Lehre, daß, je unabhängiger die Stimmen voneinander werden, desto geschickter der Meister, desto höher seine Kunst; die strenge Lehre stellt Grundthesen auf, an die sich die Meister der verschiedensten polyphonen Schulen gehalten, die sie in ihren Werken festgelegt und als zu Recht bestehend anerkannt haben. Diejenigen Werke, in denen die Ungebundenheit der Bewegung hervorbricht, diejenigen Schulen, in denen der Versuch gemacht wird, sich der normierten Rücksichten zu entledigen und gleichsam fessellose Willkür an Stelle der in mühsamem Ringen erworbenen Grundnormen schalten zu lassen, mögen für die Erweiterung der Ausdrucksmöglichkeiten mancherlei hinzufügen; immer wieder wird sich eine Konzentrierung der Kräfte im Sinne der historischen Kontinuität und organischen Fortführung als notwendig einstellen, wie dies auch in früheren Zeiten vor sich gegangen ist.

In der Folge der künstlerischen Erscheinungen erhob sich die Polyphonie zweimal zu bisher unüberschrittenen Höhepunkten: vorerst im gebundenen Stil der Vokalmusik, in der a cappella-Musik des 15. und 16. Jahrhunderts. Da gewann die mehrstimmige Vokalbehandlung eine Vollkommenheit, die in unablässiger Arbeit seit der *ars antiqua*, dem Beginne der künstlerischen Mehrstimmigkeit des 11. Jahrhunderts endlich erreicht wurde. Sie setzte sich bei aller gesellschaftlichen Beliebtheit der von Instrumenten begleiteten Vokalmusik durch. In solchen a cappella-Werken eigentlich polyphonen Stiles kann wirklich jede Stimme vom Anfang bis zum Schluß verfolgt werden, sofern die Zahl der Stimmen eine geschlossene ist, faßbar bleibt. In der zweiten Hälfte des 16. Jahrhunderts beginnt das Auftreten und der Aufstieg der mit Maßen arbeitenden Chorkompositionen, in denen das eigentlich polyphone Stilprinzip zurückgedrängt wird. Dem mit einer geschlossenen Zahl von Stimmen arbeitenden Vokalstil des 16. Jahrhunderts folgt in gleicher Vollendung in der ersten Hälfte des 18. Jahrhunderts der polyphone Instrumentalstil, beide in organischer Verbindung miteinander stehend und trotzdem jeder verschieden geartet, bestimmt durch die verschiedenen Bedingungen der Instrumentalmusik, auch sonst stilistisch anders ausgestattet (in Tonalität, harmonischer Grundlage und Rhythmus), besonders verschieden gestaltet in der Ausarbeitung einer Setzart, die als »imitierender« Stil bezeichnet wird. Auch die »Wiederholung und Nachahmung«, wie ich diese beiden stilbildenden Momente in der Mehrstimmigkeit unterscheide, erfährt im Gange der Zeiten seit ihren rudimentären Anfängen stilistische Wandlungen und fast kann man schon von der Art und Verwendung dieses Konstruktionsmittels auf die Schule, die Zeit, den Komponisten schließen.

Nachahmung und Gegensatz sind die Fundamente mehrstimmiger Setzart, wie Wiederholung und Gegensatz in einstimmiger. Mit dem Kanon tritt eine Grundform der Nachahmung fertig in die Erscheinungen der Kunstwelt (1226), mit dem Austausch einzelner Phrasen in verschiedenen Stimmen ist das Konstruktionsprinzip der Imitation bereits in derselben Zeit stilbildend. In der Art der Verwendung dieser Mittel scheiden sich die aufeinanderfolgenden Epochen bis zu der Zeit, da von Phrase zu Phrase die Imitation platzgreift, als durchgehendes Konstruktionsmittel zum Prinzip erhoben, ein Stil, der von H. Riemann als »durchimitiert« bezeichnet wird, im letzten Viertel des 15. Jahrhunderts als notwendiges Mittel vollendeter Vokalpolyphonie der gleichen und der unmittelbar folgenden Zeit zur Geltung kommt.

Diese Wiederholung und Nachahmung nahm nun gleichzeitig auch einen anderen Charakter an: mehrstimmige Chöre antworteten einander, wiederholten das gleiche auf gleicher oder verschiedener Tonstufe, und verbanden sich dann. Daraus entstand der polychore Stil, der zur Zeit des Niederganges der reinen polyphonen a cappella-Musik seinen Aufschwung nahm, um in Monstregestaltungen und Exzessen rasch abzufallen. Von der reellen polyphonen Stimmführung entfernte er sich notwendigerweise, dann mit zunehmender Stimmenzahl vermindert sich in umgekehrter Weise die Möglichkeit realer Stimmführung. Der reellste polyphone Satz ist eigentlich der dreistimmige — hier kann das Ideal selbständiger Führung wenigstens auch in der Weise erreicht werden, daß die Möglichkeit der Apperzeption ohne Störung und Hemmung, ohne Überanstrengung gegeben ist. Realität und Idealität können sich hier einmal decken. Über Fünfstimmigkeit, wie sie im klassischen Madrigal und der klassischen Motette der a cappella-Musik durchgeführt ist, läßt sich schwer die reale Polyphonie durchführen. Darüber hinaus beginnt die Gegenüberstellung koloristischer Gruppen, die dem Wesensprinzip der Polyphonie nicht völlig homogen, dagegen für die Wirkung desto dankbarer sind.

Setzt man sich schon bei der Führung von zwei oder drei

Stimmen über die Grundbedingungen regelrechter Führung hinweg und fügt die Stimmen nicht nach eigentlich kontrapunktischen Maßnahmen zusammen, sondern stellt man sie über- und untereinander ohne Rücksicht auf geregelte Haltung zueinander, so möchte ich solche Behandlung »Polyodie« nennen. Gar mancher wird eine solche als stillos bezeichnen; Vertreter der jüngsten Moderne werden, da sie den Anspruch auf Eigenstil nicht aufgeben wollen, vom »polyodischen Stil« sprechen. Ein Fragment aus der sinfonischen Dichtung »Pelleas und Melisande« von Arnold Schoenberg (1902/3) möge zur Illustration dienen:

Es Klarinette
Va.

Da ist das Prinzip der Selbständigkeit der Stimmen, das im Sinne des Kontrapunktes geregelt und normiert werden soll, in einem andern Sinne zum Axiom erhoben: möglichste Unabhängigkeit der Bewegung und Haltung, ein Mit- und Gegeneinanderführen der Stimmen in Selbstherrlichkeit jeder einzelnen, rücksichtslos beim Aufeinanderstoßen der rhythmisch tragenden Intervalle auch bei den Imitationsführungen, im Einzelfalle fast herabsinkend zur rudimentären Aneinanderkleisterung von Stimmen in der Art der *ars antiqua* oder der Heterophonie. Während in der ältesten Periode der

Mehrstimmigkeit diese Art der Stimmführung eine Begleiterscheinung des schweren Ringens nach kunstgerechter Behandlung ist, artet in der Kunst der Neoprimitiven die Freiheit zur Außerachtlassung der Grundgesetze der künstlerischen Polyphonie aus, zur Aufhebung der nach jahrhundertelanger Erarbeitung gewonnenen Normen. Die Fälle, in denen Neuerungssüchtige nicht so sehr aus innerem Drange als aus Mangel an Geschick und an Beherrschung der normativen Satzführung die Tonklexereien »begehen«, seien ausgeschaltet — unfähige Sudler drängten sich immer in Zeiten der Stilübergänge heran.

Die beliebige Häufung kakophoner Klänge wird auch in Werken oder an Stellen angewendet, in denen keine eigentliche Polyodie zutage tritt; im letzteren Falle könnte ein Schein innerer Berechtigung geltend gemacht werden. Im Oratorium »Warum, Woher, Wohin« von A. Bungert (1908) werden über einem *fortissimo* ausgehaltenen E-dur-Akkord nacheinander von verschiedenen Instrumentengruppen die Akkorde Fis-dur, G-dur, As-dur aufgetürmt, richtiger übereinandergeworfen — akkordische Verklumpungen, bar jeder tonalen Empfindung, antitonal. Instrumental und vokal stellt R. Strauß in der »Salome« As-Dur und A-moll ineinander — das letztere (A-moll) soll den verzweifelten Aufschrei, die Fassungslosigkeit des Herodes im Gegensatz zur gläubigen Zuversicht des Nazareners (in breitem As-dur gehalten) markieren. J. Massenet hat in noch weiterem Sprunge bis zur Atonalität einen »*cri terrible, aigu, puissant et prolongé*«, ein Aufschreien des ganzen Chores, ohne Fixierung von Tonhöhe in der Zeitdauer von neun Vierteln in seinem Oratorium »*La terre promise*« (1900) eingezeichnet — der Schrei des Entsetzens über den Fall der Mauern von Jericho, die von 9 Trompeten und allerlei Spektakelinstrumenten im *fff* umgeblasen wurden. Es wäre unbillig, solche Exzesse in eine Linie mit den Schroffheiten der Polyoden zu stellen.

Dort Theatereffekt (abschreckende »Wirkung ohne Ursache«), hier thematische Verbindung in rein- (leider »unreiner«) musikalischer Haltung. Es ist das Reich, das jenseits von schön und häßlich, gut und böse liegt, wo Konsonanz und Dissonanz nicht unterschieden werden. Man gelangt so zu dem Axiom, es gäbe keine Dissonanzen.

Diese »Freiheit« steht auf einem anderen Boden als die verschiedenen Arten des freien, freistimmigen Stiles, wie er in verschiedenen Auslegungsarten seit dem 15. Jahrhundert, also ein Jahrhundert nach Festlegung der Grundthesen des Kontrapunktes, besonders auf dem Gebiete der Instrumentalmusik als Gegenbild des *stile osservato* der Vokalmusik, eingeführt wurde. Er wurde in der Folge als »*stile sueto*« (unabhängiger Stil) bezeichnet (vgl. S. 179). Das ist dem Wortlaut nach der »gewöhnliche« Stil, der für die einzelnen Instrumente taugt. Hier wird mehr aus den Klangerfordernissen des Instrumentes geschaffen, vorweg ohne den Anspruch auf geistige Vertiefung, ohne die Beobachtung strenger Führung. Doch auch in der Instrumentalmusik erhält sich unter Führung der Vokalmusik eine strengere Richtung, für die etwa um 1500 Arnold Schlick in Nürnberg ein typischer Vertreter ist, während einer seiner Vorgänger in derselben Stadt, Conrad Paumann die mehr auszierende, »gewöhnliche« Richtung vertrat. Noch stoßen die Gegensätze nicht so scharf aneinander, wie in späterer Zeit. Wohl aber war gerade auf den Modeinstrumenten der folgenden Zeit, der Laute und in Anlehnung daran auf den verschiedenen Klavierarten eine Behandlung üblich, die nicht so sehr auf regelrechter Stimmführung beruhte, als einer dem Instrument angemessenen Ausführung sich anpaßte: Stimmen tauchen da und dort auf, verschwinden, ohne ein Zeichen ihrer Existenz zurückzulassen. Bald folgen einer Phrase Akkorde, Akkordketten, dann Phrasenfragmente in den verschiedenen Lagen einherspringend. Gefördert wurde dieser Gebrauch durch die »Absetzung« mehrstimmiger vokaler

Sätze für Laute im 15. und 16. Jahrhundert und setzte sich auch als »Begleitung« vom Sologesange fest, dessen Melodie einer Stimme einer mehrstimmigen Vorlage entlehnt werden konnte. Mehrstimmige Sätze konnten da nur dem Scheine nach wiedergegeben werden, indem der Ton wenig anhaltend war und die Applikatur ein Springen von Stimme zu Stimme, ein Zerreißen und Abreißen der Phrasen der einzelnen Stimmen zur Folge hatte. So gewöhnte sich das Ohr, dort eine Stimme untertauchen, da eine andere auftauchen zu hören, das Ganze mehr von Seite des klanglichen Eindruckes zu erfassen. Damit lebte sich die Freistimmigkeit ein. J. S. Bach nennt diese Art der Stimmbehandlung das »Manschen«, eine halb verächtliche, halb ironische Bezeichnung der Stimmverklitterung ohne bewußte künstlerische Behandlung. Sie nistete sich ein und hatte nicht geringen Anteil an der Einführung eines Stiles, der in der Folge nur die leichte Beweglichkeit der stilistischen Handhabung behielt, die Unarten und Leichtfertigkeit ablegte, d. i. der galante Stil, der als eine historische Erscheinung in dem Teile über Stilperioden erörtert werden soll.

Mit der Gewohnheit des auszugsweisen Spielens einer Vokalpartitur auf Instrumenten steht auch ein anderer Stil in genetischem Zusammenhange, der in verschiedenster Behandlung durch anderthalb Jahrhunderte üblich war und vorerst in der Begleitung von Gesangs- oder Instrumentalstimmen mittelst akkordischer Griffe und sodann anderweitiger die Mittelstimmen belebender Stimmführung bestand: der *Basso Continuo.* Diese Grundstimme (*basso generale, basso principale, bassus ad organum et musica instrumenta*), die ursprünglich als *basso seguente* dem Gange je der untersten Stimme des mehrstimmigen Verbandes folgte, wurde harmonisch ausgefüllt und ausgestattet, gewöhnlich auf Tasteninstrumenten, auch auf Baßinstrumenten verschiedener Art, die Akkorde ermöglichten, auf sogenannten »Akkord- oder Fundamentin-

17*

strumenten«. Der Begleiter begnügte sich in der Folge nicht damit, sondern in gerechtem Eifer, in bewußter Ausübung seiner kontrapunktisch geschulten Improvisationskunst bediente sich der »*maestro al cembalo*« auch feinerer Mittel, so der Imitation. Die stilistische Behandlung dieser Kunst erhielt eine eigene Ausprägung, die das Bild des niedergeschriebenen Teiles der Komposition wesentlich mit beeinflußte. Zu den Fundamentinstrumenten gesellten sich des weiteren behufs Belebung der Ober- und Mittelstimmen die »Ornamentinstrumente«, deren Behandlung im einzelnen auch der Improvisation überlassen war. Doch diese Sitte mußte der Unzukömmlichkeiten halber früher weichen, als die Übung des *Basso Continuo*, die sich in weiterer Folge auch bezüglich der Heranziehung verschiedener Instrumente immer mehr beschränkte und sich endlich nur mehr in der Kirche für den Spieler auf der Orgelbank (Ende des 18. Jahrhunderts) erhielt. Dieser Gebrauch findet sich auch heute noch.

Die stilistisch wichtigste Begleiterscheinung des *Basso Continuo* war eine Stärkung und Konzentrierung des harmonischen Gefühls, des Sinnes für Akkordfolgen, für vertikale Harmonieauffassung und hierfür wurde die besondere Bezeichnung des Generalbasses eingeführt. Allein im Gegensatze, bzw. in Ergänzung dazu erhielt sich auch das Bedürfnis für vermehrte, intensifizierte Ausführung der Mittelstimmen, Gegenüberstellung der Stimmen und Gruppen, für Bei- und Mitordnung von Stimmen und Stimmgruppen zu der oder zu den führenden Stimmen, mit denen sich diese dienenden Stimmen gleichsam in einen Wettbewerb bei Ausführung der harmonischen Synthese setzen wollten, im Dienen die eigenen Sporen verdienend, sich dabei auch zu einer gewissen Geltung erhebend, die in den verschiedenen stilistischen Abarten eine verschiedene Bedeutung annahm und endlich zu einer der mächtigsten und historisch bedeutsamsten Stilarten führte:

zum konzertanten Stil. Schon Vincenzo Galilei fügte dem Titel seiner »*melodie a voce sola*« den Vermerk bei: »*sopra un concerto di viole*«, also Sologesang mit Begleitung von Streichern, deren Stimmen in einem Wettbewerb stehen, im Dienste eben dieser *voce sola*. Tarquinio Merula hatte 1637 eine »*sonata concertata*« geschrieben, *Francesco da Milano* bezeichnet vor 1550 die zweite Laute einer »*fantasia* für zwei Lauten« als »*liuto in concerto*«, 1677 setzt G. M. Boronsini Stücke »*a Violino solo e 2 Violini di concerto*«. Die reich besetzten Instrumentalstücke und Instrumentalbegleitungen bei den Intermedien, den dramatischen Zwischenspielen gelegentlich von Festlichkeiten führten seit der Mitte des 16. Jahrhunderts gleiche Bezeichnung: »*la musica di questo intermedio era concertata da*...«, »*gli strumenti cominciarono il suo concerto*« (1542).

So erwuchs allmählich ein Stil, der auch in der Kirchenmusik in den »*concerti ecclesiastici*« verschiedener Meister des ausgehenden 16. Jahrhunderts (der beiden Gabrieli 1587, A. Banchieri 1595, Viadana 1602) platzgriff und darin bestand, daß die »konzertierenden« Stimmen wohl nicht im Sinne des »*stile osservato, obligato, legato*« geführt sein sollten, jedoch neben der oder den führenden Stimmen, auf die sich das Hauptaugenmerk richtete, nicht zur unbedeutenden Rolle von gänzlich unobligaten Stimmen herabsinken wollten, wie etwa die Stimmen des Fauxbourdon und seiner Ausschmückungen oder der von den Humanisten begünstigten »*harmoniae*« (Akkordstimmen). Diese konzertierenden Stimmen wollten lebhafteren Teil am Aufbau haben, weder absolut polyphon, noch absolut homophon, sondern in einem Mittelverhältnis beider Stilarten, zur Stärkung der Hauptmelodien beitragend, durch Licht und Schatten, durch Gegenstellung der Klanggruppen oder Hervorhebung der Klanggegensätze der einzelnen bald einander entgegentretenden, bald sich vereinenden Stimmen oder Stimmgruppen. Es werden gleichsam

Gespräche geführt zwischen den Stimmen, eine Begleit- und Folgeerscheinung der »*dialoghi*« der gleichen Zeit und ihrer stilistischen Vorformen. Dieses Verfahren führte in der Instrumentalmusik zur Ausbildung des Solokonzertes und *Concerto grosso*, auf vokalem Gebiet zur reich ausgestatteten großen Arie und deren Begleiterscheinungen.

Dieser konzertante Stil stand seit dem Erstehen auf harmonischer Basis, d. h. alle Stimmverbindungen und Entgegenstellungen hatten ihre tonale Fügung in den Grundchorden, auf denen die Stimmverbände ausgeführt wurden. Sie mochten zu Bildungen vordringen, bei denen nicht nur die Hauptstimme oder die Hauptstimmen gleichsam selbstherrlich ihren Gang nahmen, sondern auch die anderen Stimmen den Anspruch auf Führung in eigentlich polyphonem Sinne erheben mochten, wie dies in einzelnen Bildungen der Chorlyrik und der ihnen entsprechenden Instrumentalkompositionen der Fall ist, die wie zu allen Zeiten sich gegenseitig befruchten. Gerade von den letzteren machte sich in den konzertant geführten Stimmen ein Einfluß auf die Vokalmusik geltend, besonders in der Melodieführung, wie ja im allgemeinen der konzertante Stil von der Instrumentalmusik seinen Anstieg genommen hatte. Das »*Concertare*« beschränkt sich demnach nicht auf den Wettbewerb von Sologesang und Instrumentalmusik, auf den Gegensatz vokaler und instrumentaler Mittel, sondern beruht auf Gegenhaltung von zwei Klanggruppen, von denen die eine vokal oder instrumental, die andere instrumental besetzt war, die eine regulär in einfacher, die andere in mehr-, respektive vielfacher Besetzung (»Ripieno«). Jedoch konnte sich die letztere Gruppe auch gelegentlich auf ein Instrument beschränken, wie auf ein Cembalo, wenn nur die Führung desselben den Anforderungen konzertanter Stimmführung entsprach. Der Titel ist nebensächlich, ob als »*concerto*«, »*concertato*« bezeichnet oder nicht. Das Schwergewicht der Ausführung konnte auch bei Vereinigung vokaler und instrumentaler Mittel den letzteren überantwortet werden. Die Ausführungsarten des konzertierenden Stiles waren äußerst mannigfaltig, konzentrierten sich in der oben auseinandergesetzten Weise. In einem »*Vespro della B. V. Maria, da concerto, compacto sopra canti formi*« von Cl. Monteverdi 1610 steht als elftes Stück eine »*Sonata sopra Sancta Maria*«; in ihr wird der konzertante Stil mit einer Art Variationenform über den *Cantus firmus*

angewendet. Ein reichbesetztes Orchester (*2 Cornetti, 2 Violini, 2 Viole da braccio, 3 Tromboni* und »*Basso*«) gegenüber einer Sopranstimme, die sich auf den *Cantus firmus* in verschiedener Rhythmisierung als einer Art »*canto ostinato*« beschränkt. Die Instrumentalteile stehen im Vordergrund, daher die Berechtigung des Titels »*Sonata sopra* . . .«. Solche Experimentalstücke sind wie Meilenzeiger für kommende Zeiten, für nachfolgende Versuche. Während die »*Melodie*« von V. Galilei »*sopra un concerto di viole*« geschrieben sind, steht hier das *Concerto degli strumenti* im Vordergrunde. Einige Fragmente seien daraus zur Kennzeichnung einer Art des konzertanten Stiles während seines ersten Werdeganges und seiner organischen Beziehungen zur Polyphonie gegeben (Übergangsstil):

(Fragment A der Einleitung.)

(Fragment B.)

(Fragment C.)

(Fragment D.)

(Fragment E.)

usw.

Nur die Orchesterstimmen sind eingezeichnet, hiezu kommt noch die Akkordausführung des »Basso« (seguente).

Es geht durchaus nicht an, den konzertierenden Stil von vornherein als polyphonen Stil zu bezeichnen, wie dies H. Riemann tut; im Gegenteil, die konzertierenden Stimmen stehen generell auf harmonischer Basis, gehen von Grundchorden aus. Einige Beispiele des einfachen konzertierenden Stiles gibt H. Leichtentritt in der »Geschichte der Motette« (S. 239—277) und in der 3. Auflage des 4. Bandes der Musikgeschichte von A. W. Ambros. Die Stimmen bewegen sich bald polyphonierend, bald figurierend, manchmal nur harmonisch ergänzend, vielfach ihre Sonderart im koloristischen Gegensatz suchend und darin Befriedigung findend. Alle Übergangs- und Spielarten wirklich polyphoner und glatt homophoner Behandlungsweise finden hier nach Bedarf Verwendung. Um sich dies mit einem Blicke klar zu machen, vergleiche man selbst bei Bach ein Solokonzert mit einer Fuge. Dort der konzertante, hier der polyphone Stil. Daß dort und da die Behandlungsarten sich decken, bestätigt eben nur unsere generelle Auffassung des konzertanten Stiles. Wenn Bach gelegentlich auch Kantaten als »*Concerto*« bezeichnet und von der polyphonen Stimmführung in einzelnen konzertanten Teilen ausgiebigeren Gebrauch macht, so tritt dabei eben die diesem Meister besonders eigene Behandlungsart mehr in den Vordergrund, ohne das Wesen des konzertanten Stiles zu alterieren. Auch der Umstand, daß streng polyphone Formen hier zur Anwendung kommen, also die Stilarten gemischt werden, darf an dem Grundprinzip der im konzertanten Stil gehaltenen Teile nicht irre machen.

Von den mit dem *Basso Continuo* und seinen Abzweigungen in Zusammenhang stehenden Schreibweisen hat sich im Laufe der Zeit besonders die durchbrochene Arbeit zur Geltung zu bringen vermocht. Sie hatte schon im Mittelalter ihre Vorgänger und steht wohl auch in entfernter Verwandtschaft mit dem Hoketus, einer Satzart in der Mehrstimmigkeit des 12. und 13. Jahrhunderts, die aus einer Vortragsmanier hervorgegangen war, bei der die Stimmen wechselnd pausierend, die Melodie verteilt zum Vortrag brachten. Die melodische Linie zieht sich so von Stimme zu Stimme, steigend oder fallend. Diese Übung erhielt sich bis zum 15. Jahrhundert. Die Verteilung der melodischen Hauptlinie auf verschiedene Stimmen erfuhr eine mannigfache Verwendung, die in einzelnen Schulen eine eigene Behandlung erfährt. Zu einem stilistischen Grundprinzip wurde sie erst zur Zeit des Überhandnehmens der konzertanten Stilarten erhoben. Wenn dort die Melodie in einzelne Tönen gebrochen verschiedene Stimmen durchzog, so tritt da ein entgegengesetztes Verfahren in den Vordergrund (*Les extrêmes se touchent*): Eine Stimme nimmt in ihrer Bewegung die Töne mehrerer Stimmen auf, so wird z.B. der zweistimmige Satz $\begin{matrix} e & d \\ c & h \end{matrix}$ von einer Stimme fortlaufend vorgetragen *c e d h*. Unregelmäßigkeiten im Fortgang und im Zusammentreffen mit anderen Stimmen finden in der harmonischen, akkordischen Vereinigung der betreffenden Töne ihre natürliche Erklärung. Das Gegenbild hierzu gibt die von Stimme zu Stimme rasch wechselnde Verteilung der melodischen Hauptlinie an die verschiedenen Instrumente, ein Verfahren, das besonders in der Wiener klassischen Schule zu einem Hauptmoment der stilistischen Behandlung erhoben wurde. Man denke etwa an die erste Themengruppe des ersten Satzes der C-moll-Symphonie oder an das Thema mit Variationen A-dur im Cis-moll-Quartett opus 131 von Beethoven. Die Hauptmelodie ist in raschem Wechsel von Teilen und Teilchen über die ganze Partitur vom obersten bis zum untersten System verteilt. Der inneren Verbindung dieser räumlich verteilten Melodieteilchen kann nicht genug Rechnung getragen werden durch die Koherenz im Vortrag der Partikelchen, der ein Ganzes, eine melodische Linie wiederzugeben hat. Die anderen Stimmen stehen dann moistenteils im Verhältnis der

Unterordnung, höchstens der intentionierten Beiordnung zu der Hauptstimme oder, wie in einzelnen Fällen zu konstatieren, zu zwei, in seltensten Fällen zu drei Hauptstimmen. Wir stehen da völlig am Boden des stilistischen Grundprinzipes des *Accompagnato*, soweit es die anderen Stimmen betrifft. In diesem Akkompagnement machen sich gleichwohl Stimmen geltend, die mehr oder weniger konzertant auftreten wollen. Sie sind manchmal kontrapunktierend geführt, begnügen sich dann wieder mit äußeren kontrapunktischen Manieren, mit komplementären, ergänzenden Rhythmisierungen in Führung und Haltung oder sinken zu harmonischen Füllstimmen herab. Den ganzen Komplex dieser fast unendlich variablen Stimmbehandlung möchte ich unter der Bezeichnung »Obligates Akkompagnement« zusammenfassen. Beethoven sah zur Zeit seiner mittleren Schaffensperiode seinen höchsten Ruhmestitel darin, »daß er mit einem obligaten Akkompagnement auf die Welt gekommen sei« (Brief an Hofmeister 15. XII. 1800). Dies könnte im doppelten Sinne aufgefaßt werden, sei es daß Beethoven zu einer Zeit zu schaffen begann, da diese Setzart bei seinen großen Vormeistern Haydn und Mozart die vorherrschende wurde, sei es, daß seiner Anlage, seiner Begabung besonders die Ausführung dieses Stilprinzipes taugte. Er wollte sich nicht begnügen, harmonische Füllstimmen, figurative Ausfüllungen zur Hauptstimme zu setzen, sondern alle Stimmen mehr oder weniger selbständig an dem Ausbau des Kunstwerkes teilnehmen lassen. Zwei Fragmente aus dem Andante des Quartettes op. 130 B-dur mögen diese Setzart und die »durchbrochene Arbeit« illustrieren:

Die Phrasen von motivisch-thematischer Bedeutung sind mit größeren Notenköpfen gedruckt.

Je höher er stieg, desto mehr festigte und vertiefte sich dieses Arbeitsprinzip, bis er in seiner letzten Periode immer häufiger zu eigentlich polyphonen Mitteln griff und die Führung der Stimmen immer mehr verselbständigte. Er folgte auch darin dem Vorgang der beiden Wiener Meister. Besonders in der Kammermusik der letzten Jahre intensifizierte er diese Absicht und hätte sie wohl auch in der Symphoniemusik zu noch höherer Geltung gebracht, als dies ohnedies schon von ihm vollzogen worden war. Andere folgten ihm. Keiner seiner Nachfolger vermochte diese Art der thematischen Arbeit, die mit der Kunst der Variation im organischem Zusammenhange steht, mehr zu vervollkommnen als Johannes Brahms. Fast alle Mittel homo- uud polyphoner Konstruktion, der verschiedenen Imitationsarten mit oder ohne Begleitung, werden in diesem Verfahren des zu höchst ausgebildeten obligaten Akkompagnements verwendet. Man kann dann nicht sagen, daß hier, wie überhaupt die polyphone Behandlung ein höher stehendes Verfahren sei; sie kann im einzelnen Falle eine Steigerung in der Konstruktion mit sich bringen. In Momenten kraftvoller, freudiger Äußerung greift die a cappella-Musik zur Homophonie, die klassische Instrumentalmusik zum Unisono. Jedes Mittel taugt in seiner Weise zur Erreichung der im Kunstwerk zutage tretenden künstlerischen Intentionen. Hier vollzieht sich im höchsten Sinne ein Ausgleich in der Verwendung der Mittel, eine innere Verbindung, die den Ausbau des Organismus vornimmt. Wenn schon in fast allen vorangegangenen Stilperioden verschiedene Teile eines Satzes, auch in der Kirchenmusik, in verschiedenen Setzarten behandelt wurden, so tritt in dem obligaten Akkompagnement die innigste Kohaerenz dieser Setzarten in einem Satze, in einem Zyklus zutage. Von diesem Standpunkte aus betrachtet, bedeutet die Satzkunst der Wiener klassischen Schule die höchste Vollendung; an sich steht die streng polyphone Richtung nicht nach, allein man darf ihr nicht von vornherein höhere Geltung zuerkennen. Selbst eine einstimmige Kunstweise kann rein ästhetisch von gleicher Bedeutung und Wirkungskraft sein. So gelangen wir zum Schluß der Untersuchung über die Stilarten. Für den Historiker erübrigt die Feststellung der Perioden, innerhalb deren sich die Kunstwerke in reicher, mannigfaltiger Ausführung der bisher im allgemeinen beobachteten Stilprinzipien und Stilarten in zeitlichen Gruppen zusammengeschlossen haben.

Verzeichnis

er zitierten und eines Teiles der herangezogenen Literatur.

(Spezialangaben folgen im 2. Buch.)

Abert, Hermann, Die Lehre vom Ethos in der griechischen Musik, 1899.

—— Die Musikanschauung des Mittelalters und ihre Grundlagen, 1905.

Adler, Guido, Studien zur Geschichte der Harmonie: 1) Fauxbourdon, 1881; 2) Wiederholung und Nachahmung, 1886.

Alaleona, Domenico, Studii sulla storia dell' oratorio musicale in Italia, 1908.

Aubry, Pierre, La rhythmique musicale des troubadours et des trouvères, 1907.

—— Trouvères et Troubadours, 1910.

Avison, Charles, An essay on musical expression, 1752; deutsch, 1775.

Bäumker, Wilhelm, Das katholische deutsche Kirchenlied in seinen Singweisen usw. 1. Band, 1886; 2.–4. Band, 1883, 1891, 1904.

Beck, Jean B., Die Melodien der Troubadours, 1908.

Bellermann, Heinrich, Der Kontrapunkt. 1862.

—— Die Mensuralnoten und Taktzeichen im 15. und 16. Jahrhundert 1858.

Bernoulli, Ed., Die Choralnotenschrift bei Hymnen und Sequenzen im späteren Mittelalter 1898.

Bie, Oskar, Intime Musik, 1904.

—— Der Tanz, 1905.

Biographien (auch Autobiographien) der Meister: D'Astorga (Volkmann), J. S. Bach (Spitta, Pirro, Schweitzer), C. P. E. Bach (»Söhne Bach«) (Bitter), Beethoven (Thayer u. A.), Berlioz (Jullien, Hippeau, Louis), Bizet (Pigot, Bellaigue), Brahms (Kalbeck), Bruckner (Louis), Chopin (Karasowski, Niecks, Leichtentritt), Cornelius (Sandberger, Istel), Dittersdorf (Autobiogr. und Krebs), Franz (Procházka), Fux (Köchel),

Gabrieli (Winterfeld), Gluck (Schmid), Gounod (Imbert), Händel (Chrysander, Volbach), Hasse (»Graun«) (Mennicke), Haydn (Pohl, L. Schmidt und Brenet), Liszt (Ramann, La Mara), Loewe (Runge), Lortzing (Kruse), Marschner (Münzer), Méhul (Pougin), Mendelssohn (Lampadius, Wolf), Meyerbeer (Pougin, Mendel), Mozart (Jahn), Palestrina, (Baini, Brenet), Pergolesi (Radiciotti), Rameau (Laurencie, Lalay), Rossini (Dauriac), A. Scarlatti (Dent), Schubert (Kreissle von Hellboren, Friedländer, Heuberger, Bellaigue), Schumann (Abert, Reimann, Jansen, Wasielewski), Spohr (Autob.), Verdi (Perinello, Parodi), Wagner (Adler, Chamberlain, Glasenapp, Kienzl), Weber (Weber, Jähns), Wolf (Decsey, Volkmann). Auch »Slg. berühmter Musiker«, »Musiciens célèbres«, »Maitres de la musique«, »Die Musik«, »Allgemeine Deutsche Biographie«, »Deutscher Nekrolog«, »Wurzbach« usw.

Böhme, Fr. M., Altdeutsches Liederbuch, 1877.

—— Geschichte des Tanzes in Deutschland, 1886, 2 Bde.

Brambach, W., Das Tonsystem und die Tonarten des christlichen Abendlandes im Mittelalter, 1881.

Bücher, Karl, Arbeit und Rhythmus, 1896.

Buhle, Edm., Die musikalischen Instrumente in den Miniaturen des frühen Mittelalters, 1903.

Chevallier, Ul., Poésie liturgique du moyen âge. Rhythme et histoire, 1893.

Chrysander, Friedrich, Händels Biblische Oratorien, 1897.

Combarieu, Jules, Etudes de philologie musicale, 1896, 1898.

Coussemaker, Ed. de, Drames liturgiques du moyen âge, 1860.

—— L'art harmonique aux XIIe et XIIIe siècles, 1865.

—— Les harmonistes des XIIe et XIIIe siècles, 1864.

—— Histoire de l'harmonie au moyen âge, 1852.

Crescimbeni, G. M., Istoria della volgar poesia, 1730 bis 31, 6 Bde.

Dannreuther, Edward, Musical Ornamentation, 1893/5.

Davy, Henry, History of english music, 1895.

Dechevrens, P. Antoine, Études de science musicale 1898 bis 99, 3 Bde.

Denkmäler der Tonkunst in Österreich, einschließlich der Kaiserwerke.

Denkmäler deutscher Tonkunst, 1. und 2. Folge.

Doni, G. B., Compendio del trattato de' generi e de' modi della musica, 1635, 1640.

Duchesne, Origine du culte chrétien. Étude sur la liturgie latine avant Charlemagne, (3. Aufl. 1902.

Ecorcheville, Jules, De Lully à Rameau, 1906.

Editio Solesmensis, 1903 usw. (Choralbücher).

Editio Vaticana (Choralbücher).

Ellis, Alex. John, History of musical pitch, 1877 bis 1881.

Ellis, Alex. John, On the musical scales of various nations, 1885.
Exner, Franz, Über Gesetze in Naturwissenschaft und Humanistik, Inaugurationsrede, 1909.

Fechner, Gustav Theodor, Elemente der Psychophysik, 1860, 2 Bde.
—— Vorschule der Ästhetik, 1876, 2 Bde.
Festschriften (Liliencron, 1910) (Riemann, 1909).
Fleischer, Oskar, Neumenstudien, 3 Bde., 1895, 1897, 1904.
—— Die königliche Sammlung alter Musikinstrumente in Berlin, 1892.
Friedländer, Max, Das deutsche Lied im 18. Jahrhundert, 1902, 3 Teile.

Gaisser, Dom J. A., Le système musical de l'église grecque 1899, 1901.
—— Les »Heirmoi« de Pâques, 1905.
Gerbert, Martin, De cantu et musica sacra a prima ecclesiae aetate, 1774, 2 Bde.
Gesamtausgaben der Werke von: J. S. Bach, Beethoven, Berlioz, Buxtehude, Chopin, Froberger, Gluck, Grétry, Haendel, Haydn, Haßler, Lasso, Liszt, Loewe, Mendelssohn, Mozart, Obrecht, Palestrina, Purcell, Rameau, Schein, Schubert, Schütz, Schumann, Sweelinck, Vittoria, Wagner.
Gesammelte Schriften und Briefe von: Beethoven, Berlioz, Brahms, Bülow, Liszt, Mozart, Schumann, Verdi, Wagner, Weber.
Geschichte der Musik von: Ambros, Burney, Dommer, Fétis, Forkel, Hawkins, Kiesewetter, Martini, Riemann, auch Oxford History of Music und historische Werke über einzelne Zweige und Perioden der Musik.
Gevaert, Fred. Aug., Histoire et théorie de la musique de l'antiquité 1875 bis 1881, 2 Bde.
—— La mélopoée antique dans le chant de l'église latine. 1895.
—— Les origines du chant liturgique de l'église latine, 1890, deutsch 1891.
Gietmann, Gerhard, Grundriß der Stilistik, Poetik und Ästhetik 1897.
Goldschmidt, Hugo, Studien zur Geschichte der Oper im 17. Jahrhundert, 1901.
Göller, Adolf, Die Entstehung der architektonischen Stilformen, 1890.
Gröber, Gustav, Grundriß der romanischen Philologie 1888 bis 98, 2. Aufl. 1904 ff.
Gueranger, D., Institutions liturgiques. 2. Aufl. 1878/85.
Guéranger, Dom P., L'année liturgique, 1840 bis 1901, 15 Teile.

Hagen, Fr. H. von der, »Die Minnesänger« 1838 bis 56, 5 Bde.
Hammerich, Angul, Das musikhistorische Museum zu Kopenhagen, 1911.
Hand, Ferdinand Gotthelf, Ästhetik der Tonkunst 1837—1841.

Hanslick, Eduard, Vom Musikalisch-Schönen, 1854.
Hausegger, Friedrich von, Musik als Ausdruck, 1885.
—— Vom Jenseits des Künstlers, 1893.
Helmholtz, Heinrich von, Die Lehre von den Tonempfindungen als physiologische Grundlage der Musik, 1863, 5. Aufl., 1896.
Herbart, Joh. Friedr., Kleinere philosophische Schriften und Abhandlungen, 1842 bis 1843, 3 Bde.
Heuß, Alfred, Die venezianischen Opernsinfonien, 1903.
Hornbostel, Erich von und O. Abraham, Das Tonsystem und die Musik der Japaner, 1904 und andere Schriften.
Houdard, G. L., Le rhythme du chant dit Grégorien d'après la notation neumatique, 1898.

d'Indy, Vincent, Cours de composition musicale 2 Bde. 1902, 1910.

Jacobsthal, Gustav, Die chromatische Alteration im liturgischen Gesange der abendländischen Kirche, 1897.
—— Die Mensuralnotenschrift des 12.—13. Jahrhunderts, 1871.
Jahrbücher: Bach; Chrysander; Kirchenmusikalisches (Haberl-Weinmann); Peters (Vogel-Schwartz); Musical Association.
Jodl, Friedrich, Psychologie, 2. Aufl., 1910.

Kant, Immanuel, Kritik der Urteilskraft, 1790.
Kinkeldey, Otto, Orgel und Klavier in der Musik des 16. Jahrhunderts, 1910.
Kongressberichte: Paris 1900, Basel 1907, Wien 1909.
Krebs, K., Die besaiteten Klavierinstrumente bis zu Anfang des 17. Jahrhunderts, 1892.
Kretzschmar, Hermann, Führer durch den Konzertsaal, 1886 u. ö., 3 Bde.
—— Die venezianische Oper, 1892.
—— Musikalische Zeitfragen, 1903.
—— Gesammelte Aufsätze über Musik, 1910, 1911.
Kroyer, Th., Die Anfänge der Chromatik im italienischen Madrigal des 16. Jahrhunderts, 1902.

Lafage, Adr. de, Essais de diphtérographie musicale, 1864.
Lalo, Charles, Esquisse d'une esthètique musicale scientifique, 1908.
Lavoix fils, H., La musique dans l'imagerie du moyen âge, 1875.
—— Histoire de l'instrumentation, 1878.
Lederer, Viktor, Heimat und Ursprung der Mehrstimmigkeit, 1906.
Leichtentritt, Hugo, Geschichte der Motette, 1908.
Lexika und Universal-Biographien von Eitner, Fétis, Gerber, Grove, Kornmüller, Kümmerle, Mendel, Reissmann, Riemann, Rousseau, Walther, Wurzbach.
Liliencron, Rochus von, Liturgisch-musikalische Geschichte der evangelischen Gottesdienste von 1523—1700, 1893.

Lipps, Theodor, Psychologische Studien. II. Das Wesen der musikalischen Harmonie und Disharmonie, 1885.
—— Ästhetik, 1903 und 1904 2 Bde.
Lotze, Hermann, Geschichte der Ästhetik in Deutschland, 1868.
Ludwig, Friedrich, Repertorium organorum recentioris et motetorum vetustistimi stili. I. 1910 (u. A.).
Lussy, Mathis, Traité de l'expression musicale, 1873, 7. Aufl. 1897, deutsch, 1886.

Mach, Ernst, Einleitung in die Helmholtzsche Theorie der Musik, 1866.
—— Die Analyse der Empfindungen und das Verhältnis des Physischen zum Psychischen, 1903.
Mathias, Fr. X., Die Tonarien, 1903.
Meinong, Alexius, Über Annahmen, 2. Aufl., 1910.
Meister, K. S., Das katholisch-deutsche Kirchenlied 1862.
Meyer, W. (von Speyer), Der Ursprung des Motetts, 1898.
—— Fragmenta Burana, 1901.
Minor, Jakob, Neuhochdeutsche Metrik, 1901.
Molitor, Rafael, Die nachtridentinische Choralreform zu Rom, 1901 bis 1902, 2 Bde.
—— Deutsche Choralwiegendrucke, 1904.
Mocquereau, André M., Le nombre musical gregorien, 1. Band, 1908.
Momigny, Jerôme Joseph de, Abhandlungen in: Encyclopédie méthodique. Musique, 1818; sowie: Cours complet d'harmonie et de composition d'après une théorie neuve, 1806, 3 Bde.
Moos, Paul, Moderne Musikästhetik in Deutschland, 1902.

Nagel, Wilibald, Geschichte der Musik in England, 1894 bis 1897, 2 Bde.
Nef, Karl, Zur Geschichte der deutschen Instrumentalmusik in der 2. Hälfte des 17. Jahrhunderts, 1902.

Paléographie musicale. Les principaux manuscripts de chant Grégorien, Ambrosien, Mozarabe, Gallican publiés par les Bénédictins de Solesmes, seit 1889.
Pasquetti, Guido, L'oratorio musicale in Italia, 1906.
Parry, C. Hubert H., Style in musical art. Eine Inaugurationsrede, 1900.
Pothier, Dom Joseph, Les mélodies Grégoriennes d'après la tradition, 1880, deutsch, 1881.

Radjah Sourindro Mohun Tagore, »Hindu Music«.
Riegl, Alois, Die Entstehung der Barockkunst in Rom. Hrg. v. A. Burda und M. Dvořak, 1908.
—— Stilfragen, 1893.
Riemann, Hugo, System der musikalischen Rhythmik und Metrik, 1904.

Riemann, Hugo, Große Kompositionslehre, 1902 bis 1903, Bd. 1—2.
—— Geschichte der Musiktheorie im 9.—19. Jahrhundert, 1898.
—— Grundriß der Musikwissenschaft, 1908.
Rietsch, Heinrich, Die Grundlagen der Tonkunst, 1907.
—— Die Tonkunst in der 2. Hälfte des 19. Jahrhunderts, 2. Aufl. 1906.
—— Die deutsche Liedweise, 1904.
Runge, Paul, Die Sangesweisen der Colmarer Handschrift und die Liederhandschrift Donaueschingen, 1896.
—— Die Gesänge der Geißler des Pestjahres 1349, (1899).
—— Die Lieder des Hugo von Montfort mit den Melodien des Burck Mangolt, 1906.
—— Notation des Meistergesanges, 1906, 1907.

Sammelausgaben von Kompositionen verschiedener Arten und Zeiten veranstaltet von: Arnold, Augener, Barbieri, Boyce, Buchmayer, Cartier, Chilesotti, Chrysander, Commer, David, Dehn, Eitner, Eslava, Expert, Farrenc, Guilmant, Gevaert, Jensen, Haberl, Kade, Körte, Lajarte, Leichtentritt, Liliencron, Lück, J. J. Maier, Fuller-Maitland, Maldeghem, Mereaux, Morphy, Neithardt, Novello, Pauer, Pedrell, Proske, Riemann, Rochlitz, Schlesinger, Barclay-Squire, Stainer, Surczynski, Tappert, Teschner, Torchi, Trautwein, Tucher, Weckerlin, Winterfeld, Wooldridge, Wotquenne, ferner: Akademie der Künste in Berlin, Chefs d'oeuvre classique de l'opéra français, Gesellschaft für Musikforschung, Plainsong and mediaeval society, Vereeniging voor Nord-Nederlands Muziekgeschiedenis.
Sammlung musikalischer Vorträge. Hrg. von Paul Graf Waldersee, 1879—84.
Saran, Franz, Der Rhythmus des französischen Verses 1904.
Schering, Arnold, Geschichte des Oratoriums, 1911.
—— Geschichte des Instrumentalkonzerts, 1905.
Schneider, K. E., Zur Periodisirung der Musikgeschichte, 1863.
Schwartz, Rudolf, Die Frottole im 15. Jahrhundert, 1886.
Scriptores de musica medii aevi, ediert von Gerbert (1784) und Coussemaker (1874/76).
Seidl, Arthur, Vom musikalisch Erhabenen, 1887.
Semper, Gottfried, Der Stil in den technischen und tektonischen Künsten, 1860/3.
Sievers, Eduard, Altgermanische Metrik, 1892.
—— Hebräische Metrik 1901.
Solerti, A., Le origini del melodramma, 1903.
—— Gli albori del melodramma, 1905.
Sommacampagna, Gidino da, Trattato de li rithimi volgari, um 1350.
Spitta, Philipp, Zur Musik, 1892.
—— Musikgeschichtliche Aufsätze, 1894.

Stumpf, Carl, Die Anfänge der Musik, 1911.
—— Tonpsychologie (2 Bde.) 1883 und 1890.
Sulzer, J. G., Allgemeine Theorie der schönen Künste, 1772, 4 Bde.

Tappert, Wilhelm, Wandernde Melodien, 1890.
Taine, A., Philosophie de l'art, 1906 (12. Auflage).
Theoretische und Didaktische Schriften in Einzelausgaben, davon im einzelnen erwähnt: Grocheus, Gafori, Glarean, S. Heyden, N. Vincentino, Zarlino, Cerrone, V. Galilei, Fux, C. P. E. Bach, Quantz, Mattheson, Paolucci, Martini, Cherubini, Bußler, Lobe, Marx, Haller, Bellermann, Habert, Prout, Küster, Riemann, Thuille-Louis, Draeseke.
Thibaut, A. F. J., Über Reinheit in der Tonkunst, 1825 u. ö.

Vischer, Fr. Th., Ästhetik, 1846—1857, 3 Teile.
Volkelt, Johannes, System der Ästhetik I, 1905.
Volksliedersammlungen von Böhme, Chappell, Duyse, Jones, Launis, Liliencron, Norlind, Scheurleer, Tiersot, Walker, Melgunow, Lineff.

Wagner, Peter, Einführung in die gregorianischen Melodien, 1895.
—— Ursprung und Entwicklung der liturgischen Gesangsformen, 1901.
Wasielewski, J. von, Violine im 17. Jahrhundert und Anfänge der Instrumentalkomposition, 1874, Neudruck 1906.
—— Geschichte der Instrumentalmusik im 16. Jahrhundert, 1878.
Weinmann, Karl, Geschichte der Kirchenmusik, 1906.
Weitzmann-Seiffert, Geschichte der Klaviermusik, 1899.
Westphal, Rudolf, Allgemeine Theorie der musikalischen Rhythmik seit Seb. Bach, 1880.
Wolf, Ferd., Über die Lais, Sequenzen und Leiche, 1841.
—— Johannes, Geschichte der Mensuralnotation von 1260–1450, 1904, 2 Bde.
Wölfflin, Heinrich, Renaissance und Barock, 1907.
Worringer, Wilhelm, Abstraktion und Einfühlung, 1909.
Wundt, Wilhelm M., Grundzüge der physiologischen Psychologie, 6. Aufl., 1908.
—— Grundriß der Psychologie, 8. Aufl., 1907.

Zeitschriften, Musikalische: Allgemeine Musikzeitung (Breitkopf & Härtel) (dann Rieter-Biedermann), (Lessmann, Schwers), Caecilia (Schott), Neue Zeitschrift für Musik, Signale, Die Musik (Schuster & Loeffler), Neue Musikzeitung (Köln-Stuttgart), Monatshefte für Musikgeschichte (R. Eitner), Vierteljahrsschrift für Musikwissenschaft (Adler-Chrysander-Spitta), Sammelbände und Zeitschrift der J. M. G, Musia Sacra (Regensburg), Gregoriusblatt (Aachen), Gregoriusbote, »Siona«, Monatsschrift für Gottesdienst und kirchliche Kunst, Merker (Wien), Gregorianische Rundschau, Schweizerische Musikzeitung, Blätter für Haus und- Kirchenmusik.

Zeitschriften, Musikalische: The Athenaeum, Musical World, Musical Times (Novello), Musical Standard, Dwights Journal of music, Musical Herald, Music, The musical antiquary.

— Caecilia (Amsterdam), Bowsteenen (Amsterdam), Weekblad voor Muziek, Tijdschrift der Vereeniging voor Nordnederlands Muziekgeschiedenis.

— Revue musicale (Fétis), Revue et Gazette musicale, Ménestrel, Guide musical, Tribune de St. Gervais, Revue internationale de musique, Revue musicale (histoire et critique), Mercure musical, dann Bulletin francais de la Société International de musique.

— Gazetta musicale (Riccordi), Musica sacra (Mailand), Rassegna Gregoriana, Guido Aretinus, La nuova musica, Rivista musicale Italiana (Bocca, Turin), Rinascita Musicale.

— La musica religiosa en España, Revista musical catalana.

— Hudebni Revue.

— Kwartalnik Muzyczny.

FSC
www.fsc.org
MIX
Papier aus verantwortungsvollen Quellen
Paper from responsible sources
FSC® C105338